U0086594

大方廣佛華嚴經

八十華嚴講述 11

夢參老和尚主講　方廣編輯部整理

梵行品　初發心功德品
明法品

目錄

明法品 第十八

夢參老和尚略傳

夢參老和尚生於西元一九一五年，中國黑龍江省開通縣人。

一九三一年在北京房山縣上方山兜率寺出家，法名為「覺醒」。但是他認為自己沒有覺也沒有醒，再加上是作夢的因緣出家，便給自己取名為「夢參」。

出家後先到福建鼓山佛學院，依止慈舟老法師學習《華嚴經》，該佛學院是虛雲老和尚創辦的；之後又到青島湛山寺學習倓虛老法師的天台四教。

一九三七年奉倓老命赴廈門迎請弘老到湛山寺，夢參作弘老侍者，以護弘老生活起居半年，深受弘一大師身教的啓發。

一九四〇年起赴西藏色拉寺及西康等地，住色拉寺依止夏巴仁波切學習西藏黃教修法次第，長達十年之久。

一九五〇年元月二日即被令政治學習，錯判入獄長達三十三年。在獄中，他經常觀想：「假使熱鐵輪，於我頂上旋，終不以此苦，退失菩提心。」這句偈頌，自我勉勵，堅定信心，度過了漫長歲月。

一九八二年平反，回北京任教於北京中國佛學院。

一九八四年接受福建南普陀寺妙湛老和尚、圓拙長老之請，離開北京到廈門南普陀寺，協助恢復閩南佛學院，並任教務長。

一九八八年旅居美國，並數度應弟子邀請至加拿大、紐西蘭、新加坡、香港、台灣等地區弘法。

二〇〇四年住五台山靜修，農曆二月二日應五台山普壽寺之請，開講《大方廣佛華嚴經》（八十華嚴），二〇〇七年圓滿。

二〇〇九年以華梵大學榮譽講座教授身份來台弘法，法緣鼎盛。

二〇一七年十一月二十七日（農曆丁酉年十月初十申時），圓寂於五台山真容寺，享年一〇三歲。十二月三日午時，在五台山碧山寺塔林化身窯荼毗。

八十華嚴講述 總敘

二〇〇四年早春，夢參老和尚以九十嵩壽之高齡，在五台山普壽寺如瑞法師請法下，發願講述《大方廣佛華嚴經》；前後又輔以〈大乘起信論〉、《大乘大集地藏十輪經》、《法華經》、《楞嚴經》等大乘經論，完整開演華嚴甚深奧義，實為中國近代百年難得一遇的殊勝法緣。

回顧 夢參老和尚一生學法、求法、受難，乃至發願弘法度生，儼然是一部中國近代佛教史的縮影；而老和尚此次開講《華嚴經》，剛毅內斂，猶如屋漏痕渾然天成，將他畢生所學之顯密經論、華嚴、天台義理，搭配清涼國師、李通玄長者的疏論，交插貫穿於其中，層層疊疊，彷若千年古藤，最終將華嚴七處九會不思議境界全盤托出。

夢參老和尚為圓滿整部《華嚴經》，以堅忍卓絕的意志力，克服身心的重重障礙；他不畏五台深山的大風大雪，縱使在耳疾的折磨下，也能夠對治一切病苦，包容一切的順逆境界，堅持講經說法不令中斷，寫下中國近代佛教史上九十歲僧人開講《華嚴經》的紀錄。

老和尚雖老耄已至，神智依舊朗澈分明，講法次第有序，弘法音聲偉岸，陞座講經氣勢十足，宛如文殊菩薩來臨法座加持，令親臨法會者信心增長；無緣親臨法會者，相信透過閱讀整套的八十華嚴講述，也能如臨現場親聞法義。

惟華嚴玄理過於高遠，聞法者程度不一，老和尚為方便接引初入門者，往往費盡心思，委委曲曲，勤勤懇懇，當機裁剪玄義，又輔之以俚語民間典故，情無不周，辭無不達，俾使初學者聽聞華嚴境界生起學法的信心；間或有不識老和尚悲心者，輕易檢點過失，如指窮於為薪，闇然不知薪燼火傳的法界奧義。

如今海內外各地學習華嚴經論者與日俱增，持誦《大方廣佛華嚴經》的道場方興未艾，方廣文化繼出版整套八十華嚴講述DVD光碟之後，秉承 夢參老和尚殷重之交付囑託，在專修華嚴法門出家法師的協助下，將陸續出版全套八十華嚴講述書籍。

最後願此印經功德，迴向真如實際、菩提佛果、法界眾生。

祈願 夢參老和尚法身常住，廣利群生；

所有發心參與製作、聽聞華嚴法義者，福慧增長，同圓種智！

願此功德殊勝行
無邊勝福皆迴向
普願沉溺諸有情
速往無量光佛剎

凡例

本書的科判大綱是以〈華嚴經疏論纂要〉爲參考架構，力求簡要易解，如欲學習詳密的科判，請進一步參考清涼國師〈華嚴疏鈔〉與李通玄〈華嚴經合論〉。

書中的經論文句，以民初鉛字版《大方廣佛華嚴經》（方廣校正版《八十華嚴》）暨〈華嚴經疏論纂要〉爲底本；惟華嚴經論的名相用典，屬唐代古雅風格，與現代習慣用詞大相逕庭，尚祈讀者閱讀之餘，詳加簡擇。

凡書中列舉的傳說典故，係方便善巧，以得魚忘筌爲旨趣；有關文獻考證，僅在必要處以編者按語方式，註明出處。

夢參老和尚主講之〈八十華嚴講述〉正體中文版DVD光盤，業已製作完成，流通日久；惟影像的講經說法與書籍的文字書寫，呈現方式有所差異，爲求義理結構的完整敘述，書中文字略經刪改潤飾，如有誤植錯謬之處，尚祈不吝指正，是爲禱！

方廣文化編輯部　謹誌

梵行品

○來意 釋名 宗趣

我們前面講的是〈十住品〉，講如何證得十住，講如何修行來進入十住的位置，而且是一住一住的說。〈梵行品〉呢？是通說十住菩薩修行的方法。在〈十住品〉中，不論出家的、在家的，是通修的；在〈梵行品〉就不是了，〈梵行品〉專指出家人所修的清淨梵行。

因此，第一步你得出家，梵行才能清淨，你的行爲才能清淨。前面的〈十住品〉，是隨你所修的事相而有差別，那都是緣，「會緣入實」，緣歸於實。怎麼入住的？這就要講入住之因，入住之因有自行、他行這兩種清淨的行爲，那就叫清淨的梵行。

在品會的次第上，雖然〈十住品〉在前，但是只要講到「行」，就是〈梵行品〉在前。若是說修行，是清淨梵行的意思，也叫「行（ㄒㄧㄥˊ xíng）」；若是說法門，那叫「梵行（ㄏㄥˋ hèn）」，是指行門的涵義，兩者有所不同。

前面的〈十住品〉是入了住，入了位了，那是怎麼來的呢？如何入的位呢？也就是入住之因，這就要修持兩種清淨梵行。前面的〈十住品〉是一位一位的講，〈梵行品〉就不是了。在《華嚴經》裡頭，〈梵行品〉的量最少，意義最深；這品的意思說到了空了，到了絕相了，言說不多，略示而已。

前面的〈十住品〉，從初住開始就成佛了，一住一住，位位都成佛。這是怎麼修的呢？不由他悟，也不由他教，自悟成佛。他的觀、思惟修，跟他的行爲成了一個了，也就是一切法，「即心自性」。一切法就是自己的心，每位都是這樣。「成就慧身，不由他悟」，自己成就了，不是由他人開悟的。

現在這一品叫〈梵行品〉，梵是印度的原話，簡略說叫「勃嚂摩」，中文就翻爲「淨」，清淨的淨。在雜染當中，達到清淨了，所以叫「梵」。

梵就是行，眞實的境界，無境界的境界。我們的智慧跟我們的行爲是一個了，以智慧來指導你的行爲；你的行爲都是智慧，這叫梵行。依著這種道理，解釋〈梵行品〉，跟《大般涅槃經》的〈聖行品〉是相通的。《涅槃經》講聖行、梵行、天行、嬰兒行、病行，這裡是總說，就叫梵行。

依著梵行，第一個是隨相，隨一切相而離相。隨什麼相呢？隨著一切世間諸法之相，隨相者就是無相，〈梵行品〉就是要達到無相。

隨相是什麼意思？像我們染衣出家、乞食，這都是隨相的意思。但是隨相的時候、修的時候，不要生起任何執著。談到戒律，在你修的時候無所著，在你修持戒律法門，學戒相的時候，先懂得戒相如虛空。戒相如虛空就是離相，不要著相；隨相而無所著，隨相而離相，懂得了一切諸相，像空一樣的。

這也得依緣，一種是有緣，一種是無緣；一種是生緣，一種是法緣。現在是緣起法，緣起無緣，我們所要講的一切戒相，有生緣有法緣，現在講的是緣即無緣，緣沒有緣。

我們前面講，十住菩薩大悲心很切了，而不捨離眾生。知一切法的空義而隨緣，就是性空緣起；但是隨緣而不執著，不執著就是性空義。因此才能入到住位不退，初發心時就成正覺，一發菩提心了，成就信心了，就成佛了。

無緣義在〈梵行品〉上講，是知道一切境界相，如幻如夢。至於觀察眾生而不捨離眾生，這是有緣義。隨緣的時候，是有分別的，這要依照你的智慧。緣有大有小，有遠有近，知道這些境界如夢幻泡影，都是虛幻不實的，這又是無緣義。

無緣義，就是無分別的智慧；有緣，就是有分別的智慧。慧有兩種，同時達到分別就是無分別，無分別而隨緣，就起了分別。在有相當中，觀察諸法無相，了知諸法平等。

「離念契玄」，離開你的思惟、念頭，這是玄義，又叫密義。我們講一部經的義理，這個義理跟凡夫也是一樣的；不起分別心，知道是平等平等。因爲這樣才能究竟入到大乘義，也就是華嚴義。這兩個不是兩個，是一；一即非一，就是二。要是只說緣，那就是一，有緣無緣，就是二。

梵行是純粹指實教說的，沒有權，沒有善巧方便，完全就實義說。這個梵行的行，一行就具足一切佛法了，這是華嚴的〈梵行品〉。

當你念經文的時候，〈梵行品〉不用五分鐘就可以念完，可是講起來，應該要兩個月吧！要是展開來講，就沒完沒了；收攝來講，一念不生，什麼都沒有，說一句話就之後，乃至一句話都不說，之後就沒有了。

有一次佛陞座的時候，佛沒有說法，就把花拿起來，佛這麼一拈花，迦葉尊者微笑，佛就不說了；一言沒發，下座了，這就是清淨的梵行。

又有一次佛陞座的時候，文殊師利菩薩當維那師，只唱一個偈頌，佛就下座了，一句話也沒說。「法筵龍象眾，當觀第一義，諦觀法王法，法王法如是。」佛就下座了，法王法就是這樣；心行處滅，言語道斷，沒有言說的。可是，那樣的境界，無法接引一般眾生，所以才又立了各種經論。

〈梵行品〉跟〈淨行品〉是不同的。這個「梵」也當「淨」講，不過〈梵行品〉並不是〈淨行品〉，兩者不同的；〈淨行品〉是有作，〈梵行品〉是無作。〈淨行品〉，一舉一動都要依著文殊菩薩教授去做，身口意三行，心裡要觀，口裡也要念，身體還要去做。有時候是大悲跟大智，又修事，又修理，事理雙修；又修觀又說行，觀行雙運，達到成佛。

至於〈梵行品〉這品，我們要解釋解釋爲什麼叫〈梵行品〉？爲什麼〈十住品〉之後，接著就說〈梵行品〉？這是什麼意思？這是告訴你十住是如何修成的，那是修梵行而成的，以清淨的梵行利益眾生。

修行一切法的目的是化度眾生，本來是沒有行可得，也沒有梵可說，也沒有什麼是淨，也沒有什麼是不淨；可是爲什麼必須如是說？爲了接引眾生。

〈梵行品〉中，問的人是正念天子，在家居士問出家人的事。修清淨梵行是出家人才能修的，他要想達到清淨梵行，正念天子得出家，他不出家，是達不到的。什麼叫正念呢？正念天子的名字是以德稱的，不是像我們起個名字就算了。正念是什麼念？無念，無念而念才稱正念。隨做任何事情，無念，這是正念。

有念，有著，有縛，有罣礙；無念了，沒著，沒念，沒罣礙，什麼都沒罣礙。但是念即無念，行念的時候達到無念，以無念爲主，以這個來利益眾生，這叫什麼行爲呢？第一義天，自在行。

這一品的法會之主，是法慧菩薩。能說的人叫「法慧」，問的人叫「正念」，「正念」是無念之念；「法慧」又怎麼解釋呢？隨你做任何事，無念，這叫法；以法簡別，不是情，是法。懂得這個義理了，就叫智慧的慧。要是一動了情感，超了理了，理性就失掉了，要單用理性，情亡了，這才叫法慧。這個名詞的義理，前面雖然講了很多，可是一個名詞的義理，無窮無盡的。能問的人是正念天子，說法的人是法慧菩薩，這也是〈淨行品〉。

清淨梵行的〈淨行品〉，跟前面文殊師利菩薩說的〈淨行品〉不一樣。這是名住，十住成佛的，一入十住位就能成佛了，這叫住佛。這僅僅是所入之門而已，從那個門進入，究竟成佛了。

前面講〈淨行品〉，到了究竟，就無行了；無行才清淨，有行都不清淨。要從有行，達到無行，所以這一品叫〈梵行品〉，不叫〈淨行品〉。

「無住之住」，所以叫佛住。「無行之行」，就是利益無眾生的眾生，這兩句話大家多思惟思惟，這是究竟的了義。這叫清淨的梵行。大家以這個意思來學〈梵行品〉，不要執著。要多參，多觀。參者就是思惟修，也就是觀義了，大家要根據這個意思去想。

對於這品經，大家要這樣看，是無住之住的，是佛住的，佛住即無住。以清淨的梵行利益眾生，利益無眾生的眾生。如果你不從這裡進入，後面的華嚴義，是很深的，就沒辦法進入，這僅僅是開始。這才是住位的菩薩，住位的菩薩修行、發心、成就，等到了行、向、地，到十地、十忍、十通，你更沒辦法進入了。以這個觀念多去思惟，才能進入華嚴境界；如果不建立這麼樣一個智慧心去觀照，你誦《華嚴經》，只是誦文字而已。

以下講〈梵行品〉的經文，這品的文字很少。剛才跟大家說，念誦的時候，三、四分鐘就可以念完。但是要把它開闊解釋起來，眞正進入，可就不是這麼回事，那就難了。

○釋文

◎正念天子問

爾時正念天子。白法慧菩薩言。佛子。一切世界諸菩薩眾依如來教染衣出家。云何而得梵行清淨。從菩薩位逮於無上菩提之道。

法慧菩薩現在是會主，正念天子向法慧菩薩說，一切菩薩依著如來的教導，染衣出家，怎麼樣才能夠梵行清淨？出了家了，先講戒，如何能使他戒行清淨，不犯戒？依如來教，直至成就無上大菩提。

先知道天是什麼義？天者，有幾種解釋，在〈梵行品〉講，就叫淨，天者就是淨；天者自然義，自然的清淨。正念天子所問的，是事是理，是染相，是淨相。他問的意思是染相絕對沒有了，「染相絕故」，梵天就是清淨。這就說明一個問題，念和無念，作和無作，行和無行。正念之念就是無念之念，就叫正念。

答者是法慧菩薩。我們前面所講的第五住，方便善巧，用巧慧，巧慧是從智慧開出來的方便慧。依著梵天修的清淨行，這清淨行在《華嚴經》上講，有兩種義：

四禪八定，也就是八禪。大梵天的淨天，哪個淨天呢？把它用到梵天，形容著第一義，就是剛才跟大家念的，文殊菩薩唱的「當觀第一義」，第一義天，梵行就成就了。

出家染衣之後，如何達到梵行清淨？這是正念天子所問的境界。正念天子的答，那就多了。要想清淨，行清淨行，他的因是清淨的因，沒有因怎麼能成果？因因而成果，這個果怎麼成的？觀，是觀成就的。自己的心清淨，離念清淨，離相清淨。出家染衣必須得戒律清淨，什麼樣子才算戒律清淨？過午不食了，過午沒吃飯，這就清淨了嗎？不是的，這叫戒相。

要離開這些相，知道這些相是無相的。我是人，人得吃飯，得穿衣服；離開人相，還得離開他相。自人他人，乃至不是人，都得要吃，凡是眾生都得要吃。面對這個問題，大家看看法慧菩薩怎麼回答。

◎法慧菩薩答

法慧菩薩言。

有問必有答。

佛子。

法慧菩薩稱正念天子，能在這個法會上問這個問題，他的智慧跟法慧菩薩也同等了。一唱一答，大家唱答度眾生，沒有問，法怎麼生起？每個法會都有人請，無請不說，沒人請不會說的。

菩薩摩訶薩修梵行時。應以十法而為所緣。作意觀察。

「作意」就是觀照，觀照以智慧觀察；觀察就是研究，推究十法。「正念」是「無念」，法慧就在這個正念，怎麼達到正念？是因爲無念，無念達到正念。

出家了，如何能成就清淨梵行？那就研究一下，因著這個問題來答覆。得依著十種觀察，念即無念，住亦無住，十住都是住亦無住；無念無住，還要依著十種境界相，這叫緣。

要顯示性空，必須依著緣起，沒有緣起怎麼能性空？要想成就性空，也要緣起，從緣起達到性空，因爲性空才能成就緣起。

所謂身。身業。語。語業。意。意業。佛。法。僧。戒。應如是觀。為身是梵行耶。乃至戒是梵行耶。

十個，圓滿數。如是觀，一個一個觀吧！

「爲身是梵行耶，乃至戒是梵行耶。」有身才能持戒，沒身，佛給他說戒幹什麼？持戒是爲了什麼？戒行清淨，戒是要達到梵行清淨。如果你有個持戒的心，有這個念，如果再有那些戒條，那還能清淨嗎？那本身就是不清淨了。如何能合乎梵行的體呢？梵行的體是什麼？法身，法身清淨。爲什麼會不清淨呢？身口意造業就不清淨了，那就違背佛法僧三寶，違背戒。

這十個並不是在文字上講，而是我們每個人的身口意。身是體，身所做的事就叫業用。語是體，語業就是用。意是體，意業就是用。一個變成兩個，就是六個。身口意的三業，加上它的業用就是六個了。六個再加上佛法僧戒四個，十圓滿。

那麼，身口意所行的，就是你所依止處，是一切業性的因。要想成就清淨行，還要假佛法僧三寶作助緣。佛法僧三寶所行的就是戒，戒就是體，就是行的體，所以佛法僧戒，要緣念這十種法，所緣的境，就是這十種法。

觀察什麼呢？對境觀心，對著境界相，觀照自己的心。問的是染衣出家了，受了淨行了，學戒就是受淨行了。怎麼樣觀呢？答的時候，就依著這十種觀。你要是不觀察，跟權乘菩薩，跟小乘羅漢，不就是一樣了嗎？一切戒都是因緣而起的，沒有因緣，佛不制戒的。如果起心，要起個念頭去持戒，就叫迷，這叫顛倒。

那要怎麼觀呢？問題就在這兒，假一切爲緣，顯這些事情沒有自性，觀不是觀他的相，而是觀自性；相盡了，理就現了。我們是相不盡，因爲梵行生不起來，境界不現。

觀是思惟，把思惟當成尋伺。觀這十法，分成十段，在這十段裡頭，若染若淨，染不是淨，淨絕不是染；犯戒絕不是持戒，持戒也絕不是犯戒；犯戒就是染，持戒就是淨。犯戒跟持戒這兩者是相互違背的。

這個地方講犯戒、持戒，都是法的自體。沒有犯戒、持戒，如果還有個犯戒持戒，說持戒清淨了，犯戒不清淨了，不合乎清淨梵行。你要是不細細的觀察，這個道理就會混淆顛倒了，弄不清楚了。

只要說身，身本身就通善與不善，他所作的業也是。業有善業有惡業，善業是順理的，持戒的；惡業是不順理的，破戒的，非理的。梵行是善性，違戒是惡性，兩個相違的，於理不順，這兩法是不相同的。

若身是梵行者。當知梵行。則為非善。則為非法。則為渾濁。則為臭惡。則為不淨。則為可厭。則為違逆。則為雜染。則為死屍。則為蟲聚。

身體究竟是梵行，還是非梵行？在身體上找梵行，什麼是梵行？在他的運動當中什麼是梵行？在他的行爲當中，什麼是梵行？什麼不是梵行？這體究竟是善是惡？有個決定義嗎？你必須得吃飯、穿衣服，你的生活要以衣食住行來資助；那就這個身體的自相是善是惡？是清淨？是染汙？實際上這個身體，不論種子、住處都是不淨的，是可厭惡的。怎麼樣把他變成清淨？他是作業所依，作業都是身體做，口裡做，意做。你要仔細觀察，就說我們這肉體，是有知？是無知？他死不死？他清淨不清淨？每個人都觀察觀察自己的身體，清淨不清淨？佛教導我們，有八萬戶的蟲子在我們身體聚集。換句話說，我們身體住了八萬家的蟲子。

講到這段經文的時候，我考慮了很久，要不要講？講講還是有好處的，不過大家聽著可別生起煩惱！不講呢？大家迷迷糊糊就這樣過吧！為什麼我這樣說呢？佛在世的時候演說華嚴，可是華嚴這箇法不在世間，《華嚴經》不在世間；佛不是在菩提場演嗎？是，但是佛在菩提場演的時候，一位世間人也沒有。那些大阿羅漢，舍利弗、目犍連，佛跟前的弟子一個都沒有，他們根本不知道演華嚴這回事。大家看看，從開始演的時候，來的聽眾都是什麼樣的人？演《華嚴經》的時候，都是什麼樣的人？哪有人間？哪有凡夫？

之後，佛再說法的時候，講不淨觀，講這個身的時候，也就是人間相、世間相。每個人身上有八萬戶蟲子，九億隻蟲子，這個肉體把它分析開來，是大蟲聚，整個是蟲子。這個身是善不善？本身善不善？色受想行識，這叫五蘊成身。

行蘊，廣說就有這麼多，這都是不合理的，理上沒有。順著教義理而生心，這個心是指善說的。身體本身不善不惡，作善事是善，作不善的就是惡，你說這個身體是善是惡呢？它的體是無記性的。

〈大智度論〉講，有五種不淨。相不清淨，種子不淨，就是指我們身體的種子，都是父母所生的。父精母血，業因識種，以成身分。這是說我們這個身體是父精母血，再加上你的業識。

在《楞嚴經》上，阿難尊者問佛：「佛！您這個身體，是怎麼形成的呢？」佛也是父精母血所生。他是佛的堂弟，他的父親跟佛的父親，淨飯王跟白飯王是弟兄。爲什麼問這麼個問題？他說：「我看你的身體跟我的身體好像一樣的，沒什麼差別，爲什麼你是佛？我是眾生？」涵義是這樣，我也是父精母血，你也是父精母血，爲什麼你成就那麼樣的一個身體，而我卻成就這樣一個身體。

其實，在那個時代，阿難雖然沒有三十二相，也是非常英俊漂亮了。他就說一個偈頌，「我心裡常時想，赤白二滴，父的精是白，母的精是紅，赤白二滴，云何能生妙明紫金光聚？」我只舉這麼一句，這裡不是講《楞嚴經》，而是證實種子是不清淨的，都是父精母血所成的，另外再加個識，沒有識是不成的了，加上一個識，來成就我們這個身分。

怎麼成的呢？住處不淨，當時住在母胎之中，住在生藏之下，熟藏之上。當母親吃的飲食在生藏等到發酵了，到了熟藏裡頭去了，我們住在這麼個地方，自體不淨。佛說有三十六物成就我們這個肉體。爪生髮長，脈轉筋搖，這是說指甲長，頭髮再生，身上的筋脈在搖動，都是這些來成就的。

自體就是不淨的。三十六物，就是身體的三十六個零件。現在不是造機器人嗎？他能造眼睛，也能造耳朵，這中間的識怎麼造？造不出來。

自體本來不淨，三十六物所成的，自相不淨，外相也不淨。外相所表現出來的是什麼呢？九孔常流不淨。兩個眼睛，兩個鼻孔，大小便溺，一個嘴巴，兩個耳朵；這九個孔，九個洞，九孔常流不淨。外相不淨，眼睛要長眼屎，鼻子要出鼻涕，嘴巴要吐痰了。比如說他是清淨的，誰吐的啖，誰也不肯再把它吃回來。它不淨了。大小便溺，可以排泄，但是你要他喝自己的尿，吃自己的糞，他幹嗎？往外排可以，往回再收，不幹了。

所以佛說，自體不淨，這個大家都懂得了。這一個身體，畢竟不淨，要是氣絕以後，死了。天氣炎熱的時候，只要半天的時間身體就膨脹了，就餿了。包括他自己的子女，都不會去了，所以究竟不淨。

〈大智度論〉有個偈子，「是身種不淨，非餘妙寶物，不由白淨生，但從穢道出。」「是身爲臭穢，不從華間出，亦不從薝蔔，猶不出寶山。」「地水火風質，能變成不淨，傾海洗此身，不能令香潔。」用大海水洗，怎麼洗也洗不乾淨的，沒有乾淨的。「常流出不止，如漏囊盛物」，這個皮袋囊是漏的，每天九個孔都往外漏，漏出來都是不淨。「諦審觀此身」，說好好審察，觀你這個身體，「必歸於死處」，一定要滅亡、消失的。

佛在世的時候，比丘都修不淨觀，他觀一觀，非常厭惡他的這個身體，就自殺了。比丘都自殺，還得了！佛就制戒了，不許自殺，自殺要下地獄的。不自殺，他思想煩惱的很，怎麼辦呢？請外道來殺他。內道，誰也不肯殺人，就請外道殺，外道怎麼肯幹呢？說我給你財物，把我所有的都給你，你把我殺死。後來佛也制戒了，不許可外道殺。

這是修不淨觀，沒有修成就會出現的障礙！怎麼會沒有修成就？觀身不淨，他好像是成就了，可是他一直嘔吐，不能吃。

還有，在拉薩，特別是在「加兒滾卻」，「加兒滾卻」是一個學道的處所，可以到那個地方去閉關。比丘修不淨觀，死也死不成，活也活不了，心裡煩惱大了。後來，就修什麼呢？白骨微塵觀。在西藏，每個人都有這麼一張照片，就是骨架子。後來，好多比丘修成功了，那骨頭站起來走動，就把他嚇死了。

修不淨觀要是修成了，可以破除對身見的執著，不要貪愛，不要執著；要是道沒修成，修修的，或者精神錯亂了，或者看著生起恐怖感。

修不淨觀行，是破除你的顛倒見。顛倒見是什麼呢？每一個人自己的身體都是髒的，可是你到社會上問一問吧！都感覺自己很乾淨的，其實洗多少次澡都不行的。

這是佛經上說的，用大海水洗，你一直洗，怎麼洗也洗不乾淨。要是把皮膚洗壞了，裡頭流出來的更髒了，沒辦法乾淨的。這個法是佛剛成道的時候說的。那時魔王有三位美女，魔王就讓她們去破壞佛的戒行，她們就到佛跟前來供養。她們說，自己如何如何美，那時佛就說：「妳們自己觀一觀妳們的身體。」佛的身心寂然不動，等到給她們說法時，佛就用神通了，讓這位三魔女一觀，她那身體九孔常流，涕唾便溺，什麼都來了。好！她們不能魔佛了，自己吐了起來！她一觀，觀的受不了了，一直嘔吐，有的是從口而出，有的是從身上而出，都是蟲子。

剛才我念的那數字，就是佛告訴這三位魔女，說她們身上有八萬戶，有九億小蟲子在裡面遊戲，這是清涼國師從《觀佛三昧海經》這部經上摘下來的。

修梵行的，觀的是體，觀的是性，性能澄淨。一切聖賢是順法的這個體，體無雜染。這個體是什麼體呢？與智相應，跟智慧相應，爲善所集成的。爲善所集成的是什麼體？法性體，清淨無爲的梵行。離開上面所說的那些相，離開了八識心的性，得到眞如法性爲體。

讓你觀這十種法，哪個是梵行？

若身業是梵行者。梵行則是行住坐臥。左右顧視。屈伸俯仰。

身業，身所作的業，並不是什麼事業，而是你的行住坐臥，或者頭部左右迴旋。行住坐臥，屈伸俯仰，就像我們做各種姿式運動，這是身之作用，這叫身業。不是說你做士農工商，而是說你身體所要動作的，這個就是身業。

這是梵行嗎？包括你所得的神通，神通是妙用了，那是梵行嗎？諸大菩薩，諸阿羅漢都有神通妙用了，這個是梵行嗎？行住坐臥四威儀，左右顧視，屈伸俯仰，這是身所作業，這個是梵行嗎？

我們再講深入一點，持誦、禮拜乃至禪坐。一學打坐，你能坐著舒服，能修行就好了，什麼單盤膝、雙盤膝，這是梵行嗎？這都是形式。你說我們打坐時，非得腿子雙盤上，這個形相是善？是惡？單盤的，就是惡嗎？乃至不會盤腿子，他就這麼坐著，站著也入定。行住坐臥都入定，行般舟三昧的時候，他是站著，並沒有坐著，行住坐臥四威儀，究竟是善是惡？讓你自己來判斷。

若語是梵行者。梵行則是音聲風息。脣舌喉吻。吐納抑縱。高低清濁。

說話，語言，音聲、風息、脣舌、喉吻、吐納、抑縱。聲音高，聲音低，這是梵行嗎？佛這樣說了，我們才知道；沒有佛說，我們不懂這個。我們的語音是怎麼發出來的？風息，風出七處而發音，口中有風，人要說話的時候，口裡頭的風，到達肚臍眼裡頭，這時候肚臍眼響出來音，觸到七處才生出語言。

這個我們恐怕沒作過觀想。風叫「優陀那」，觸臍而上去，要想說話，那風觸到肚臍眼，肚臍眼往上走，這個風觸到了七處，之後經過牙床，經過牙齒，經過嘴脣；它上升的時候，還得經過咽喉，還得經過舌頭，那麼就發音了，得經過這麼七處才發出聲音。或者發脾氣，生氣了，也是這樣。觸動，唇舌齒牙喉，這樣才能出聲。鼻子塞了，鼻子堵了，聲音也變小了；所以，還得加上妄想習氣來跟這個配合，才能發音。還要經過你心裡的動作，想說什麼，這只是說的語言。

說言語，梵行則是音聲風息。有風得有氣息，得有胸，還得有舌，還有喉，還有吻，還有吐納抑縱、高低清濁，才能發出音來。要不是佛經上這麼說，我們沒想過這些，沒作過這個觀，這是佛教導我們，從佛經上學到這麼個道理，這是語。

若語業是梵行者。梵行則是起居問訊。略說廣說。喻說直說。讚說毀說。安立說。隨俗說。顯了說。

語的業是什麼？起居、問訊、略說、廣說、喻說、直說、讚說、毀說、安立說、顯了說，這個是非善非惡。這都不是善，也不是惡。

若意是梵行者。梵行則應是覺。是觀。是分別。是種種分別。是憶念。是種種憶念。是思惟。是種種思惟。是幻術。是眠夢。

這個是覺，也就是尋求。覺就是找，或者別人說話，你想他說話的意思，那也叫尋伺。這是觀，你觀這些境界相，屬於善、屬於惡。但是，這個善惡可就假你的意念，假你的習氣，這是總說的三業。這三業就是你現在所有的作業，觀什麼呢？觀身、觀身業，觀語、觀語業，觀意、觀意業，總共有六個。

在你觀察之後，去找，就是尋伺；因爲觀的時候，有時想粗的，有時想細的，這都是不定的，這都不是善、惡。分別去找原因，隨念的計度，這些是有相的？還是無相的？是清淨的？還是染汙的？這叫隨念分別，有的是自性分別，有的是思量、尋伺，計度的分別。

你所緣的境，緣念的境界相上生起分別念頭，但是這都是屬於有相的分別。無相的分別，緣念過去，緣念夢境，那沒有相；隨你所緣，自然的生起分別，有的是有相的，有的是無相的。

或者自己尋伺，或者伺察，這是染汙的？這是清淨的？什麼叫染汙？什麼叫清淨？你得下了定義，之後去起分別。

憶念呢？就是追憶過去，回憶過去所做過的事，所做的境界相，那是沒有境界相的，只是你的憶念，憶念是沒相的。

思惟呢？這不是智慧，只是聰明；有的人因爲他的慧力輕，他辨別不出來，那就不是智慧，跟佛的智慧不一樣。

你的希望，你的理解，你的念，你的定，你的定慧，這都是屬於種種憶念。這裡頭有惡有善，有的是虛幻的，不是實在的事，都是自己心想，思、念都是相通的，意識所緣念的。

當我們睡覺的時候，會作夢。作夢通不通善惡呢？通。夢中作惡，夢中殺人，夢中打架，夢中罵人，夢中害別人，法律不能制裁，他只是作夢；但是你的善惡、善性、惡性、無記性，在三性裡頭就給你分別這些。善、惡、無記，這些都是屬於唯識裡面的，《華嚴經》不分別這些，只是這麼介紹而已。

讓你在這幾種當中觀察，觀察什麼呢？這十種當中，哪個是梵行？這只是說前面六個。佛法僧戒是淨業嗎？等講到佛法僧戒，你一觀察就知道了。身口意三業，這裡頭都有善有惡；讓你觀察這六種，前面身、身業，口，口業，之後講意和意業。前面講的是意，意就是意裡頭包含著觀察、尋思等等。

若意業是梵行者。當知梵行則是思。想。寒。熱。飢。渴。苦。樂。憂。喜。

意業呢？業就不同了，一說到意業，「當知梵行」，意業的梵行，意的作用，思、想，寒、熱，飢、渴，苦、樂，憂、喜，這是意業的十種，觀業的十種，這叫意的用。意的用就叫意業。想，想是想法，我們經常說想法，想跟思，爲什麼要把他分開？思是想辦法，想是回憶，這屬於觸受。接觸的事物，領受的，回憶來想。觀這個意業，意業就存在這麼個東西，也就是觀察的意思，這就是意的作用。

思，思是意的所有，就叫心所法。讀過〈大乘百法明門論〉的人都知道，心法八個，心所有法五十一個，色法十一個，不相應行法二十四個，無爲法六個，總共有百法。我們上面講的就是這一段。

意的心，意所起的作用，領受外邊的境界，在這個時候，有善有惡。你觀察這六業，再加上佛法僧戒，就觀察這十種，把這十種都想一想。想一想做什麼呢？哪是淨行？哪是不淨行？這十種究竟哪個是梵行？

前面經文上講，讓你觀察這十種，哪個屬於梵行？在這十種裡頭，我們說身口意三業，乃至身、身業、口、口業，他說語業，意、意業，這六個。是善？是惡？是梵行？不是梵行？

我們的答案呢？這六個都不是梵行。但是你口裡誦經的時候，是不是梵行？口裡讚歎三寶的時候，是不是梵行？念佛的時候是不是梵行？身，禮拜，在那裡靜坐、參禪乃至誦經，是不是梵行？佛法僧三寶戒是梵行不是梵行？

凡所有相，皆是虛妄。梵行是清淨者，我們在前面就把定義給說了，無相、無作、無願；〈十住品〉，無住，一切都無住，一切都不執著。不管善惡，都不執著。不但不住惡，善也不住，沒有善，只有一個有相的，善惡一落了相上，就叫境。

我們修淨行的，就要隨善轉，隨著佛法僧戒轉，這個是梵行吧？要是住在這個上頭，執著佛法僧戒，那跟貪瞋癡一樣的，有善有惡，有分別，這樣就有罣礙了；

心有所著，有所住。這個道理，需要多辨別辨別。

〈梵行品〉的經文雖然少，但想入到清淨的梵行，我們還需要一段時間，多少時間？必需一萬大劫，才能具足那信心；一萬大劫才能發菩提心，發了菩提心就成佛了。一萬大劫時間也不長，十萬大劫就是現前一念，無量億劫就是現前一念，所以從正念天子的這個問答當中，就說明了這一品的定義。

什麼叫正念？無念。你念地獄是念，念佛是不是念？有念就不淨了，淨行就達到無念。無念才能契合你那個本有的一眞法界。

這個道理，我們再舉個例子來說明。大家都讀過《金剛經》，佛問須菩提，有阿耨多羅三藐三菩提可得嗎？須菩提說沒有，佛就說答對了，給他一百分。要是說有，有就不對了，佛沒有阿耨多羅三藐三菩提可得，有地獄嗎？只是說作那個業，那業沒有了，地獄也沒有了。「所作業不亡」，就住到業上了，如果你觀到無業可住，什麼業沒有，不住了，無住了，才能夠回歸你自己本來的面貌。

好多道友經常一開口，好像是懺悔，又好像表達自己業障很重，經常把業障很重，掛到口上，想到心上，作在身上。你天天如是作業。口裡說的：「我業障很重！」心裡想的：「我業障很重！」那就業障吧！

若你無念了，達到的是眞正的正念。法慧這些大菩薩的名字，都是依他的義理而定的。「法慧」，是了知一切諸法的自性，無性、無住、無作，那就究竟了。

《梵行品》的文字不多，主要是靠思惟、觀照。希望大家學《華嚴經》的時候，多用觀照。我們從有相達到無相，必須得有相、有聽聞，有聽聞才能明白義理；如果連聽聞都沒有，我們怎麼明白呢？要從無念達到正念，無念就是正念。

若佛是梵行者。為色是佛耶。受是佛耶。想是佛耶。行是佛耶。識是佛耶。為相是佛耶。好是佛耶。神通是佛耶。業行是佛耶。果報是佛耶。

在《心經》上講，「觀自在菩薩，行深般若波羅蜜多時，照見五蘊皆空」，一照見，五蘊都空了。現在我們在此處是分別來講，這叫「析空觀」。在《心經》上，照見五蘊皆空，那就是梵行，那叫「體空觀」，當體即空。現在這個是「析空觀」，就是分析的析，一個整體把它分析分析；一個一個的分析，至到無相、無作、無念，那就是清淨梵行。

如果沒有當體即空的觀力，要經過分析才能理解。當體即空，你看一切諸法，不假分析，不假修證，不假觀照，當體就是空。空，就是我們所修的定，止一切相，止一切言說，止一切形相。

「析空觀」，是把色受想行識五蘊，一個一個分析，一個一個認識。之後，再說佛的三十二相，八十種好，相是佛？好是佛？神通業行，佛度眾生的業行，成佛的果報，如果解釋的話，都不是佛。佛者，就是覺。梵行是不是覺？一切色法是不是覺？受想行識都如是，那是佛的神通妙用。佛利益眾生的事業，或者證得的果報，讓你認識哪個是佛？經上形容它是空的，這是問號。

觀佛的三身，這是五蘊所成就的身。還有佛的五分法身，戒、定、慧、解脫、解脫知見。這五分法身，哪個是佛？這些都不是。佛是五蘊和合而成的。我們人的肉體也是五蘊和合而有的，那就是一合相。

但是這種觀都不對，都不是。那要辨別什麼呢？辨別你當體即是。五蘊法，一一推求，色受想行識，哪個是佛？乃至戒定慧三學，持戒受戒的時候是佛？修定的時候是佛？慧學是佛？都不是。一一推求，一一分析，讓你進入禪定。禪是寂靜的意思，修定的時候，寂靜下來，心不向外求，直接觀心，心無諸法。

色受想行識，這些是諸法。我們經常說無漏的五蘊，有漏的五蘊也好，無漏的五蘊也好，凡所有相皆是虛妄，若見諸相非相，則見如來。

這段經文說的都是有相，有相不是如來，不是佛，要這樣觀，觀想。乃至佛經過三大阿僧祇劫所修行的一切法門，這些都是一一排遣的，都是屬於心、心所有。

因爲這都不是梵行。梵行離一切諸法，離一切諸法之相，凡所有念，皆是虛妄，何況相呢？於五蘊法這樣去分析，佛不是梵行。法是梵行嗎？先分析佛法僧三寶。

佛如是了，法呢？什麼是法？若法是梵行者，那就很多了。法無量法，都是指淨法說的，沒說染法，這個法是梵行，能這樣來定義嗎？

前面是觀佛，現在是觀法。總的說，先觀三寶。

若法是梵行者。為寂滅是法耶。涅槃是法耶。不生是法耶。不起是法耶。不可說是法耶。無分別是法耶。無所行是法耶。不合集是法耶。不隨順是法耶。無所得是法耶。

這八種，要加以辨別，全部都不是。因爲〈梵行品〉是遣一切的，一切都不立。凡所有相，凡所有法，皆是虛妄，要這樣來推求法。

第一個法不是指世間相說的法，是指理法。理法是不可說的，但有言說，但有形相，都不是法。所以說法不是梵行。問的是，法是梵行耶？梵行建在什麼上頭？爲寂滅是法耶？涅槃是法耶？一有言說，涅槃是不生不滅的。寂滅還有什麼可說呢？不可說的。不生，不生說不上，不生本身就是沒有，沒有說什麼法。不生，不起，不可說，既然不可說了，還有什麼立法呢？

有分別不是法，無分別也不是法；所行不是法，無所行也不是法。合集不是法，不合集也不是法；隨順不是法，不隨順也不是法。無所得是法耶？根本就無所得，還說什麼法呢？

這都是遣除的意思。你要觀諸法不生不滅，乃至根本觀法的時候，法即是心，心是一切不立；一切不立，就是觀一切法，一切法都是不生不滅的，說這是遣除法。修淨行的，佛法僧三寶，都不立。不立，就是不把它執著爲本相，一說就落於言語，落於言語就表達形相，凡所有相皆是虛妄，無有言說，無有形相。梵行究竟是什麼呢？不可說。

爲什麼？他如果不是這樣修，就是住色生心，住聲香味觸法生心，它則是一切無住。不論淨法染法，一切無住；無住就無作，這叫什麼？無相法門。

這得從根本著手，也就是我們所講的妙明眞心，信自己的心是佛，與佛無二無別的，這就是信心。在修行過程中，你必須有佛法僧三寶作緣，這個時候是不講因緣的。離開佛法僧三寶，又去哪裡求梵行呢？這不是究竟，而是引發你達到究竟，在究竟上，才說一切諸法不立。

這是指心法說的。心法由什麼顯呢？那就假佛法僧三寶一切萬法來顯。信這個心，隨緣了，隨著淨的因緣，那就立佛法僧三寶；當你修禪定的時候，這些都不立。有這些，禪定就修不成了，心法就不能顯現了。現在我們的心，隨的是染緣，我們要破除染緣、一切染法；我們就說淨法，用淨法對治染法，染法沒有了，淨法也不立了。也就是心不起一念，不著一切相，不著一切境，唯心法門，所以這個就是觀佛，觀自己覺悟的心，我們覺悟的心也沒有什麼叫梵行，也沒有什麼叫做佛，也沒有什麼叫法。佛是對著眾生界說的。

當你推證的時候，如是觀。如果這些都合成起來才是佛，有三十二相，八十種好；佛又說法，又度眾生，那佛就不是一個，是和合而成的，凡是和合而成的東西，沒有自性。〈梵行品〉，如果從三觀來講，講的是中觀，中觀就是一切不立，離二邊，獨顯中道，這是究竟的心法。

觀佛法僧三寶，乃至觀佛的色相，這是五分法身。無漏戒體，這是依著小乘教義解的，《華嚴經》就沒有這個意思。這是用小乘來比喻修淨行。究竟了，達到無住了，無住就是梵行；淨行、梵行清淨了，才能住到無住；住即無住，這就與佛的法身、眾生心，加上我們學者的心，三心無差別。

信了這個心體，沒有佛，也沒有眾生，也沒有自己這個肉體，這樣才能修持清淨的梵行。這就是直觀般若，用般若來照。我們用《心經》來解釋就很好解釋，觀自在菩薩修觀的時候，一切無著，以般若智慧照見這五蘊，全是空的。佛的五蘊也好，眾生的五蘊也好，只是五蘊，都是空的。

色受想行識，佛是空的，眾生也是空的，一樣的。佛如是，法也如是。法是不是梵行？先把法的位置定了，什麼是法？寂滅是法嗎？涅槃呢？涅槃不是寂滅，涅槃是不生不滅的，這是理，純理性的。理、事，用這個事理來辨別的，是純理性的。

因此說，法若是梵行，寂滅是法不是法？涅槃是法不是法？不生是法不是法？不起是法不是法？不可說是法耶？無分別是法耶？無所行是法耶？不合集是法耶？

不隨順是法耶？無所得是法耶？這些都不是法，離開這些，又去哪裡找教理行果的法呢？離二邊，這兩個就叫二邊，離二邊獨顯中道。

一是法？多是法？一也不是法，多也不是法。約圓融義來講，一切都是法。這裡面都顯示一個和合，一個不和合，這些和合了才是法，那就雜亂了。有爲是有爲，無爲是無爲，無爲跟有爲和合了，既不是有爲，也不是無爲。聖人跟凡夫都是一樣，那是約理上講，那是一心上講，在事上各各不一樣。

我們昨天也講這個問題，說人，這是總相；別相，人可就複雜了。總相是梵行，別相是梵行，偏於總，別又怎麼說；偏於別，總又怎麼說。總也不是，別也不是，總別和合都不是。要離開這些，那就是梵行。這是從開闊現相上講，但是對我們來說，越學越糊塗，要究竟了義才不糊塗，要怎麼樣呢？直觀心。

禪宗人，說教下人，入海算沙徒自困，去算吧！算海裡有多少沙子？你不是自己在找困擾嗎？那就像直觀心體，遣一切相，一切相都不立。直觀心體，頓超直入，立證菩提。

但是學教下就不行，特別是學華嚴，華嚴讓你把一切相，一切事物，一一的都分析清楚。分析清楚了，才達到毗盧遮那佛；毗盧遮那佛就是法性。我們跟佛無二無別的，我們先掌握住「總」，「總」是什麼呢？就是自己的心。自己這個心，迷了，迷了又來發菩提心。發菩提心，成就了究竟菩提果；等你成就的時候，才知道原來就如是。原來就如是說，我們這個心跟佛無二無別，你修也如是，不修也如是。

在迷的時候就不同了。如果你對任何事都有苦惱，有煩惱，那就不是了。你沒煩惱，當下即是，煩惱即菩提。菩提、煩惱是兩邊，都是不立的，也沒煩惱，也沒菩提，也沒什麼叫法，也沒什麼叫梵行。

修到住，我們又回到發菩提心，發了成就菩提果。這品講之後，空，空好像什麼都沒有。哎！下品接著就講發菩提心的功德，那就立了，這個是破；不破不立，破了之後，還要立，直至成佛。這品經文單從文字上沒有什麼可講的，因為這是梵行，清淨行。這要達到什麼目的呢？達到菩提果，初發心時就成正覺，因為什麼都不立才能成正覺，一立，就成不了了，立什麼著什麼，這就要修觀，觀要好好想！

二百五十戒，三百四十八戒，是防非止惡的，本來就不非，立這麼多，又止什麼呢？聖邊，凡邊，在聖人邊說，那都是相合的；在凡夫說，那就麻煩了，麻煩就越來越多。為什麼要說八萬四千法門呢？連一法都不立，又說了八萬四千，多不多？其實豈止八萬四千，佛對什麼根機說什麼法，對每個人說的法不一樣的。我們沒有遇見佛，只好把佛的八萬四千法門都拿來說，看哪個對你的機，這個說的是華嚴機；《華嚴經》講的是華嚴機，這是說法，僧也如是。

若僧是梵行者。

這個僧，是指小乘說的。

為預流向是僧耶。預流果是僧耶。一來向是僧耶。一來果是僧耶。不還向是僧耶。不還果是僧耶。阿羅漢向是僧耶。阿羅漢果是僧耶。三明是僧耶。六通是僧耶。

若戒是梵行者。為壇場是戒耶。問清淨是戒耶。教威儀是戒耶。三說羯磨是戒耶。和尚是戒耶。阿闍黎是戒耶。剃髮是戒耶。著袈裟衣是戒耶。乞食是戒耶。正命是戒耶。

從凡夫地入了聖人，僧本來是和合義，僧人是不是梵行呢？凡夫當然不是了。證了果的聖人是不是？預流向是不是呢？四向四果，初果向，初果，二果向，二果，三果向，三果，四果向，四果是不是呢？

僧是和合義，梵行要是和合的，就不是梵行了。所以，這四向四果，全不是梵行。〈梵行品〉是遣一切的，一法都不立的，這要怎麼解釋呢？在三界之中的眾生，在度他的過程當中，說這些法，讓他生起羨慕心。生起羨慕心，就是離開凡夫地，證到聖人果，這個聖人果是小乘的四向四果，八位聖人。向就是向果，你得斷三界的見惑十六心，你那個心就多了，一個一個斷吧。這是初步，從凡夫斷見惑，依小乘教義，知道苦，苦怎麼來的？集來的。知道苦，斷集的因，因斷了，果沒有了。

這是不是梵行？當然不是。佛不是，法不是，僧也不是，這是專指小乘說的，都是出家眾。菩薩不一定是出家眾，大家看菩薩都留著髮，穿著瓔珞，戴著珠寶，僧人就不行，要先把這個分清楚。光看僧，不是梵行；有分別，有取捨，有對待，所以都說僧不是梵行，都是和合義。從僧的本身就不是梵行，和合的，在梵行中是沒有這些名詞的。

僧的體是什麼？和合的，沒有自體。這樣離人離法，人法雙離，就是一切都不立。那所受的戒呢？修梵行的，他的對象是十法，別把這個忘了，十法是：身、身業、口、口業、意、意業，加上佛、法、僧、戒。

這十法都是你觀的對境，用你這個心去照這個境，就叫觀。觀佛、觀法、觀僧，之後觀戒，這是聖法了。

前面觀身，觀身的業用；觀口，觀口的業用；觀意，觀意的業用，六個，加上佛、法、僧、戒，共十個，這是〈梵行品〉的修法過程。

觀戒是什麼呢？就是佛所制的，這還是在說法之內的，這叫戒法。本來在法裡，已經講了，單把這個戒法提出來，受戒是不是梵行？清淨戒，他追查什麼是清淨戒？什麼叫戒？登壇受戒，我們後面的壇場還在呢！說那個是不是戒？那是戒嗎？但是你登壇要受戒，要有個壇場，要有個處。壇場是戒？不是的。持戒清淨了是戒嗎？

老師教你威儀，威儀是戒嗎？三說羯磨法羯磨師，羯磨和尚給你說三時法，是不是戒？和尚是不是戒？阿闍黎是不是戒？一個一個發願是不是戒？乃至著袈裟衣是不是戒？持戒沒犯，沒犯就是沒犯，怎麼叫清淨戒？戒是眞梵行嗎？這全是問號。

托鉢乞食是不是戒？佛規定的，是戒。他所說這個戒的意思，觀戒的本體是什麼？你持戒的時候，有心？無心？起心動念持戒？還得假眾緣和合。有壇場，有戒師，有戒子，多緣方成，乃至於戒，每一個戒，怎麼樣達到清淨？怎麼樣是犯戒？

犯戒有六緣的，有五緣的，最多有十緣的。這個戒，得有十個緣，具足了，犯了究竟了，這個戒犯了，少一緣，沒犯，只犯前方便。這麼多法和合而成，哪個是戒？觀戒，戒有個戒體，體是什麼？戒體跟你的心體是不是一個？這是觀照的意思。

這裡頭大概說的是，戒性如空，戒的性體就是空，乃至於說到一切布施有福德；能施所施，能施的人，所施的人，還有所施的物，三輪體空。觀是這樣觀，究竟不可得。

一切持戒，無善，無威儀，爲什麼？戒性如虛空，持者爲迷倒。持便是迷了，顚倒了，本來什麼也沒有。這是說六度，施戒忍進禪。說到忍，什麼是瞋恚？什麼是忍辱？瞋恚是沒有的，當時一發作，找到瞋恚還有體？什麼是瞋恚的體？沒有體的，你找不到瞋恚的體。

什麼是忍？忍亦無所忍。這是說六度，不只是說戒，也說精進。精進是對懈怠說的，精進者，爲增上慢說的；無增上慢者，無善無精進。若能心不妄，精進無有涯，心沒有妄念了，心沒有妄想了，也說禪定。若學諸三昧，是動非坐禪，不是定，說這個三昧，那個三昧，都不是定。

但有言說，都無實義。「心隨境界流，云何名爲定」，這不叫定。「森羅及萬象，一法之所印」，就是心印。「云何一法中，而生種種見」，就是知，智慧，知見。「淺智之所聞，見一以爲二」，說一，以爲這就是一了，一不是一。「若有聞斯法，常修寂滅行」，聞了這些法了，修寂滅行。「知行亦寂滅」，行也是寂滅，「是則菩提道」。

清涼國師是這樣解釋這個觀戒的。那麼這十法都觀察了，在這裡頭找什麼呢？找什麼是梵行？我們自己觀自己的意，觀你心想的，你觀吧。

以意識觀意識，是不可能的，要用智慧來觀意識。觀意的業，就是我們的心念，也就是意識。再觀察你的口業，口是一個形相，一個器官，它的作用是什麼？說話。或者觀你的身體，身體的作用，行住坐臥，行走，身體的一些動態，身體的靜態，你在這十法裡找梵行，什麼是梵行？了不可得。這就是〈梵行品〉，你反覆如是觀，乃至依著佛所教授的法來觀。

你找得到嗎？它是眞空，說到眞空的一面，沒說妙有的一面。我們說佛法僧戒，乃至身口意，這都屬於妙有的一方面；在凡夫是實有，在諸佛菩薩則是證得性空了，是妙有。

性空，隨著緣起而生的諸法，這些諸法不是實有的。這樣來觀，觀什麼呢？觀〈梵行品〉，你所觀的這十個境界相，身口意，加上身口意的作用，以及佛法僧戒，總共十種。你要如實觀，稱著實相理即，前面看看諸佛怎麼行的，看看普賢菩薩入三昧怎麼入的？

法慧菩薩所答的十法，要從這裡來觀察，這叫如實觀。

如是觀已。於身無所取。於修無所著。於法無所住。過去已滅。未來未至。現在空寂。無作業者。無受報者。此世不移動。彼世不改變。

觀之後，你才知道梵行清淨之相是什麼。「如是觀已，於身無所取」，身上想取個什麼東西，沒有所取的。

「於修無所著」，你所修行的，千萬莫起執著，修的時候不要起執著。這個著是執著的著，心裡凡是起個念，說我要修行了，要是有這麼個念頭，之後，就這麼一句話，清淨性沒有了，要修行卻修不成，是這樣的意思。修的時候不要執著，任何都不要執著，一執著，就錯了。

任何法，「於法無所住」，不是無所住，你住不住，不可能住。無住才叫梵行，一住，不是清淨梵行了。爲什麼這樣說呢？「過去已滅」，過去就沒有了，滅了。

未來，未來還未到，未來還沒來；那現在該現實吧，現實是空寂的。

「無作業者，無受報者，此世不移動，彼世不改變」，三輪體空，這叫清淨觀。

我們重新研究戒定慧，從頭說佛法僧三寶，還加上三寶所持的清淨戒，這都不是梵行，連佛法僧三寶戒都不是梵行，那究竟還有梵行嗎？要這樣來觀察三世，觀察一切諸法。知道念無所念，無念的念，才是正念，你起個念頭已經入了邪思了，不是正的，要達到無念的念，才是眞念。

你所修行的任何事，不起執著，不起知見，這叫正修。這樣理解了，再回頭觀梵行，這才叫梵行。所行的是無染的，這就叫什麼呢？觀心法，直接觀心，一切相不取。佛法僧三寶戒是淨，身口意的作用是染，染淨平等平等。觀佛、觀法、觀僧的時候，持戒的時候，是不是身口意的業用呢？當然是了。你以身口意的業用，觀佛法僧三寶的時候，我們叫清淨行了，能修成了。可是學〈梵行品〉的時候，這就不對了，入不了梵行，不是清淨行。

修清淨行必須證到什麼呢？無心道人。做就是沒做，以沒做來觀心，就是做了。心隨一切法，成就一切緣。

我們說《華嚴經》是圓教，如果在圓裡頭，找哪個是頭？在什麼地方起頭？圓的，你怎麼找得到嗎？無頭無尾，你找不到。圓的，要找個頭，從哪個地方起始？哪個地方結束了？沒有，這叫圓教。

能達到這種境界，唯佛與佛乃能究盡。因爲這樣，才能達到初發心時便成正覺。剛一發菩提心，十法界就能示現成佛，示現度眾生，示現菩薩。我們才知道初發菩提心，能夠示現成佛，就因爲這個道理才能成就清淨的梵行。

我們要是起執著心，那跟佛距離太遠了，三大阿僧祇劫還沒修呢！怎麼成佛？只有《華嚴經》這樣講，其他的經並沒有這樣講。

你必須根據最初開始所說的信心，信這個心，跟佛無二無別；所以一發心了，一成就了，信心圓滿了就能作佛。正因爲無二無別，你才能成就，不然你發心了，怎麼能示現成佛。這個是講前面的，看著是講〈梵行品〉，實際上是講十住菩薩，初發心住。

講完〈梵行品〉，好像什麼都沒有證得了，空了。因爲你還沒有完全契證這個心。拿我們來說，不講你還明白，一講反倒糊塗了。我受了戒對不對？我信了佛對不對？信了佛法僧三寶了，這個信心對不對？

我告訴你，成就這個信心的時候，讓你達到另一種高深的境界，不起執著；之所以說空，是怕你又執著回去了，那就住不成了。

講空之前，先講有。〈淨行品〉裡，文殊菩薩教我們，吃飯穿衣，無論一切動作，都要發願，發成佛的願。這是發願，相信了，把這心修成了，信心即是佛，這一個信心，一發心就成佛了，信心就成佛了。你這個心成佛的時候，正因爲你把所有都空掉，空了之後才能建立，不空建立不起來。空了之後，什麼都不執著，全部放下。觀自在菩薩修觀的時候，看破、放下、自在，照見五蘊皆空。用深般若波羅蜜，色不異空，空不異色，那這些又都有了；空就是色，色就是空，這個時候還沒有講到那麼深。

這只是讓你先空掉。空的是什麼呢？空的是你的知見。知見怎麼空呢？什麼也不起執著，什麼也不貪戀。爲了怕你落到斷滅，下一品，就講發菩提心的功德，看看發心的功德有好大，這又回到有上，因爲功德都是有的。

爲什麼這樣反覆說？這是什麼意思？目的只有一個，讓我們放下。凡有言語，凡有形相，凡是有思惟的，你都沒放下。我們經常說，因爲在社會上煩惱，出家了，遁入空門。你在空門外面，不知道空門是怎麼回事，一進到空門裡頭，還是不空。明白嗎？不空，你的頭髮是剃了，但是你不能把腦殼也割掉，你只能剃個頭髮，你的腦殼還在呢！腦殼在，頭髮還要長，所以你半月剃一回，不剃它又長出來了；斷煩惱，煩惱還會生的，我說這個是比方。出了家，還生什麼煩惱？每位道友們觀照觀照，我不知道你們如何，我的煩惱還很多。

學佛法，講佛法，這中間都是覺悟的方法，因爲我們還沒有覺悟。我講課有煩惱，你們聽課有煩惱，都在煩惱當中。說的是誰的呢？說的是佛的，大菩薩的，是人家的，不是自己的。自己是什麼？自己具足跟佛無二無別，能說而不能行，不能行而不能證，不能證你沒有得到，不能證你得到了嗎？得不到。

這叫什麼呢？這叫熏習修。我在講〈大乘起信論〉的時候，跟大家講了很多次，天天這麼熏，能把它熏到沒有了，也就是我剛才說的遁入空門。

不空，不空就是有了，有什麼呢？這個有跟空門外頭的有不一樣了，有功德，沒有業報。但是〈梵行品〉不行，只要有就不行。業報要空，功德也要空。有時候說功德什麼也沒有，有時候佛又說有，爲什麼？這就靠我們去參了。當佛遣有的時候，我們又執著空了，一執著空是斷滅空。斷滅空，不行，功德都沒有了，那又回來說功德；說完功德，又沒有了，又空了，那已經不是原來的這個空了。

到了十地菩薩所說的那個空，跟〈梵行品〉又不同了，那個空是在有上建立空。空即是有，有即是空，佛法僧三寶，持戒，功德無量。在這個地方不能這樣講，這個地方是排遣，先把你的煩惱、業習給空掉。

大家知道這個故事吧！丹霞劈佛。有一位和尚他一天當中都在拜佛，對佛像執著得不得了，丹霞就去度他，把佛像劈了，用火燒了。那和尚氣死了！「我天天拜的，你怎麼給我燒了？」丹霞祖師說：「我沒有燒，我燒的是木頭。」「這是佛像！」「佛像？那我在這裡找舍利！」「木頭裡哪有舍利？」「沒有舍利，那你就別拜了，我再燒一個吧，沒有舍利，供它幹什麼？」

講這些道理，是讓大家了解，佛所說的一切法，目的是讓你成佛。你要是執著這個，就給你取消這個了，你又去執著那個，那個又給你取消了，就是要你達到無障無礙。說空說有，即空即有，非空非有，只有一個目的，讓你成佛。

有時候它是純理上說，我們現在這段經文是純理上，所有一切事相都遣除之後，你心裡乾乾淨淨的；之後，又跟你說有，你就不會執著，後面再跟你說功德，那你就不會貪戀功德。

剛才我說了兩個名詞，其中一個是「析空觀」。「析空觀」就是分析，讓你來想、來觀；不過這個觀，並不究竟，還要「體空觀」。有的根機很深，很有修行的功力，他當體即空，也不要修念佛、拜懺，都不立了。就說參禪吧！直指明心見性，坐在這裡就思惟了，想了，那就專門修空。心行處滅，心裡的思惟，一念都不立，言語道斷，不說了，言語道沒有了。

所以學教的，是一點點的分析，讓你達到空體，證得你的本體；習禪定的，當體即空，當體即空就沒有這麼多的言說了。

從十信位以來，一品一品，一類一類的告訴你，讓你生起信心。能信自己的心，並不容易，大家一聽到，哎！我自己還不相信自己嗎？就是因爲你自己不相信自己，佛才這樣說。說了半天，你還是自己不相信自己，這句話大家信嗎？問你是不是佛？不論你問誰，沒一個人答覆說：「我是佛！」沒有一個道友是這樣答覆的，說我是什麼佛，因爲自己一天當中的煩惱多得很。

其實，你這個體是佛，並不是說你現在的這個用。你現在的這個煩惱，是你心上的用，是識用，並不是心。你學法相唯識，學〈三十唯識頌〉，就知道了。

你先把這個妄分析了，之後再去找眞，眞就在妄裡頭，知道嗎？把妄一分析，眞就顯現了。有的人智慧大，根機深厚，他一聞就悟得了，直接就找到了。超三賢越十地，三賢位十地位他都超越了，一下子就成佛，就像善財、龍女一樣。這是有的，但是很少很少。

在佛的經卷裡，不止善財龍女，還有好多開悟的。像禪宗開悟的，是不是佛？是。那是理上，理上能悟得了，事相上還不行，還得漸漸地除。你出家，受了戒，跟那出家幾十年的，平等平等。可是在這過程當中，有好多的事，你還不明白，爲什麼呢？理雖頓悟，事須漸除；理上你明白了，但在事上，你得一件一件學，不學你不會。

你拿〈淨行品〉的淨行，跟〈梵行品〉的梵行相互對照，〈淨行品〉也是清淨，可是要發願。吃飯要發願，行住坐臥都要發願。〈淨行品〉是在有上建立的；〈梵行品〉是什麼都不要了，在空上建立的。你把空達到就行了，懂了這個道理，你才知道「空寂無作意」，空寂了，沒有任何作意，「但有所作，即是虛妄」。「言語道斷，心行處滅」，心裡想的沒有了，過程都沒有了，就是斷了行爲，斷了思惟，什麼都斷了，等你斷乾淨了，再起作用。

大菩薩行菩薩道，必須先達到這種境界，有了這種境界了，才能進入初住。這時候再發心，才是眞正的菩提心，才能示現百界作佛。你要是不打掃乾淨了，還是有毒，毒還會發作的。你有這個肉體，身口意裡頭有毒素，你洗不乾淨的，必須得用梵行才能洗乾淨。

要是沒有辦法修梵行，沒有這個善根，你還是從〈淨行品〉來做吧！發願吧！先把你的行爲清淨了，淨行做之後，能做得殊勝了，就能進入梵行了。這樣清淨之後，再發菩提心，功德無量。

講到〈初發心功德品〉，你就可以看到《華嚴經》的品位安排，先讓你有，有又空；空之後又有，有了又空。後面那空可不是這樣的空了，那空不是建立在你的心地上，而是建立你的功德上。要是能這樣子來學習，還不說是成就，起碼你的功德能建立得很好，在功德裡頭沒有貪瞋癡了。

我們現在無論做什麼，裡頭都夾雜貪瞋癡的成分，這樣的成分不純淨，還不夠清淨。必須經過梵行這樣清淨了，以後再發心，那個功德就清淨了。你的基礎不一樣，必須逐漸清淨你的心。

講《華嚴經》之前，我之所以先講〈大乘起信論〉，就是爲了能夠行梵行，清淨行。如果這個器皿，藥罐子，裝過毒藥的，你要是不打整乾淨就去吃，會把有毒的成分也吃進去，那就麻煩了，你會中毒的。

佛所說的教義也如是的，先給你講佛的果德，之後就講那些大菩薩，文殊、普賢他們是怎麼修的？大家可能學過，要是忘了，就不能連貫，你之所以不能連貫，因為你不是證得的，只是靠耳根聽一聽，你的心還沒有沾邊，還沒有轉變過來。

我們拜佛也好，禮懺、念經也好，一天當中上殿過堂的，裡頭夾著毒素。所謂毒素，就是還有貪瞋癡，你起心動念，不清淨的地方太多了。我不知道你們如何，反正我是這樣子。吃飯的時候，今天很合你的口味，不知不覺就多吃兩口；那不好吃的，勉強哪，差不多就算了，這裡面都有愛憎。有時候發脾氣，你不敢跟人家發，在心裡頭發吧，變過來，不敢向外頭發，自己跟自己過不去。

這個事你明明不曉得，根本不會，在很多人面前，怕失掉面子，勉強裝會；不會的卻裝會，不懂裝懂。因為你在沒得到清淨的梵行之前，你的三業不會清淨的。雖然也接受法、接受佛、接受僧，也歸依三寶，但這裡頭有毒素；毒素就是不純，裡頭夾雜著愛染、愛見。為什麼經過很多劫數都不能成道？成分不純，不是清淨行。

如果你能夠放下，這樣觀察，「於身無所取，於修無所著，於法無所住」，過去已經過去了，不再思念。沒有一個人不留戀過去的，因為做個夢，他會想起很多事，也許會想好幾天；做個壞夢，也會恐懼好幾天。為什麼？過去的不能消滅掉。過去就過去了，還是不能截斷；未來呢？沒有一個人不會想未來的，將來我會怎麼樣等等，這也包括我們修道者在內。

一下想住住茅篷，一下又想清淨清淨，人多了煩亂修不成。那你就去住茅篷去修吧！一個人去修又害怕，三兩個人又打閑岔，怎麼辦呢？就這樣反反覆覆，多生累劫都這樣。大家共住吧，嫌著約束，一個人靜住吧，又懈怠，又恐怖；一年又一年，一輩子又一輩子，無量劫就這麼過來了。如果你執著，於法樂住，喜歡的，就專持哪一法，不喜歡的就排遣。這些執著，每個修道者都有，還不用說到不修道者。

〈梵行品〉是專門爲出家人說的。爲什麼？去除你的執著，你執著的不得了，就不能夠隨緣，一隨緣就變了。達到隨緣不變，那你必須觀，觀身無所取，那身業就沒有了；觀修無所著是意業，意業也沒有了。對於一切法無所住，無所住就不執著，一切法都不執著。佛說一切法，就是要你不執著；可是我們學哪一法就執著在哪一法上，不能梵行。梵行並不是說什麼都不動，專門落於空寂，那成斷滅了，不是那樣的意思。

梵行清淨是指著什麼說的？是把你那個心洗乾淨。相信你這個心跟佛無二無別，那就非得用梵行，一切無著。當你面對持戒犯戒，修與不修，會有另一種看法。

以前有一位師父，他有兩個徒弟，其中一個大徒弟，已經深入修行了，可是外表沒有顯現出來，外相就是睡大覺。另外一個小徒弟非常精明，師父愛哪一個呢？這個聰明的徒弟，看不起他這個不聰明的師兄，「這個傢伙，出家幹什麼？一天懶惰得要死！」不過，他師父是知道的，他師父非常重視他的大徒弟。這個小徒弟自以爲很聰明，對他師父就很不滿。

有一次他的師父就試驗這個小徒弟，拿個夜壺，老年人夜間尿尿用品，那個夜壺是瓷的，他師父就讓他小徒弟洗。洗一遍，他師父說不乾淨，再洗，洗兩遍，還是不乾淨，再洗。洗了好多遍了，拿來總是不乾淨，他就沒辦法了，「師父，我洗不好了。」「你洗不好，找你師兄去洗。」

嘿，他就煩惱了，「我洗這麼多遍都洗不好，他一天睡大覺，他會洗得好？我看他怎麼洗？」他就拿那瓷的夜壺給他的師兄洗。他師兄在那膝蓋上一頂，把這瓷夜壺翻過來了，再去洗，一洗就乾淨了，翻過來還不乾淨嗎？這時候他才知道他的師兄是眞正有德行的，眞人不現相，現相就不是眞人了。

你從現相看，你看不出來哪個好哪個壞的，得從他的本質上看。你看這位師兄對什麼事都糊裡糊塗的，因爲他什麼都不執著。你看這個小徒弟很精靈的，就是因爲他太執著了，他才精靈。懂得這個道理嗎？你以爲他在睡大覺，其實是在觀心呢！不要在相上執著。看看自己的念頭，一天都起什麼念；念頭要是什麼都不執著，就是清淨的。你要是看什麼執著什麼，一句話也放不下。看著一點事，牽涉你的放不下，那還可以，因爲涉及你的自利。不干你的事，你也跟著攪亂，放不下，你說你不是糊裡糊塗，麻煩嗎？

這不只是說話，而是檢查你的行爲，身所作的，有時候都不是眞切的，心所想的才是眞切的。身口是被指揮者，它有個識，指揮它的是識，你把識降伏住了，雖然不行，還是得降伏這個心。識是被心所指揮的，心的層次太多了，共有四十二個。我們現在從十住、十行開始，乃至於到十迴向，十地，十一地；佛，不是那麼容易成就的。

你念〈梵行品〉，不用五分鐘就可以念完，之後，要是去做，從凡夫地證到成佛。我們講的都是佛的境界、大菩薩的境界，一發心就成正覺了，這樣的菩薩境界，能示現百界作佛；可是我們的心，還沒有完全梵行，唯佛與佛才能究盡，不要把這個問題看簡單了。

我們怎麼辦呢？我們從淨行達到梵行，先修持文殊菩薩所教授的一百四十一願，再達到法慧菩薩所說的，一切無所著，這個時候功德就大了。是什麼功德呢？發菩提心。發菩提心成佛，並不是那麼容易的，讀讀〈梵行品〉就知道了。

要是我們作任何事都不執著，那就像一個癡呆似的，像傻子似的，其實並不傻。中國有句話，大智若愚，智慧越大的，你看他像傻子一樣。他就是傻，小事不注意，大事不糊塗；越大的事，清楚得很，小事他根本不在意，要這樣去修行。

我們一天當中就執著穿衣、吃飯、人我關係，要是把心放在這個上頭，怎麼能修道呢？怎麼能清淨呢？貪瞋癡放下了，戒定慧才能生起；戒定慧能生起了，你才能夠一切無著。這並不是不持戒，而是他持戒達到這種程度了，不持而持，不再作意了，他不會犯戒的。

我們心裡天天嘀咕在不持銀錢戒上。遞個東西，你先擱到這兒，我再拿。不過，我們現在拿的是紙幣，並不是錢；「不執著金銀財寶！」這不是金銀財寶，而是人民幣。

你要隨緣消舊業，更莫造新殃。隨因緣把過去的業消了，就好了，就清淨了，別再犯新的錯誤。已經出了家了，心裡別再想男女感情，否則如何修道？如何能清淨？如何行梵行？連淨行都沒有呢！要放下！看破！說的是深的，行的要淺的。說一丈，不如行一尺；你做一尺，比那說的一丈還好得多。

昨天講到受戒的問題，我們所受的戒，受戒所對的境界，都是有相的。戒有大戒，有小戒，但是這個梵行者所觀察的，就是能觀的智慧。觀察大乘的境界相，大乘境界相是無相的相，我們所受的戒有相沒相？戒總說有兩種：一個攝律儀戒，一個饒益有情戒。戒大約有七種相，在家受的優婆塞優婆夷戒，那是五戒；沙彌沙彌尼，中間有一個式叉摩那女，加上比丘、比丘尼，這叫七眾戒。

菩薩戒是建立在這七眾之上的。你要是受菩薩戒，就要學梵行，先得把心清淨了，先淨了心，才能趣向菩薩戒。那麼修梵行者，講清淨梵行無相法；受戒的時候，戒是有相法呢？是無相法？戒體是無相法的，但在給你宣佈每個戒條的時候，這是有相的。這七種戒都是淨心的法門。如果心不淨，你這個戒持不好的，一著相了就持不好的。我們受五戒、十戒、二百五十戒，這是菩薩戒的前方便，沒有這個，你受菩薩戒是受不成的。

觀我們所受的戒，要跟〈淨行品〉、〈梵行品〉不相違背。如實的觀察，如體的觀察；這樣觀了之後，能得到戒體，成就梵行，這叫如實觀，這叫梵行的清淨之相。大乘菩薩是三聚淨戒，戒就是〈梵行品〉的相。修梵行者能夠如實觀察之後，成就你清淨梵行的相。在相上成就它的性，你這樣觀察，觀你的身體的四威儀，觀察一切的善法，五戒，十戒，二百五十戒，菩薩戒，這都叫攝善法，利益眾生，叫饒益有情。

利益眾生也是戒，不利益眾生，就犯戒了；不過，犯的是菩薩戒，不是比丘戒。犯了戒了，不但梵行不清淨；犯了戒了，戒行也不清淨了。在相上清淨了，你這身口意三業，就是三輪，三輪才能清淨。觀你的三輪清淨業，要能夠這樣的觀。觀呢？就是對身體不起執著了。

「如是觀已，於身無所取，於修無所著。」觀成就了，沒有身見了。爲什麼？見身就是梵行，見身是梵，凡所有的行爲都是清淨的，梵就是清淨的意思。就是對你所修的，不起執著；不起執著的涵義，是指你誦經典也好，讀誦大乘也好，禮拜也好，就是要修行，因爲我們在修行上都放不下。修身的時候，有個身見，那口讀誦大乘經典呢？身有身見，口有口見。所修的法，法是無住的。

我們在修的時候，如果沒有證得梵行，不依梵行修的時候，該有法有所住，身有所取，修有所著，修的時候就執著，執著了你就進入不了，不會入道的。你不要憶念過去，過去沒有了。

有些修行人經常說，我過去拜了好多的佛，念了好多的經。過去已經沒有了，昨天的今天不再說了，明天的如何做，明天還沒來，這叫「過去已滅，未來未至，現在空寂。」三世都如是。「無作業者，無受報者，此世不移動，彼世不改變。」這叫什麼？身口意三業，三輪清淨觀。

我們以這個教授，檢查自己所修的，我們現在修觀，就是尋伺（思）。修觀的時候，有利益沒有利益呢？沒利益，我們修什麼？乃至於一切成正果，都是因爲修而得到的。

例如，我們對這個戒條，每個戒相，持戒持的很清淨，你這兩個眼睛跟你這個意識，它就不清淨了。那個同學沒有持戒，他坐的不威儀了！好，你拿這個去照別人去了，不照自己了，那表示你對戒還有所著。什麼叫能持戒的？什麼叫不能持戒的？起了分別。自己有做對的，有做的不對的；做的不對的就是犯戒了。我們照佛所教導去做，做的對就是持戒了。如果修行時有執著，身有所取，這樣不叫梵行。身有所取，修有執著，對法有所住，三世不能滅，這樣不符合梵行的標準。

對於你自己的身口意，用如來的教誨、教導去做了，如來只是教誨我們這麼做，

○釋 文

對身體不起執著，也不看他人的過。如果認為別人所修行的事，沒有什麼了不起的；自己認為自己是持清淨戒的，這叫執著，對修行的事，生起執著，不能清淨。

對於戒相，戒法只取戒意，對佛說的教導，我們只在法上不起執著。過去現在未來，過去做之後，已經過去了，已經沒有了；未來的還沒到，也不起執著了；現在的也不住，都不執著，這是一種觀。

另一種，沒有能持戒者，沒有所持的戒，沒有清淨的梵行。能持、所持，乃至於所持一個戒相，都不存在，這叫「三輪體空」。

布施的時候，能施的，受施的，所施的物，觀照的時候一切都沒有，這叫清淨梵行。沒有並不是不做，而是做的時候沒有，這才叫「三輪體空」。

學戒也如是，持戒也如是，哪有一個能持者，也沒有所持的戒律法；能持所持皆不存在，這也叫三輪。這樣離自、離他、離事物的一切過失，不起分別。要是心裡頭不自覺，不能離開分別，這叫妄念、妄想。在般若智上講，能觀的是智，智所對照的一切境界相，都不存在了。

境界相就是菩薩以般若智慧度眾生，沒有眾生可度，也沒有能度的智，也沒有所度的境，這叫般若的「三輪體空」。修定的人，離開眾生，離開高下的分別，離開境界，離開惑染，也叫「三輪體空」。

有時候以六度萬行，來觀察「三輪體空」，要這樣觀；空觀成就了，這叫梵行。

此中何法名為梵行。梵行從何處來。誰之所有。體為是誰。由誰而作。為是有。為是無。為是色。為非色。為是受。為非受。為是想。為非想。為是行。為非行。為是識。為非識。

這些諸法，不自生、不從他生，又非無生，這是分別說。在《心經》上，「觀自在菩薩，行深般若波羅蜜多時，照見五蘊皆空」，沒有這麼分別，當下即是。要是把它分解來說，就像我們剛才講，受戒、持戒的時候，你也要作如是觀。不住一切戒法，這是事，不住於前法，也不住於持戒的時候、不持戒的時候、受戒的時候、沒受戒的時候，一律都不持的，這是在理上的。

在理上是很容易明白的，在事上就糊塗了；等你做起來就更糊塗了，在事上都有罣礙。光說理，理是空寂的，空寂的一切都是清淨的。過去已經過去了，不存在了，未來的還沒到，現在的不住。要這樣來解釋三輪，如實的觀三輪。

那麼說這些法當中，什麼叫梵行？誰具足梵行了？誰之所有？什麼是梵行的體？體為是誰？都是問號。由誰而作呢？那梵行就是清淨行，清淨行是有？是沒有？是色蘊？是非色？是受蘊？不是受蘊？是想蘊？不是想蘊？是行蘊？不是行蘊？是識蘊？不是識蘊？五蘊皆空，這是約體來證明了。

這就是一切無住的時候，說明什麼問題？不受五蘊所限制，這就是清淨相。清淨相是什麼相呢？無所得之相。受戒的時候，我們都講戒體，戒體跟我們本具的性體有沒有差別？離開前面這些問號，另外還有個戒體嗎？也就是說我們受戒的時候，有沒有個戒體？這是解釋。就戒體來說是無作的，不是受想行識的，戒不成立。就修行的人說，人不離開五蘊，即蘊是人嗎？非蘊是人嗎？蘊都是梵行，要是離開蘊，另外還有我修行的梵行嗎？了不可得。

這是說在這一切法上，清淨的梵行，它的清淨相是什麼？它的清淨相是無得。當你受戒的時候，明明是三師給你受戒，這都是從體上來講的，是無作；在事上是作了，這個作不起執著，就叫無作，作即無作。

如是觀察。梵行法不可得故。三世法皆空寂故。意無取著故。心無障礙故。所行無二故。方便自在故。

我們觀自己的人生，生即不生，生即無生，如是觀察梵行法不可得故。不要起執著，若是有個梵行法可得，若是行於梵行法，那就不叫梵行了。

現在過去未來三世法皆空寂，讓你意無取著，意無取著，心裡也就無障礙了。這才叫受無相法。

受無相法故。觀無相法故。知佛法平等故。

觀無相法，才能知道一切佛法平等平等，這叫具足一切佛法。

具一切佛法故。如是名為清淨梵行。

所謂具足佛法，這才叫清淨梵行，三世皆空。因爲三世皆空故，於身無取，於修無著，言行無障礙，於一切法無所住，就像風在空中刮過去，風行於空，一切無障礙，作者受者不限。

雖在空中不礙有，雖在有中不礙空。即不迷於空，觀無相法不著於空，能忍於心，起作用在境上、事上，所以說諸法平等平等。

《大般若經》〈曼殊師利分〉上說，「我不見有一法，非佛法者，故無法不等。」這句話是什麼意思呢？我做任何事情，任何相，都是佛法，不見有一法，不是佛法。這個道理我們舉個例子，受戒了，是不是佛法？破戒了是不是佛法？大家思惟一下！

出家了又還俗了，是不是佛法？不見有一法非佛法者，故無法不等，也就是一切法平等平等。破戒、持戒，是一個的。當然有持就有破，有受就有犯，是非是平等的。所以在《華嚴經》說，一塵起大地收。這個微塵是從大地生起來的，全大地都是微塵；舉一法就該一切法，這才叫佛法的妙德圓融。

染即是淨，沒有淨，染法也沒有；沒有染，也絕不會說淨，染淨是相對的。但是要利益眾生的時候，以淨法、以梵行利益他人，你心裡沒有貪念；雖然幫助別人，可是沒有自他之相。世間人一旦幫助別人了，這回做一件好事，心裡頭歡喜得不得了，口裡誇耀，那個淨行也減了一半，基本上就沒有了。經上這麼說，沒有自他之相，這叫深觀。觀什麼呢？觀它是平等、平等，這一切利益眾生的方便善巧，才能生得起來。

「終日度眾生，不見眾生相。」這是般若的智慧。如果你度眾生，見眾生相，這個就叫執著，這不叫梵行。梵行是不可得，一切諸法皆空寂。空寂又不是沉寂，什麼事都不做了，空寂故才能起妙用，起妙用故才能利益一切眾生，那利益眾生，更普徧一些。

如果觀察的時候有可得的，利益眾生就不普徧了，那就不空寂，那就有取著。有取著了，心裡就有障礙；有障礙了，你就有恐怖；有恐怖就有畏懼，心裡就有罣礙了。心無罣礙故才無有恐怖，度一切眾生無所畏懼。

怎樣達到這種境界呢？得修如來的十種法，這是一切梵行的體，修梵行者體。緣這個體，得一心的清淨湛寂不動，這就是〈梵行品〉的用。不假思議，不假造作，心觀圓明，透徹的，通達的，無障礙的，所以應該修十種法。

復應修習十種法。何者為十。所謂處非處智。過現未來業報智。諸禪解脫三昧智。諸根勝劣智。種種解智。種種界智。一切至處道智。天眼無礙智。宿命無礙智。永斷習氣智。於如來十力一一觀察。一一力中有無量義。悉應諮問。

這是佛的十力智，又叫十力，也叫十智。這十種法，處非處智，佛的智慧，能觀察所有無盡眾生。他所受的，或者十處，六道輪迴，或者清楚了了；這個眾生不應當在這個道上，爲什麼來到這個道？或者他行菩薩道，化現的；或者他代眾生受苦，示現的；在佛都能知道，知道他的過去現在，知道他的未來了，唯佛與佛乃能究盡。

不論你讀〈梵行品〉、〈淨行品〉，許多經論都會提到佛的十智，應該修這十種法，這十種法就它的體上來說，是梵行的體。

緣這個梵行的體，而生起十種力量，十種智慧。這十種智慧就是梵行，是體上所生起的方便妙用。雖然經過十億萬行吧，他心裡卻是一心，一心湛然不動本體，而且在本體上所起的妙用，不假思議，不假造作。

聞已應起大慈悲心。觀察眾生而不捨離。思惟諸法無有休息。行無上業不求果報。了知境界如幻如夢。如影如響亦如變化。

聞著如來的十力的智慧，以如來的十智，慈悲緣念眾生，這個緣念，如何緣念呢？聞到這一法，就生起了大慈悲心，觀察眾生而不捨離。

要學習如來的十力，就是修習十智，修習這十種法，能生起大慈悲心。慈悲心爲什麼加個「大」呢？大者表自體的心體，自體的心體跟佛的心體無二無別的；佛的大慈悲心，我也具足了。觀察一切眾生，就是自己的本體，因此才不捨離，救度眾生，就是自己的心念。

常時如是觀察如來的十力法，思惟如來的十力法，沒有休息的時間，不間斷。我們有修習好多法，就間斷了，修修就停了，就是休息了。離開心了，這些法就緣念不成了，「行無上業」，大慈悲心利益眾生，就是無上業。

業是業用，即不求果報，了知境界如夢幻泡影，有什麼果報呢？沒有，但是有自然的果報。要是你不起執著，幫助別人了做好事了，布施了有果報沒有？當然有，但是你不執著，不了知；這不是不明白，而是明白不起貪戀，不起執著，是這樣的意思。

「無有休息」，這是無上的業用。不求果報，果報有沒有呢？有了他不貪戀了；就像《金剛經》說，那些大菩薩利益眾生的事業，他不貪戀，不是沒有福報，他不貪戀；佛不貪求，菩薩不執著。我們也有，我們幫助別人了，幫助之後，就沒有了。

你不起執著，修行一定會感果。一起執著，效果就小了，不過還是有的，你不求果報，果報還是有的。你不去追求果報，了知一切境界相，了知一切事，沒有一樣眞實的；如幻如夢如影如響，變化無常的。

《金剛經》的最後一段經文也說，「一切有爲法，如夢幻泡影，如露亦如電，應作如是觀。」這是單指著有爲法。這是說你要觀，觀是什麼呢？就是思惟修，這就是〈梵行品〉的清淨觀，觀一切法如夢幻泡影。我們天天念，學佛者都知道，一切法如夢幻泡影，這是我們的口頭禪。是不是如夢幻泡影？當你煩惱來了，就不幻了，好像是眞實的，特別是病苦來了；病苦來了，說如幻，假的，你眞正觀成熟了，確實是假的，你還沒有成熟，就是眞的。爲什麼？因爲迷了！有那麼一副對聯，「迷時明明有六趣，覺後空空無大千」，你迷的時候，什麼都是實在的，悟的時候，如夢幻泡影。

《金剛經》在最後結尾的時候，佛教導我們這樣的來觀一切法，觀一切眾生。因爲一切法如夢幻泡影，起碼才平等。怎麼樣平等呢？看別人的父母，就是自己的父母；看別人的痛苦就是我的痛苦，這叫平等、平等。別人的痛苦解除了，我自己的痛苦也解除了；把他身看成自身，同一體故，就這個涵義。

現在我們有沒有求果報？如果有求的話，要放下，有求不自在。假使說我們念阿彌陀佛，念到心佛眾生一體的話，念一句阿彌陀佛，也度眾生了，也上求佛道了，也下化眾生了，但是沒有我，自己不擺進去，這也是「三輪體空」。

知道一切境界，知道境界而不執著。雖然也有父母，也有六親眷屬；出家修道了，還有師父，還有徒弟，但是如夢幻泡影。因此才說有爲法，如露亦如電，完全不執著的。思惟如果不能如是觀，不能觀如幻如夢，如影如響，那就叫有執著；有執著就不是梵行了，有執著就不清淨了。

這叫知法自性。知道一切諸法的本體，這樣你得到的效果是什麼呢？「心不貪戀，意不顚倒」，這是沒有一點貪戀心，心裡不隨著顚倒而顚倒，認識顚倒，你就不顚倒了，這叫梵行。

這是心上不顚倒，並不是行爲上不顚倒。顚倒是什麼樣子？本來是幻化的當成實際的；本來是作夢，但是他要留戀，作好夢也要留戀好幾天，作惡夢更不要說了，作恐懼夢，他害怕時間更長了。但是作夢，不是眞實的；雖然不是眞實的，你卻當成眞實的。當你睡覺作夢的時候，就可以知道。但是現在我們都沒有作夢，而且就是在夢裡頭，你這個夢能醒嗎？

作夢，早晨醒了，這夢沒有；但你這一輩子還是在作夢，你上一輩子還是在作夢！但當你能發了菩提心了，還不說成佛了，而是發了菩提心，漸漸就明白了，這都是在作夢。在你一切動作中，你就想到這都是作夢的，沒有眞實的。這個是說，梵行讓你去觀，觀就是思惟修，用你的智慧照見它，不要在這裡頭起執著。

你坐飛機，或者到火車站，人越多的時候，你就觀想；那些人，你看忙得不得了，不干你的事，知道嗎？要常時作如是想，這是因緣所生法，沒有眞實的。

我們一天忙得不得了，忙什麼？今天，如瑞法師打電話希望我到大寮去看看，她到大寮炒菜，我去看了。我是怎麼想的？你說我們忙什麼？那麼多人洗菜的、做菜的、炒菜的，這是在幹什麼？塡飽肚子。吃到肚子裡去又沒用處，它漸漸地消化又排泄出去。那明天早晨又再吃，中午又再吃，忙什麼？這是口，腹。嘴不吃不行，肚子要餓。肚子餓了，嘴就吃了，非把肚子塡飽不行，還要講求味道。爲了吃，還要做，做好了再吃，這是過程，一切都是假的。這本身是假的，吃到肚子裡還是假的，排泄出去了，它不是眞的，它不停留的。那人死了，死了就不吃了。所以人生的一一過程，你要觀，觀就是觀想，思惟修。

人生的一切活動，後面總加一個爲什麼？〈聊齋〉、〈閱微草堂筆記〉、〈天方夜譚〉，我想有人看過，有人沒看過。那看小說的人著迷了，之所以迷上了，因爲他認爲是有的。特別是蒲松齡作的〈聊齋〉，因爲蒲松齡，官沒當上，腦筋往哪用？就寫書了。

〈閱微草堂筆記〉就不是這樣，它是記錄現實的。皇帝把紀曉嵐貶到新疆，他聽見新疆人所說的故事，以及自己所看見的故事。這本書之所以叫〈閱微草堂筆記〉，因爲是在他的草房子裡編的。世間上許多微細的事，用我們佛教所說的四句話就解決了，「一切有爲法，如夢幻泡影，如露亦如電，應作如是觀」。

那些書說的好像都是神奇古怪的事，我們活著的事，哪樣又不是神奇古怪的？

每個人說說他所見的、他心裡所想的都很怪。有的人想的非常怪，我們叫什麼呢？想入非非。想的很怪，做的也很怪，有很多人做事很怪的。這個很怪的意思是指什麼呢？這是說，他是人道的人，可是做的事不是人道的事，所以就怪了。一切有爲法都是如是的，這是說有爲法，了知一切境界，境界就是有爲法。

了知是什麼呢？了知是心，是無爲法；用無爲法了知有爲法，這是在文字上說的。用你心裡想的，想那個奇奇妙妙的怪事。看電視，看電影，那寫小說的人已經告訴你，沒有這個事，這是小說；但是看他編成戲劇，編成電影，有的人還是會流淚的，有的甚至還痛哭；甚至還想找出那兩個人，在這個世界上是找不到的，那是他腦子裡編出來的。不要向外頭看了，每個人自己都是一部很好的電影，自己想想吧！

《大方廣佛華嚴經》就是你的心。說了這麼多，十法界、六道、四聖，十法界就是你心的演變。直觀自己的心。說這些法都是直觀你的心，不過彎子有很多，要經過好多道手續，我們可能認爲這個道理很深，其實，淺的你也不知道。

今天我們在廚房炒白菜，大鍋裡的白菜很多，如果不是一個個菜籽種下去，它怎麼會變成一個大白菜？就一個小籽兒變的，要生長也要經過很長的時間，長之後，拿它去販賣，我們就買進來，又把它切了，給它一炒一煮，之後又吃到你肚皮裡頭去，它又化了，化了又沒有了，就這些事物，你去觀察吧！

我們的年齡不同，來的處所也不同，這麼好幾百人，眞的嗎？說眞的，眞的它不存在，一百年之後，誰都不存在了。爲什麼？過去歷史是這樣，我們前面一百年的那些人，都不存在了，你回憶一下。所以你把這個如夢如影如響如變化，好好體會、觀照。這話說的很多，耳朵不曉得都聽了多少遍了，你能體會到嗎？若眞能觀到、體會到，你什麼煩惱都沒有。

當你煩惱的時候，你觀一觀，想一想佛所教授的，不管好的，壞的，之後你來證實一下。經過你的思想去觀照，道就是這麼樣修的。你在這裡頭要是能找著眞的，你成就了。

《華嚴經》所講的一眞法界，我們把它認識到了，就成功了；成什麼功了？成道了。成道了，再回來看，當你出了家，你再回頭看你在家的事。四、五十歲的人，經歷就很多了；二、三十歲的經歷少。像我，活到九十歲，根據過去世間所說的話，「老而不死是爲賊。」知道賊吧？賊有兩種，有偷的有搶的，搶的就厲害些，偷的是小偷小摸。爲什麼這麼說呢？因爲經歷太多了，他知道的事情太多了，一看就知道了。我們是學智慧學的，不等你老了，沒智慧沒關係，你把佛菩薩的智慧借來看一看。

我們現在是沒有證得，沒證得就借佛菩薩的智慧來看人類。你這一班人十個人，你觀吧！一天當中都在變，不用打開電視，每個人自己都是一套電視，先靜下來看看自己的。從你當小孩，六歲記得了，上小學開始，一步一步都是自己做的事，你自己都會笑得不得了。你大了，再看小孩做的事，愚蠢極了，你會感覺到好笑。你再看這個整個的世界，再看整個的人生，這就叫「行無上業」。

觀照的功夫，觀到最後了，大夢方醒，到那個時候，你才知道一切法眞正是如夢。現在你還是不承認呢！現在我們誰會承認我們的現實生活，就是作夢？天天看佛經，這是佛說的，你自己並沒當成夢。如果你當成夢了，你證了果了，起碼你的見惑斷了，你見什麼都不會生起煩惱的，不會把自己也摻進去的。

當你看電視、看電影，很容易把自己擺進去了，你自己是在作夢，還把自己擺進去了！這只是演戲，也不能把它變成事實；可是每位道友現在能把一切事物，都變成「如夢如影、如幻如響」嗎？你還有煩惱嗎？這些世間事跟你有什麼關係？什麼關係都沒有，那只是你眞心上所生起的妄影。

妄影不是眞實的。你回頭看看歷史，看看滿清末年的時代，蔣介石的時代，看歷史、看小說，走遍全中國，看看每個地方的變化，人事時物全變了，連影子也沒有了，還有影子嗎？連影子都沒有了。我們現在講三皇五帝，乃至皇帝私遊，全是假的。看過二十四史的，看過綱鑑的，你看一看，是非曲直，什麼是直？什麼是彎曲的？沒有標準的。做人的道理，有標準嗎？怎麼樣做個人？那得看你生在什麼地方，生在什麼處所，生的時候是什麼時間；如果你不把這個定下來，要來論一個人，好與壞，是與非，沒辦法評論的。

因此讓你返觀自性，〈梵行品〉裡說我們怎樣能達到清淨無為？要生起大悲心大慈心，觀察眾生而不捨離。在娑婆世界觀嗎？在極樂世界觀嗎？佛告訴我們，你要厭離這個世界的生死苦，生到極樂世界。那有沒有捨離眾生？你怎麼來對待這些問題？你一天磕頭、拜懺、持戒，持戒目的是什麼？你得把你的標準先定了，再去學，學之後再去做。

遇著一件事物，每個人看法想法不一樣的。你平常一天都是如是生活，突然間一變化，你的想法就變了。這就是什麼呢？心被境轉，客觀的外境，把你的心轉變了，這就是凡夫。你看見任何事物，不隨外境轉；你的觀察力，看問題的看法，讓它被你轉，你不被它轉。我們現在就學這麼一個方法，學什麼方法呢？我們的心不隨現實的客觀環境而轉變，我們要轉變那客觀的現實；把它看成了如幻如夢如影如響，那就轉化它；轉化它了，就不被它轉。

那你可以得到什麼好處呢？任何時候你都是高高興興的，愉愉快快的，它被你轉了。你說這是假的，罵你，假的；打你幾下子，你說這個五蘊是和合的，不是我，你沒打我。痛了，打痛了，平常的拿拳頭打還可以，拿刀砍你一刀還得到醫院去治，它痛啊！你要是能把它看成是假的，眞的是觀想成熟了，它就不痛了。它本來就是假的，假的還痛嗎？爲什麼痛啊？當眞的。這就是觀，修行觀力的觀。

若諸菩薩。能與如是觀行相應。

你所觀的跟你所做的，兩者和合了，就是「相應」。知道印度瑜伽大法吧！印度瑜伽大法，是婆羅門教的。佛在世時也講「瑜伽」，「瑜伽」是什麼意思？就是「相應」，你的觀跟你心裡所想的，跟你所做的，兩個合而爲一，就是「相應」。相應什麼呢？一切法都如是！

於諸法中不生二解。

一切有爲法如夢幻泡影，沒有第二個解釋，就是假的，如夢幻泡影。作如是觀，這樣一觀，觀的心行合一了，境界現前了。

一切佛法疾得現前。

怎麼樣現前的呢？一發菩提心就成佛了。

初發心時即得阿耨多羅三藐三菩提。知一切法即心自性。成就慧身不由他悟。

這個身不是五蘊色受想行識成的，那是什麼成的呢？智慧成的。無上正等正覺，阿耨多羅三藐三菩提，就是智慧身。一切法都是心生的，一切法即心的自相，心生則種種法生；要是不想了，心滅則種種法滅，什麼都沒有。

在文字上、語言上說的非常簡單，可是做起來就難了，都是自心領悟，不由他悟。這文字是佛的教導？三寶的加持？那是幫助你自己去領悟。一切法從你心裡生的，一切還歸於心，說心生則種種法生，心滅則種種法滅。說在夢中，或者在迷的時候，明明有六趣；要是明白了，什麼都沒有了，覺後空空無大千。

這都要你深入去觀察，要是把別人說的話，一切的行爲，一切的交往，都當成如夢幻泡影，你還會有煩惱嗎？比如說，要是不吃東西，那就活不了了；可是有好多和尚入定的時候，他不吃不喝了，他也沒死。

這是心的力量，要經常這樣觀照想，快樂的時候要想到痛苦，痛苦的時候要想到快樂。爲什麼？你能解除自己的煩惱。在任何時候，心裡總是快快樂樂的，起碼第一個好處，減少疾病。人有沒有發高燒的時候？發高燒的時候，自己找找原因，爲什麼會發高燒？凡事，你的心別幫助你的身，要讓你的心跟身分離。怎麼樣分離？一天當中別在自己身上打主意，那就是分離。你不能完全說是不打了，我們沒辦法，還沒成道呢！打的少一點，重了你給它減輕一點，你別再幫它的忙；你幫它的忙，那不得了，你的道就修不成。

在平常生活當中，你要常時想，心裡要平平靜靜的，無欲。什麼求都不求了，心像水似的，沒有欲望，什麼都不求了。這個時候，你的心非常平靜，你說的話非常的靈。爲什麼？自己有智慧了。

無欲的時候，那個心像水一樣的流，我看見古人有這麼一句話，他不是佛教徒，可是悟得了，「無欲常教心似水」，沒有欲望就像水那麼流的，「發言自覺氣如霜」，這是說話，不是冷言冷語；霜就是很寒冷的意思，感覺非常有作用的意思。一切法就是你自己的心，心的自性。這個時候你有智慧了，慧心成就了，初發心時就能得到阿耨多羅三藐三菩提。

我們這裡是講清淨梵行，那還要不要功德呢？下一品講〈初發心功德品〉，就是怕你偏到空無這邊來！以爲我要修清淨梵行了，什麼也沒有了，不用作功德事，那就麻煩了；菩薩道也不行了，落哪邊也都不行。你看佛所教授的方法非常微妙，不可思議，你要照著去做！能成佛，了生死，得解脫。解脫是什麼？你什麼都不執著了，無罣無礙。什麼是無罣無礙？你這個心不去想它，就這個意思。有的經文說的很深，但做起來很簡單，可是就是做不到，很簡單卻做不到。

放下吧！放下吧！放下就自在了，他就是放不下，每個人想想自己的心吧！你哪件事放不下。或者你要想回家，跟常住請假不准，你這一天很煩惱；回去了沒事了，再回來放下了。病，生老病死苦，病，就是放不下。腦殼痛，那找找原因吧！

它為什麼要痛？也沒有人打它，沒人傷它，頭為什麼會痛啊？你想想痛的問題，想想它不痛了，起碼減輕了。有覺覺痛，覺痛那個覺啊！它不痛的，它感覺著痛，不是它痛。

有很多的問題，在文字上、在事實上很簡單，為什麼做不到？如果那條路，你走的非常熟了，沒燈你也走去了，瞎子他摸也摸去了；要是這條路，你沒走過，睜著眼也找不到，就是這樣的意思。不要太鑽牛角尖了，認為佛法很深！其實等你大致懂得了，可以把你一天當中的生活顛倒過來，因為我們現在都在顛倒當中，你再把它顛倒過來，不就對了嗎！那樣就不顛倒了。

這個「成就慧身不由他悟」。「不由他悟」是說是佛所教導的，我們根據佛所說的去學，好像是從佛那裡悟得的，不是的。佛只能給你啓發、幫助你。悟！得你自己去悟。「成就慧身」，得自己成就，佛不能給你；佛也不能斷除你的業，也不能給你智慧，佛只是告訴你方法，你照這個方法就能得到了。

得到什麼了呢？得到智慧。智慧不是夢幻泡影，也不是如露如電，那個是眞實的。反正那個心裡之外的，都叫如夢如幻如泡如影。

〈梵行品〉的經文不長，〈梵行品〉講完之後，還是勸大家多讀〈淨行品〉，〈淨行品〉讀熟了，你才能入梵行。梵行就是清淨行，做什麼事都清淨的，就是你的行為、你的作用，都讓它清淨。怎麼才能清淨呢？就是你的心，放下吧！看破了放下了，心就清淨了。要好好觀，希望自己自在，不要找煩惱。

我們都會背《心經》，《心經》的頭一句話就是全部的〈梵行品〉，也就是觀自在菩薩，你要觀，看破了，放下了，自在了，也就是「照見五蘊皆空」。我們所講的清淨梵行是空的。照見五蘊皆空，從自心生起自己的智慧，自己的智慧照自己，別向外照。一照自己，就照見自己的胡思亂想，顛倒夢想，這就明白了，不貪戀了；不貪戀了放下了，放下自在，自在解脫了，那就一切皆空了。那個空是用深般若智慧，照見五蘊皆空了。

空之後，到了後面又不空了；如果你不能達到，就念《心經》的咒：「揭諦揭諦，波羅揭諦，波羅僧揭諦，菩提娑婆訶」，大家都會背，都會念，不曉得念的好多遍了，但是在這個裡頭還要加上觀想，《心經》上的第一個字，就是「觀」。

《大般若經》有六百卷，要想全部讀完，很難！光是空就說了二十種空。其實一個空就夠了，你不懂，就給你空空空，空來空去還是不空，空到最後不空，空了說什麼佛法？什麼不空？覺悟。覺悟了就不空了。這個空是建立在覺悟上的，覺悟了不空了，不起貪戀，就是他自己不貪戀了，他就空了。

我們現在這裡的比丘尼師父，二十多歲的很多，她空了，不貪戀，也不去交男朋友，以後也不用離婚，什麼都沒有了，多清淨啊！就這樣子，也就空了，她沒有不空了嗎？你要是參加進去，那就不空了，參加進去再想出來，好難啊！那就危險了，很不容易了。

這完全是心，不是物質。要是貪戀錢財，能辦置五欲，等到把錢掙的差不多了，沒辦法了，享受五欲吧！身體又不行了，身體又不能享受，還都是空的。他不理解，他去貪，貪吧！貪到最後什麼都沒有了。不論學哪一法，都是希望我們不要執著，放下吧！

怎麼能放得下呢？看破了，一切如夢幻泡影。好比當你作個夢，作夢發財了，一醒了，就沒有了；你想了好幾天，還是沒有，還是得放下。那是被迫放下，而這個是自覺的放下。

佛教授我們要行梵行，雖然得到一點的功德，得到一點的好處，也不要在那上面執著貪戀。像我們四眾弟子，出了家，清淨了，在這個上面就不要貪著，不要起執著；一起執著就又恢復原來的煩惱了，就是這個涵義。這是怕你落入空，下一品講〈初發心功德品〉，就說發心的功德有多大，勸大家發菩提心。

梵行品　竟

初發心功德品

○來意 釋名 宗趣 釋文

◎天王請說分

爾時天帝釋。白法慧菩薩言。佛子。菩薩初發菩提之心。所得功德。其量幾何。

這品經是「正問發心功德，法慧答功德之量」，講發菩提心的功德量，說發菩提心、入了位的功德有好大？這個時候，天帝釋（帝釋天的天主）問法慧菩薩，初發菩提心有好大功德量？但是這個初發菩提心不是現在我們發菩提心，這是十信滿了，登了初住位，初住位就叫發心住。他這一發心，功德有好大？我們現在發心，發心欣樂、羨慕、歸依三寶，入了佛門。等你在這個基礎上，修行的信滿了，入了住位，位不退了，這時候發菩提心。這個菩提心的功德有好大？我們先理解「功德」，「功」是你所作的事；「德」是把所作的事情會歸於自心，行道有得於心，這叫「德」。

前面我們講十住位，住位並不是不修行，他入位之後，所有的解、所有的行，有好大功德量呢？顯示他的功德量。前面講初發心時，便成正覺。初住菩薩發心，能在百界示現作佛，你說這個功德有好大呢？那麼初發心時便成正覺的這個心，究竟有好大的功用？他已經發了菩提心，他的量好大？信成就了，經過一萬大劫，信成就了，這個時候再發菩提心。初住的發菩提心跟初地的發菩提心相似，初地是眞正見到一眞法界，但是初住呢？相似證得眞理。

所講的功德都是拿十地菩薩講的，拿初地菩薩講的，說發心有三種相，信成就發心，解行發心，登地了證得的發心，發菩提心有這三種相。先把菩提心弄清楚，說心量有好大？能知道佛智，永遠對佛法不懷疑了，永斷一切懷疑，永斷一切疑網。那個跟佛相似，能夠百界作佛，用他的學習、他的解行，在信了之後，經過學習，又經過一萬大劫時間。

這個我們可以拿自己來說，這裡有老參的師父，十年、二十年、三十年，或者四十年，這一段的學習，雖然沒入，但了解這個過程。同時，信既然成就了，再不懷疑了，在信位上已經研究很熟悉，他不會再懷疑。這個菩提心是原來本具的心，這個心所含的德量是不可說不可說的。我們的信沒成就，聽佛的教導，像〈大乘起信論〉講，入佛門一發心，知道我這個心跟佛的心無二無別，這是性德本具的功德。要把這個發的心，達到所發的心，成就這個心，要達到這麼個目的。住之後而又發心，就求證了。

這個教理很深的，因爲我們很多道友不是專研華嚴的，這個懸談，慢慢研究，能進入了。我們前面講佛德、講不動如來，根本不動的大智慧是不可思議的，是法界的本體，稱這個而發心。發的心就是根本不動的智慧，要達到成佛果。這功德是不能計量的，功德是顯示的意思，說你初發心，所有德相就能百界示現化佛。

因此，天帝釋問法慧菩薩，法慧菩薩是這一會的法主。他說：「佛子」，「佛子」是稱讚法慧菩薩說的，菩薩初發菩提心，所得功德的量有幾何，好大？他提出這個問號，因爲發了住的一發菩提心，前面講的經文他聽到，感覺著這個功德量太大了，他有點懷疑，請法慧菩薩說一說。

初發心時便成正覺，乃至十住的菩薩有那麼多的威德，能示現成佛；若是佛經過無量無量劫的修行才會成道，爲什麼初發心就能夠示現成佛呢？他有這個問號，請法慧菩薩給他答，問他發菩提心的量有好大？法慧菩薩所答的都是發菩提心的量，究竟有多大。

我們剛才說，初發菩提心，便成正覺。不說發心，說他初發心便成正覺，他成正覺的功德跟佛的功德是齊的。發了心，一定能成佛。有些功德是說佛的功德，有些住位的菩薩說地上菩薩的功德，這個量是不可思議的，因爲初發心就具足後面的德。

大家學戒的時候，一切眾生見著比丘、比丘尼，作三寶如佛想，僧即是代表佛的，我們不是入住位的菩薩，他能示現百界作佛，我們不能！我們是僧寶，無佛住世，僧寶就是佛。佛說的法靠僧傳，這是發心之相。法慧菩薩答這個德量，是用善巧方便的辯才無礙智慧答覆的，因爲這是不可說不可說的。

◎歎深難說分

法慧菩薩言。此義甚深。難說難知。難分別難信解。難證難行。難通達難思惟。難度量難趣入。

十難！怎麼說？要想把發菩提心的功德說很清楚、很透徹，難了。爲什麼？道理太深了，「難說」，無法顯示。如果不是發菩提心的菩薩，很難說得清楚，很難讓他明白，很難讓他知道。這十個難是說想把發菩提心功德、根源、乃至於過程，乃至去除你的疑惑，令你生起的快樂，令你進入，那就很難了。

爲什麼甚難、甚深呢？約時間說，深徹後際，初發心時便成正覺，就是最後。約德說，深至佛果，初發菩提心跟佛果就相似了。約理上說，深同法界，印入一眞法界，禪宗說頓悟成佛。前面講性功德，性具的，沒有功德可說的，爲什麼？我們學完〈淨行品〉，之後再回頭說發菩提心，清淨如虛空，就是不可說不可說，這個很難得說，很難得知，深到理同法界，約理上來說。

住位菩薩一發菩提心，菩提心是什麼象徵呢？就是妙明眞心，就是一眞法界，他住在這個上面，不是甚深嗎！約他所行，利益眾生行菩薩道，能到百界示現成佛，與佛無二無別。「甚深」是達到深到極點，約數量廣，難量，拿量量不出來的。說甚深的心，妙明眞心的理，玄妙至極了，甚深難測。約他所發心，約他所修行，都是事，事就是理，念念都是理。初發菩提心跟佛究竟菩提心是一個，因此說「甚深」。

所以說難宣示，「難說」，法慧菩薩說了十種難，因爲這個法超越你的心，超越你的識，超心識的法，是無言說的法。以我們的力量，唯佛與佛乃能究盡！一切凡夫，乃至一切菩薩，他不能辨別！佛的甚深道理，沒有大智慧的人，不能信解，劣根劣慧二乘權乘菩薩不能信。信都不能信，他怎麼去求解呢？你問他有好大的功德？無所得。不是有所得的，得到什麼？不是少慧能證到的。

因此說，「此義甚深，難說難知，難分別難信解，難證難行，難通達難思惟，難度量難趣入」，法慧菩薩就說了十個難。我們修，除業惑而證眞，是按次第說，妙明眞心不是次第修慧而能得到的，也不是思慧所能測度度量的。這是約佛果說的。聽聞就是聞慧，你用聞思修三慧不能進入的，得離開聞思修而能進入。換句話說，法慧菩薩說了十種難。

◎約喻校量分

雖然。我當承佛威神之力。而為汝說。

「雖然」，雖然這樣難。「我當承佛威神之力」，我承佛的威神力，「而爲汝說」。還是要跟你說，你問了，給你解說一下。在理上，這是無有言說的，無法顯示，法慧菩薩就說了十一個比喻，用比喻來顯示這一法，利樂眾生喻、速疾步刹喻、知劫成壞喻、善知勝解喻、善知諸根喻、善知欲樂喻、善知方便喻、善知他心喻、善知業相喻、善知煩惱差別喻、供佛及生喻。

這十一喻，後面的深，前面的淺，後後勝於前前。法慧菩薩用這些比喻、用善巧方便來顯示發菩提心，跟成就究竟佛果，甚深的妙義。這個比喻能讓你領會佛所說的、所證得的甚深道理。

比喻是有分際的，是有限的，只是顯示而已，法是無限的。這十一種比喻還是不能夠把法的實義究竟顯示出來。怎麼樣才能眞正合適呢？「如人飲水，冷暖自知」，說這水是熱的？是涼的？等喝了一口，你就知道了。這水究竟是熱的是涼的是溫的？像群盲摸象，瞎子看不見摸的象，摸了，不錯，都是象，只摸到一部分！這些喻是帝釋天主向法慧請示的意思，讓大家明白發菩提心爲什麼有無量的功德。

一 利樂眾生喻

佛子。假使有人。以一切樂具。供養東方阿僧祇世界所有眾生。經於一劫。然後教令淨持五戒。南西北方。四維上下。亦復如是。

法慧舉這個比喻說。「假使有人」，假使有這麼個人，「以一切樂具」。因爲帝釋天的那個天都是快樂的，音樂各種的器具，以他所熟悉的作比喻，講給帝釋天聽。有這麼個人，用樂具供養。供養好多？「供養東方阿僧祇世界所有眾生，經於一劫，然後教令淨持五戒。」眾生無量，樂具也無量，天上樂具不是錢買的，這是比喻，不但供養樂具，讓他聽世間的音樂，還教令他淨持五戒，殺、盜、淫、妄、酒，一點沒有違犯。

不只東方，「南西北方，四維上下，亦復如是。」東南西北，四維，東南、西南、東北、西北，再加上下，就是十方，供養這麼多的樂具，有阿僧祇世界那麼多。供養的時間，一劫，然後又引導這些眾生受持五戒，而且持戒清淨。持戒清淨永遠不會墮三塗，總在天上受妙樂。

佛子。於汝意云何。此人功德。寧為多不。

法慧菩薩對帝釋天主說，你怎麼想？「此人功德，寧爲多不？」這個人功德多不多？「寧爲多不？」不說供養樂具，讓十方世界所有的眾生都能淨持五戒，這個功德還可思議嗎？

天帝言。佛子。此人功德。唯佛能知。其餘一切。無能量者。

帝釋天答覆：「佛子」，對法慧說的。「此人功德，唯佛能知。」沒法計算他的功德。「其餘一切，無能量者。」

唯佛與佛乃能究盡，令十方阿僧祇世界的眾生都能淨持五戒，這個功德是不可思議的。這是顯示發菩提心的功德，是最初的。發菩提心的功德不僅止於此，超過它無量億倍的。

法慧菩薩言。佛子。此人功德。比菩薩初發心功德。百分不及一。千分不及一。百千分不及一。如是億分百億分。千億分百千億分。那由他億分。百那由他億分。千那由他億分。百千那由他億分。數分。歌羅分。算分。喻分。優波尼沙陀分。亦不及一。

「歌羅分」，什麼叫「歌羅」？「歌羅」就是豎，人身上的那個汗毛，把這個汗毛分成一百分，其中一分就叫「歌羅分」。歷史傳說，十六分的一分，就叫「校量分」。「優波尼沙陀分」，已經「鄰盧塵」，翻爲「近少分」，形容詞。菩薩發菩提心的一點點的功德就超過前面所說的那個！令十方世界眾生都能夠持五戒，與發菩提心的功德來對比，那個功德簡直是優波尼沙陀分的一小分，發菩提心功德無量，那只是其中的一小分。法慧菩薩認爲這個比喻還不充足。

佛子。且置此喻。假使有人以一切樂具。供養十方十阿僧祇世界。所有眾生。經於百劫。然後教令修十善道。如是供養。經於千劫。教住四禪。經於百千劫。教住四無量心。經於億劫。教住四無色定。經於百億劫。教住須陀洹果。經於千億劫。教住斯陀含果。經於百千億劫。教住阿那含果。經於那由他億劫。教住阿羅漢果。經於百千那由他億劫。教住辟支佛道。佛子。於意云何。是人功德。寧為多不。天帝言。佛子。此人功德。唯佛能知。

上面的比喻不能顯示發菩提心的功德。「假使有人以一切樂具，供養十方十阿僧祇世界，所有眾生，經於百劫。」這個比前面那個多得多。「然後教令修十善道」，比五戒就多了，十善業道。「如是供養，經於千劫，教住四禪。」教他能夠住在四禪天定，沒有說「定」字，教授他們住四禪，住到四禪天。「經於百千劫，教住四無量心。」慈悲喜捨，四無量心。

「經於億劫，教住四無色定，經於百億劫，教住須陀洹果。」又經過百億劫，教授他們證得初果的聖人，須陀洹。

「經於千億劫，教住斯陀含果。經於百千億劫，教住阿那含果。經於那由他億劫，教住阿羅漢果。經於百千那由他億劫，教住辟支佛道。」聲聞、辟支佛。「佛子，於意云何？」你怎麼想？「是人功德，寧為多不？天帝言。」天帝還如是答。「佛子，此人功德，唯佛能知。」唯佛與佛乃能究盡，這還是不能顯示出發菩提心的功德。

法慧菩薩言。佛子。此人功德。比菩薩初發心功德。百分不及一。千分不及一。百千分不及一。乃至優波尼沙陀分亦不及一。何以故。佛子。一切諸佛初發心時。不但為以一切樂具。供養十方十阿僧祇世界所有眾生。經於百劫。乃至百千那由他億劫故。發菩提心。不但為教爾所眾生。令修五戒。十善業道。教住四禪。四無量心。四無色定。教得須陀洹果。斯陀含果。阿那含果。阿羅漢果。辟支佛道故。發菩提心。為令如來種性不斷故。

拿這些教授眾生證得阿羅漢果，證得辟支佛，不如教授一個已發菩提心的功德，住如來種性，使如來的法不斷，佛種不斷。

為充徧一切世界故。為度脫一切世界眾生故。為悉知一切世界成壞故。為悉知一切世界中眾生垢淨故。為悉知一切世界自性清淨故。為悉知一切眾生心樂煩惱習氣故。為悉知一切眾生死此生彼故。為悉知一切眾生諸根方便故。為悉知一切眾生心行故。為悉知一切眾生三世智故。為悉知一切佛境界平等故。發於無上菩提之心。

這個比喻是顯示菩提心的功德。這些世間相，乃至於四果相、聖人，不能與發菩提心的功德相比，顯發菩提心的功德是不可思議的！爲什麼？發菩提心，使佛種不斷。乃至於發於無上菩提心，究竟成佛。這些比喻、校量，我們不必去思考它了，顯發菩提心功德殊勝。我們怎麼樣理解呢？初發心的菩薩能夠繼承佛，使佛的法不斷，種性不斷，佛法利益眾生，永遠不斷，這就是發菩提心的功德。

從一切眾生來看，這些世間相，乃至證得四果，了了生死了，那個功德很大，但不知道發菩提心的功德比那個大得多，兩者不能爲比。法慧菩薩跟帝釋天說，你問我發菩提心功德有好大？不可思量的！所以是難知、難解、難思惟，發心是無限量的。前面所說的都是有限量的。最後總說，菩薩發了菩提心，能使佛種不斷，紹隆佛種，這個功德任何事物不能比。因爲發了菩提心，能成就佛的十力智，用其他的不能比。法慧菩薩又跟帝釋天說，這些比喻沒法跟發菩提心來比。以下另說一種比喻，拿什麼比喻呢？

二 速疾步剎喻

佛子。復置此喻。假使有人於一念頃。能過東方阿僧祇世界。念念如是盡阿僧祇劫。此諸世界無有能得知其邊際。

前面的喻，顯示不出來發菩提心的功德，又說一種。「假使有人於一念頃」，一念的時間，「能過東方阿僧祇世界」，向東方走，過阿僧祇世界那麼多。

「念念如是」，一念一念、一念一念，一念念相續念，念念相續，好長時間呢？「盡阿僧祇劫」，劫是劫波，是時間的最長了，阿僧祇是最長的，每一念都盡阿僧祇，念念如是。「此諸世界無有能得知其邊際」，這個世界沒有邊際了，想得到世界邊際，不可得，這是第一個人。

又第二人於一念頃。能過前人阿僧祇劫所過世界。如是亦盡阿僧祇劫。次第展轉。乃至第十。南西北方。四維上下。亦復如是。佛子。此十方中。凡有百人。一一如是過諸世界。是諸世界可知邊際。菩薩初發阿耨多羅三藐三菩提心所有善根。無有能得知其際者。

第一個人盡阿僧祇所走的世界，第二個人一念就走過前面那人所走的阿僧祇世界；他走之後，念念相續，念念展轉。這個過好多世界？沒法計算了，不是我們人的智力所能達到的，這還不算。

「次第展轉，乃至第十，南西北方，四維上下，亦復如是。佛子，此十方中，凡有百人。」以百人作單位。「一一如是過諸世界，是諸世界可知邊際？」要把這個世界算出來個邊際來，能算得出來嗎？

「菩薩初發阿耨多羅三藐三菩提心所有善根，無有能得知其際者。」拿前面那個數字、那個邊際來比，能知道發菩提心善根的邊際嗎？

何以故。佛子。菩薩不齊限。但為往爾所世界得了知故。發菩提心。為了知十方世界故。發菩提心。所謂欲了知妙世界即是麤世界。麤世界即是妙世界。仰世界即是覆世界。覆世界即是仰世界。

仰世界、覆世界，不是我們意識所能知道的，「覆仰」，這個世界有的是覆世界，有的是仰世界，世界無窮無盡的現相。有的是妙世界、粗世界。極樂世界就是妙世界，我們這個世界是粗世界，天上就妙，人間就粗，地獄三塗更粗了，這都是形容詞。但是，妙即是粗，粗即是妙，發菩提心的功德過於這個。仰世界即是覆世界，覆世界即是仰世界，前面講〈世界成就品〉，大致說了。

小世界即是大世界。大世界即是小世界。廣世界即是狹世界。狹世界即是廣世界。一世界即是不可說世界。不可說世界即是一世界。不可說世界入一世界。一世界入不可說世界。穢世界即是淨世界。淨世界即是穢世界。欲知一毛端中一切世界差別性。一切世界中一毛端一體性。欲知一世界中出生一切世界。欲知一切世界無體性。欲以一念心盡知一切廣大世界而無障礙故。發阿耨多羅三藐三菩提心。

用這些比喻來形容發菩提心。法慧菩薩舉的這些比喻，我們沒辦法清楚。爲什麼？我們沒有這個智慧。在《華嚴經》這些地方，你應當放下，不去追究它，念念、聽聽就是了，不要費腦筋想把這個弄清楚，弄不清楚的。想要清楚，最好發菩提心。爲什麼？因爲你現在迷了，沒有清醒。悟了呢？悟了發了菩提心，菩提心就是覺心。拿迷跟悟來比，沒法比，不能比。因此一念心，怎麼樣能盡知廣大世界無障礙，只有發阿耨多羅三藐三菩提心。

發心是你的開始，成就是你的究竟。現在把開始跟成就合成一個，你沒法計算他的過程。這是說我們的智力。剛才講的迷和悟，悟的時候，三界九相，清清楚楚。

迷的時候，什麼都不知道。因此在迷悟之間，這些比喻，記最後一個就行了，前面都是淺，後面都是深。深的就說在六即當中，相入無障礙，理即是事，凡是有數的，有限量境界都是事，理沒有，理無二致，事有千差。你能夠悟得了，證得菩提心，世界的相即、相入、行布、圓融，所念這些數字都是行布，你用一念圓融，全都圓融了。在行布當中，次第紛飛，圓融呢？一念同收，一念就都收了。

這只是顯果德。初發菩提心便成正覺，成佛！這些比喻都是說發菩提心到成就發菩提心的功德是好大呢？就這麼大。用世間無法形容，就像對佛的德，沒法顯現，只能用圓融義，妙契眞心，說你能成就那個不可思議，很微妙的契合，契合就對了。這個比喻說完之後，這功德還沒有圓滿顯示。

三 知劫成壞喻

佛子。復置此喻。假使有人於一念頃。能知東方阿僧祇世界成壞劫數。念念如是。盡阿僧祇。此諸劫數。無有能得知其邊際。

法慧菩薩稱帝釋天，「復置此喻」，說這個喻還不算，再用另一種比喻。「假使有人於一念頃」，就是一念間。「能知東方阿僧祇世界成壞劫數，念念如是。」一念能知道東方所有的世界是成劫，是壞劫，是住劫，是空劫。能知道這個劫，這個世界成了，住了，壞了，滅了，空了。又成了，住了，壞了，滅了，一念就能了知，阿僧祇那麼多世界，所有的成住壞空，一念了知，念念如是。「盡阿僧祇，此諸劫數，無有能得知其邊際。」說這個劫的成住壞空，能知道它的邊際嗎？

有第二人於一念頃。能知前人阿僧祇劫所知劫數。如是廣說乃至第十。南西北方。四維上下。亦復如是。佛子。此十方阿僧祇世界成壞劫數可知邊際。菩薩初發阿耨多羅三藐三菩提心功德善根。無有能得知其際者。何以故。菩薩不齊限。但為知爾所世界成壞劫數故。發阿耨多羅三藐三菩提心。

若想問初發菩提心的功德善根，究竟有好大個量？無有得知，想找它一個量的邊際，不可得。「何以故？」爲什麼這樣說？什麼原因？「菩薩不齊限，但爲知爾所世界成壞劫數故，發阿耨多羅三藐三菩提心。」

菩薩發阿耨多羅三藐三菩提心，功德廣大，能知道成住壞空，一般的說，所有的世界都是成二十劫，住二十劫，壞二十劫，空二十劫，一般的是八十劫，那經過無量無量無量的、不可思議的成住壞空。發了菩提心的功德，超過這個。

為悉知一切世界成壞劫盡無餘故。發阿耨多羅三藐三菩提心。所謂知長劫與短劫平等。短劫與長劫平等。一劫與無數劫平等。無數劫與一劫平等。有佛劫與無佛劫平等。無佛劫與有佛劫平等。一佛劫中有不可說佛。不可說佛劫中有一佛。有量劫與無量劫平等。無量劫與有量劫平等。有盡劫與無盡劫平等。無盡劫與有盡劫平等。不可說劫與一念平等。一念與不可說劫平等。一切劫入非劫。非劫入一切劫。欲於一念中盡知前際後際。及現在一切世界成壞劫故。發阿耨多羅三藐三菩提心。是名初發心大誓莊嚴了知一切劫神通智。

要把所有的成劫壞劫，發菩提心，心明了了，全能清楚。一念即是不可說劫，不可說劫即是一念。「為悉知一切世界成壞劫盡無餘故，發阿耨多羅三藐三菩提心。所謂知長劫與短劫平等，短劫與長劫平等。」「平等」的意思，就是相通的，相入的，都是緣起的，都是唯心識所現，皆無障礙，這就叫平等。

「一切劫入非劫，非劫入一切劫。欲於一念中盡知前際後際，及現在一切世界成壞劫故。」這個比喻，用我們的智慧沒法識其量，就在平等上解決問題。就在一念間，這一念間就是菩提心的覺性，一切長的短的，大的小的，東方西方的平等平等，是在心上，在理上平等。「發阿耨多羅三藐三菩提心，是名初發心大誓莊嚴了知一切劫神通智。」初發菩提心，就能夠了知一切劫的神通智慧。

四 善知勝解喻

佛子。復置此喻。假使有人於一念頃。能知東方阿僧祇世界所有眾生。種種差別解。念念如是。盡阿僧祇劫。有第二人於一念頃。能知前人阿僧祇劫所知眾生諸解差別。如是亦盡阿僧祇劫。次第展轉。乃至第十。南西北方。四維上下。亦復如是。佛子。此十方眾生種種差別解可知邊際。菩薩初發阿耨多羅三藐三菩提心功德善根。無有能得知其際者。何以故。佛子。菩薩不齊限。但為知爾所眾生解故。發阿耨多羅三藐三菩提心。

這是顯菩提心的境，功德量不可思議的。「假使有人於一念頃，能知東方阿僧祇世界所有眾生，種種差別解。」前面約世界說，這個約世界上的所有眾生說，那麼多無量的世界，世界上所有的眾生有種種的差別知見。「解」就是他的見解。「念念如是，盡阿僧祇劫。有第二人於一念頃，能知前人阿僧祇劫所知眾生諸解差別。」有一個人能知道上面那麼無量的世界當中，種種的差別，一念頃就能知道了，那麼還有第二個人比他知道的更多。

「如是亦盡阿僧祇劫，次第展轉。乃至第十，南西北方，四維上下，亦復如是。佛子，此十方眾生種種差別解可知邊際。」能知它的邊際嗎？可知邊際？無法知，唯佛與佛能究盡。「菩薩初發阿耨多羅三藐三菩提心功德善根，無有能得知其際者。」像前面那個比喻一樣的。

「何以故？佛子，菩薩不齊限，但爲知爾所眾生解故，發阿耨多羅三藐三菩提心。」菩薩不是爲了求眾生解而發菩提心的，形容發菩提心這個量之大，不可知，這是讚歎發菩提心的功德。

為盡知一切世界所有眾生種種差別解故。發阿耨多羅三藐三菩提心。所謂欲知一切差別解無邊故。一眾生解。無數眾生解平等故。

了知一個眾生就了知無邊無盡的一切眾生，一多無礙，大小無礙。

欲得不可說差別解方便智光明故。欲悉知眾生海各各差別解盡無餘故。欲悉知過現未來善不善種種無量解故。欲悉知相似解。不相似解故。欲悉知一切解即是一解。一解即是一切解故。欲得如來解力故。

菩薩發菩提心，是爲了得到如來的解，得到如來的智慧。

欲悉知有上解無上解。有餘解無餘解。等解不等解差別故。欲悉知有依解無依解。共解不共解。有邊解無邊解。差別解無差別解。善解不善解。世間解出世間解差別故。

這一共有六對，這是大乘小乘，凡與聖，種種的差別解。但是，你要了知他們不在相上去求，而是在性上去求。了知自性的差別，發阿耨多羅三藐三菩提心。對根境都成眞，根也是眞，境也是眞，根境無二故。有淺深的差別，有甚深的差別，有甚深的般若，甚深般若不與二乘共，大乘的了知皆如是的。境的差別，佛的解，佛的解就是佛的智慧照了，無餘故，盡照了知。

這裡還有有漏的差別、無漏的差別、種種的解、種種的差別，佛智都能了知，發了阿耨多羅三藐三菩提心的菩薩，他欲證佛智故，欲達到一切悉了知。這些解叫什麼解呢？妙解。

欲於一切妙解。大解無量解。正位解中。得如來解脫無障礙智故。

這是在果德上論發菩提心的功德，初發菩提心的人一定能成就佛果。

欲以無量方便悉知十方一切眾生界。一一眾生。淨解染解。廣解略解。

細解麤解盡無餘故。

全部能了知，初發菩提心者，都能具足了知。

欲悉知深密解方便解。分別解自然解。隨因所起解。隨緣所起解。一切解網悉無餘故。發阿耨多羅三藐三菩提心。

如果我們發了菩提心，不在相上去求，不在相上去解。這是比喻。若你不要比喻，直截了當的觀心無礙，觀你的自性，以佛的教導而解。解是解悟，或者念成解脫的解，了解了，什麼事我明白，「解」就當智慧。這個比喻甚深甚深，法慧菩薩又進一步地說，善知眾生的根。

五　善知諸根喻

佛子。復置此喻。假使有人於一念頃。能知東方無數世界一切眾生諸根差別。念念如是。經阿僧祇劫。有第二人於一念頃。能知前人阿僧祇劫。念念所知諸根差別。如是廣說。乃至第十。南西北方。四維上下。亦復如是。佛子。此十方世界所有眾生諸根差別。可知邊際。菩

薩初發阿耨多羅三藐三菩提心功德善根。無有能得知其際者。

「假使有人於一念頃，能知東方無數世界一切眾生諸根差別。」前面是解，解是依著根，現在不說解，說根。發阿耨多羅三藐三菩提心功德的善根，想找他的邊際，不可得。爲什麼？

何以故。菩薩不齊限。但為知爾所世界眾生根故。發阿耨多羅三藐三菩提心。為盡知一切世界中一切眾生根種種差別。廣說乃至欲盡知一切諸根網故。發阿耨多羅三藐三菩提心。

菩薩發阿耨多羅三藐三菩提心，不是只爲了廣知道眾生的根而發阿耨多羅三藐三菩提心，他的涵義廣得很。

上面舉這麼多例子來比喻，都是顯示發菩提心。在這比喻上，不去想它，也不必用腦筋，就是顯示發菩提心的功德量，發阿耨多羅三藐三菩提心，就是無上的覺悟，無上正等正覺。發菩提心就是求證菩提果，顯示發菩提心的功德不可限量的，無以爲喻，拿什麼比喻都比喻不出來，就是這麼個涵義。舉了這麼多，還沒有比喻完，法慧菩薩還要給他比喻。我們讀《華嚴經》的經文，在經文上你弄不清楚，直接想問題，發了菩提心，證了菩提果，只想這個功德就好了。

功德是什麼樣子？前面講淨行，那是文殊菩薩叫我們去作。說你求這個清淨行，這些你能得到，你能發阿耨多羅三藐三菩提心，你都明白了。淨行之後，不要起執著。〈梵行品〉講眞空絕相義，怕你落了斷空，而後法慧菩薩說了這麼多比喻，這個相可太多了，形容發阿耨多羅三藐三菩提心，不是空的，後面才說這麼多的比喻，讓你懂得梵行。我們現在念這些都是有，這個有有嗎？唯心所現，法慧菩薩說了這麼多，「根」之後，還要說「欲樂」。

六 善知欲樂喻

佛子。復置此喻。假使有人於一念頃。能知東方無數世界所有眾生種種欲樂。念念如是。盡阿僧祇劫。次第廣說乃至第十。南西北方。四維上下。亦復如是。此十方眾生所有欲樂可知邊際。菩薩初發阿耨多羅三藐三菩提心功德善根。無有能得知其際者。何以故。佛子。菩薩不齊限。但為知爾所眾生欲樂故。發阿耨多羅三藐三菩提心。為盡知一切世界所有眾生種種欲樂。廣說乃至欲盡知一切欲樂網故。發阿耨多羅三藐三菩提心。

這都是顯示菩提心的量，發了菩提心，那個量用什麼也顯示不出來，舉了這麼多的比喻，都不能顯示發菩提心的量。

這不像我們世間說世間相的功德。這個發菩提心，法慧菩薩所說的都是這些。大家聽到這些文，等於念。你想想，這些所有的比喻，哪個你能達得到？沒有一樣事情你能達到。你所能理解的，如果你不聽《華嚴經》，不念《華嚴經》，你想像不到的，在南閻浮提，能想到這個？有無量世界，無邊世界，無量無邊世界在你發阿耨多羅三藐三菩提心之內，不在你心之外，心外無法，法外無心。就在有無之間，你去觀！前面是〈梵行品〉，我看你直接修梵行好了。要想知道功德，你在梵行裡去找，就是在梵行呢！就是發菩提心的清淨行為，清淨修。這些發菩提心，我的老法師念都沒給我們念，讓我們自己去看看，去讀一讀就行了。

菩薩發菩提心的時候，也沒離開這些發菩提心。這叫什麼？「不即」，不即就是不是，「不離」，離開這個也沒有發菩提心的地方，這叫「不即不離」。我們前面講很多，平等一性，平等平等。因此，我們想發菩提心的功德，不是消業障，後面說消業障的事，消業障也不是菩提心，菩提心裡沒業障。因此，在學的時候，千萬莫鑽牛角尖，不要在文字、不要在相上去起執著，去起分別。

要離開一切諸相，那才眞正地發菩提心。菩提心不是有相的，也不是緣念的，也不是離開諸相的，也不是離開緣念的，這就是平等平等，這叫不即不離。不捨一切法，一切法不捨，也不立一切法，一法不立。

我們經常地如是觀，〈初發心功德品〉在〈梵行品〉之後，〈梵行品〉是空，〈初發心功德品〉是有，這個有，大家讀讀，有即是空，前那個空就是這個有，空即是有，有即是空，空有不二。是不是《華嚴經》盡說有？《華嚴經》沒說有，這個有非有，都依心法上立，都是自心的緣念，緣念就是緣起，緣起可是性空。

我們念了半天，四個字，「緣起性空」。發菩提心是性空，覺心，覺悟了一切諸法性空的，空而隨緣利益眾生，緣起的。最後，你掌握就是「緣起性空，性空緣起」。常如是思惟，這樣來發菩提心。

七 善知方便喻

佛子。復置此喻。假使有人於一念頃。能知東方無數世界所有眾生種種方便。如是廣說乃至第十。南西北方。四維上下。亦復如是。此十方眾生種種方便可知邊際。菩薩初發阿耨多羅三藐三菩提心功德善根。無有能得知其際者。何以故。佛子。菩薩不齊限。但為知爾所世界眾生種種方便故。發阿耨多羅三藐三菩提心。為盡知一切世界所有眾生種種方便。廣說乃至欲盡知一切方便網故。發阿耨多羅三藐三菩提心。

這是法慧菩薩跟與會大眾說的，第七個善巧方便喻。大家聽到法慧菩薩說這些比喻好像都相似。第一個不理解，說些什麼？第二個我們的心力達不到。

我記得蘇東坡到了江西廬山，朝廬山朝了很久，也沒有把廬山看清楚，他就作了一首詩，「橫看成嶺側成峰，遠近高低各不同，不識廬山眞面目，只緣身在此山中。」你想把廬山眞正看清楚，要站到廬山外。我心裡想，你站到廬山外頭還是看不清楚，只看到對面那一點點，還不如我看得清楚。

我是一九四零年到加爾各答。加爾各答那個時候的人口，比上海人口多，比北京大多了，英國人開發的。我想把加爾各答都看一下子，怎麼辦得到？那個時候加爾各答就有飛機了，從飛機上看加爾各答，五塊錢，不是五元錢的人民幣，而是五塊盧布。那時候加爾各答中等的飯店，住一個星期就五塊錢。我坐飛機看一下子就要五塊錢，夠我一星期的生活、旅館費。考慮來考慮去還是看一下子，不然不知道加爾各答什麼樣子。你坐飛機從空中看，就把加爾各答看清楚了。

蘇東坡那時要想見廬山眞面目，還是見不到。你從上面往下看，飛機開的很慢，一旋一旋的。如果你到哪看哪個都市，坐到飛機上看。說這個什麼意思呢？說你發菩提心，你的心被限制住了，現在我們講發菩提心的功德很大，但是我們的信心還不具足，沒有法慧菩薩所說的發菩提心功德。

爲什麼？你還沒修到這個地方，連信心還不具足！你修了一萬大劫了嗎？你眞

初發心功德品 第十七

○來意 釋名 宗趣 釋文

正對三寶信了嗎？這個是在信心滿了，信滿了而發的菩提心，才有這些功德。有些人問我：「我天天發菩提心！」我說：「你連信心還不具足！」天天發菩提心，怎麼不能夠像法慧這種境界？這是眞發菩提心，眞發了菩提心能夠百界成佛，你連現個阿羅漢身都辦不到，還現百界成佛呢？辦不到，就說明信心沒有具足。

你信你的心，你的心是在你身內？是在你身外？是在你身外另外有外心？是不離開你的身有這個心？你先問問。《楞嚴經》說，阿難尊者對佛說的，佛給他說的，七處徵心。心不在內，也不在外，也不在中間，也不在兩頭。心在哪裡？連心還不知道，怎麼發？所以沒有這些功德。我們發菩提心，沒有這些菩提心功德。因爲你信心還沒成就。你還有很多欲染，還有很多污濁的東西，還沒清淨。你發的是欣樂心，不是菩提心。沒發菩提心，聽到這個發菩提心的涵義，很茫然。茫然就是不知道，當然不知道，我們是相似。現在我們現在得修行培育，培育信心，讓我們信成滿。

因此，諸位道友，〈淨行品〉一定得背，你每天所作的，雖然沒有發菩提心，沒有進入菩提心，信心還沒成足，假文殊菩薩智慧，把淨行圓滿了。淨行圓滿了，達到再進一步修，觀一切諸法的性，觀觀找找我們的心。之後多修修〈梵行品〉，多觀觀〈梵行品〉，〈梵行品〉若是成就了，再發菩提心，眞正的能發菩提心，這是說發菩提心的功德。

爲什麼發菩提心有這麼大功德？沒有執著功德的相，因爲經過梵行了。因爲你修的是空觀，先把這個鬧清楚，你的心是在你的身嗎？是離開你的身嗎？心在內心在外？離開你現有的身嗎？你的心在身內呢？在身外嗎？是離開這個身還有個心來發菩提心？在身內，肉體這個身是幻滅的，是假相的，是污濁的，是不淨的，跟菩提心不相應。如果你的心在身內，這身還在普壽寺裡頭，能到太原，能到北京，能到上海，能到西方極樂世界嗎？心在外，在你的身體外，那跟這身體有什麼關係？跟你隔離了。說也不在外，也不在內，在中間，哪個中間？這個中間還有嗎？心徧法界，整個的大法界就是我的心。這個心，一個覺一個迷。你想發菩提心，得先回歸信心，得信究竟，信滿了，滿了就成就了，之後在這個基礎上發菩提心。

我們看著這些功德不可思議，沒有！你那個眞心，就是發菩提心那個心，能發的菩提心那個覺念，他是不可言說的，用語言來形容發菩提心的功德究竟有好大，你怎麼說還是在菩提心之內。講我們這個心，你觀想這個心，心徧法界。〈大乘起信論〉講信心，信我們這個心跟諸佛無二無別的這個心，這個心跟諸佛的心是一個。所有讚歎的功德，是讚歎一眞法界的眞心，我們原來本具足的就有的，說的都是那個功德，不可思議是那個不可思議。十信滿心了，自己堅定不疑了，跟佛無二無別，你怎麼讚歎也讚歎不完。法慧菩薩說的這個好像很微妙，沒有什麼微妙之處，就是在你的法界心，就是法界心的現相。這個你必須得建立起，否則你沒辦法學《華嚴經》。最初給大家講〈大乘起信論〉，就跟大家一再的說，相信心跟佛無二無別，信成就，信心信心，信自己的心，成就了，所謂的發菩提心，就有這麼大的力量。

你若離開那個來說這個，那是空談，空中樓閣，空中樓閣沒有，不能去住，不能去享受。一定要信成就，信心成就了，到了發心住的這個住，就住在菩提心上，住在這個心上。這個住是什麼住呢？無住。我們可以這樣想，你在這思惟的時候，靜下來一想，哈爾濱的到了哈爾濱，瀋陽的到了瀋陽，上海的到了上海，你坐這想。就現在你這一作意，耳朵還在聽經呢！心裡一作意到了上海，到了哈爾濱，到了北京，就是如是。我們口裡在說話，一說到上海到了上海，一說到哈爾濱到了哈爾濱，一說到瀋陽到了瀋陽。每個人都如是，你個人說，個人想。可是頓現，你把你所到過的地方，你這一作意都現了。有時候這是很不可思議的，本心就不可思議。有時是作夢，白天想了，晚上作夢。那夢是假的，都知道是假的，但是夢中所到過的處所，夢中所見的人地事物同時頓現，頓現就不可思議，沒辦法來，想把他解釋清楚，你本人解釋不清楚。

爲什麼解釋不清楚？你沒法說明你那個妄心，妄境沒有，但是爲什麼現呢？你沒到過的地方還是現不出來，沒到過極樂世界，他不現，必須得到過了，他才現。這個你經常這樣觀，必須相信你的心，相信你的心跟佛所成就的心，無二無別。又相信你的心跟一切眾生，無二無別。這個功夫，如果用的不深，沒產生作用，沒產生效果，說明你那信還沒成就，你這個境界是沒辦法進入的。如果那信心成就了，這個境界，文字所顯現的，你就心裡承認這是眞實的，不是虛假的。

如果你沒有到過聯合國安理會，常任理事國有否決權的，那個會議廳，你心裡不曉得想的多大，不如我們這個法堂。我說你該不相信，你若到了紐約，親自到聯合國大廈，就到世界安全理事會，你可以到那坐一坐，沒開會的時間都可以參觀。到過了你才知道。美國建國，二百多年前那個鐘，在文字上形容不知道它怎麼大，跟我們後面那小鐘一樣不大，在那是作紀念。那是美國開國時候的鐘。聽的不是事實的，眼見爲實！眼見也不是實，他還是壞的，因爲他屬於生滅法。

你懂得這些，再看現在講的這個，好像多妙，對我們來說是玄是妙！這才是初發心，不是登地的菩薩，看看《華嚴經》後面那個，十通、十忍、十地，十地菩薩的神通，那種語言不是用語言所能形容出來的，語言所形容的都是相似而非眞實，絕對不是眞實的。你想像的跟所看見的實物不同的。你學的跟親身證得的，跟你的經歷，那又不同的。剛才我舉蘇東坡到廬山那個例子，跟五臺山又不同的。五臺山，你到了五臺山，你能認得五臺山？五個峰，看看黛螺頂，這就是五臺山？你看的是肉眼所見的凡境，五臺山的金色世界你是看不見的。

「只爲智者道，難爲俗人言」，這只能跟我們同道的說。智者，相信五臺山是聖境，文殊菩薩殊勝的道場，如果你不是佛弟子在五臺山，所看到的只是砂石瓦礫沒有別的，還不如其他的山風景很好的，五臺山沒有別的風景，就是聖境。大家可能都到過五個台，北臺上那個山，大雪封上了，你在這就可以看得見了，文殊菩薩經常在北台頂現身。大聖竹林寺，爲什麼加個「大聖」，文殊菩薩常時在那現身。現在還有嗎？不是沒有，是你沒有。說這些作什麼？讓大家進入。你念這個文字，從文上說，數字又多，處所又多，一來就是無盡無盡，發個菩提心，就能得這麼多這麼多不可思議的功德，信嗎？連所比喻的環境你都沒法進入，比喻不是事實，他顯事實的。比喻你還不能了解，能知道事實嗎？是這個意思。

大家聽的很茫然，怎麼辦呢？不聽。不聽又怎麼辦？乖瞌睡。得了，他沒聽了。當然他沒聽了，聽不進去，你說你的，我睡我的。因此才跟大家說一說，你提起精神來，能一歷耳根，即同道種。道種是菩提道的種子，種下去了。文字所顯現的道理是不懂，但能入到你的識，不是心，現在你用的是識。分辨事識，分辨事的那個識，用到識裡頭去了，從識才能入到你的心。我們現在聞者說者都是用的識，沒有用到心，因爲我們眞心還沒有現。眞心是徧的，離開你的心，一切法都不存在了。

萬法唯心，心才成就萬法，法不止一萬，無窮無盡的。這樣一來，善根種的深一點，如果你乖瞌睡不但沒種到善根，善根有好大，善根的反面是什麼？就是不善！所以佛呵斥，聞法的時候不是睡覺的時候，睡覺你就睡。聞法乖瞌睡，這是不善業。佛呵斥阿那律，「咄咄胡爲睡，螺螄蚌蛤類，一睡一千年，不聞佛名字。」阿那律聽佛一教誨，他晝夜的不睡，過分積極了！過分積極了也不對，要合乎中道，一過分積極了，不睡還行？人是要睡覺的，有休息的時候，有睡眠的時候。眼睛，如果不讓它休息，連續幾天之後，變成瞎子。阿那律後來肉眼失靈了。他用天眼，他證得了，成果了。

乖完瞌睡了，我這麼一說，你驚醒了，就發願懺悔，一個懺悔一個發願，就把那個事遮過去了。我們造了很多業，造了很多業沒關係，隨時造，隨時懺，一直懺到不造了，不造了也不要懺了。

爲什麼要警惕一下呢？不警惕一下，你那精神不集中，一聞法就睡覺，睡成習慣了，那就麻煩了。參禪的老禪和子，越是老禪和子，越糟糕，他不打坐瞌睡不來，他一打坐，瞌睡就來了，他成了習慣了，他習慣產生一種力量。什麼力量呢？一坐他就乖瞌睡。如果聞法養成這麼個習慣，只要聽別人這麼一說，你往這坐來聽經，實際往這來睡覺，他一說，催眠術就來了，你就乖上了。千萬莫養成這麼個慣力，這是慣性。跟大家講講，提高大家聞法進入的方便，你由不懂才到懂，多聽幾遍，多念幾遍，這叫熏習，熏習本身就是修行。〈大乘起信論〉講，就叫熏習修，熏久了，他自然有味道了。

「佛子，復置此喻」，這一段文字叫方便喻。「假使有人於一念頃」，時間很短。就一念，一思念。「能知東方無數世界所有眾生種種方便」，方便，你作任何事情都有個預備的時間，把這個事情作圓滿的時候，那預備時間就叫方便。不但能知道東方的世界，乃至於南方、西方、北方、東南、西南、西北、東北、上下，這叫十方。使十方的眾生，他們種種的方便，能夠都了解，這個包括的太廣了。不論作任何的事情都有個準備的時間，那個就叫方便，例如我們說要聽經，聽經要拿出個記錄本，要把它記一記，這叫方便。錄音、顯示牌都給你顯示，這叫方便善巧，過去沒有能錄影、能錄音，這也是方便。

往東方無數世界，那裡頭所有對眾生的種種方便善巧，都能夠知道，不只東方，南西北四維上下的，都能知道。每一個眾生，他行爲種種的方便都可以知道。這是怎麼能知道的呢？菩薩初發阿耨多羅三藐三菩提心的功德善根了解到的。這個不管你學過、沒學過，現在的知識水平，把這個技術提高了，你一看那泥工，我們看那砌磚的，那叫土泥工，澆水泥工，你一看見就有智慧，就能知道。我們沒有學過的，看見好像很方便，一澆，沒有這麼簡單，好多水？好多水泥？好多沙子、好多灰？這有一定數量的。這個承荷的年限，承荷的壓力，都不同的。

二五八磚，我們作的七孔磚，中間減少泥巴，打七個洞，能承荷好多壓力，多少噸的壓力，樓房蓋十層，蓋二十層，這些方便都得知道。你幹哪一行有哪一行的數字！你看人家作起來很簡單，你作作試試看看，你看你作那個跟人家作那個一樣不一樣？這都叫方便。這個方便所說的修道方便，發菩提心的善巧方便，不是世間技術，這是無形的、無相的。你想成佛，得有善巧方便。我們現在說持戒，想把戒持的好，清淨不犯，你得假善巧方便，沒有就作不到，方便就是智慧，有了方便，你才能達到解脫，這叫方便慧。「有慧方便解」，有了智慧，作一切的事情，成道的方便能夠得到解脫。「無慧方便縛」，沒有智慧，你另外想偷工取巧，那不但偷不成，偷雞不成，倒蝕一把米。

一切都有方便善巧，這叫方便善巧。菩薩修道呢？也得有方便善巧。如果沒有方便善巧，你想成道，很難！有的祖師說：「禪門一炷香，頓超直入，立證菩提。」我看這樣證菩提的，還是很少的。我們不是說禪堂裡頭開了悟了，頓超直入，大家學學《華嚴經》就知道了，看這些大菩薩怎麼成道的，連發菩提心經過那麼多不可知數，不是你那智慧所能達得的。善財童子五十三參，一生成佛，龍女八歲，文殊師利菩薩一教化，她頓時開悟了，頓時開悟成佛不是那麼容易的。看見釋迦牟尼佛在菩提樹下夜睹明星，他到人間來了，也是像我們一樣的受胎、住胎、出胎，是這樣子的嗎？三大阿僧祇劫，他在兜率天內院修成了，在那等著降生成佛，這都是示現的。

你深入學習才知道，一位一位前進，斷了這個惑又增進了一步智慧，是這樣來的，不是沒次第的。所以學教義的人，他就按照規矩來說，這是發菩提心的功德善根。要想把發菩提心的功德善根，得到一個邊際，要想了解它，不是那麼容易的。

我在鼓山學堂，禪堂的禪和子，跟我們佛學院的學生，經常抬槓，特別是《華嚴經》境界！他說那麼囉唆，我們一念頓了，是這麼回事嗎？若不假欺騙的話，眞實的話，看看佛怎麼成的？你連成一個初發菩提心的功德善根都沒有，你成佛了？你看看發菩提心的是什麼樣境界？我們這都說的發菩提心功德，這得是初發住菩薩發的菩提心，證得了法性，發菩提心，證發心。

我們這個是信發心，信佛的教誨、信三寶而發心。感到登了初住，這個發心，相似發菩提心。相似就能有這麼大境界。對比我們那個發心，我們那個發心連個病苦也免不了，生老病死苦都不能得解脫，能有這種境界嗎？每位道友如果驗證，念佛的功力或者學道的功力，或者懺悔業障的功力，到什麼程度？自己很清楚的，自己不欺騙自己，騙別人，辦不到的。騙諸佛菩薩，你騙鬼神都騙不到，你經常還遇見鬼呢！見著鬼神把你磨的你也不知道是不是，不要認爲自己了不起，距離非常的遠，煩惱還很重，習氣還很深。

你修道有什麼呢？自己可以知道了，你煩惱輕不輕？你智慧開了沒？遇到什麼事都糊裡糊塗的，糊裡糊塗就是沒智慧，你要說方便，就把你束縛起來了，越方便越造業。有了智慧的方便都是解脫的，越開方便越解脫，他智慧越大。不但明事，還明理，因爲明理了才能明事，因爲明事了，見事不迷，這才是開智慧。

菩薩初發阿耨多羅三藐三菩提的功德善根，沒有能知道他的邊際。這個說沒能知道是一般的，像大菩薩都發過菩提心，他當然知道。這個說無有能知道他的邊際，是指著世間一切人，想得到他的邊際不可得，唯佛與佛才能究盡。何以故？因爲菩薩發菩提心，不是單爲了知道一切世界種種方便，發阿耨多羅三藐三菩提心，他還盡知一切世界，所有眾生的方便，那就無邊無盡了。廣說乃至欲盡知一切的方便網，方便像網那麼多，這樣發的阿耨多羅三藐三菩提心，就是無上正等正覺。

八　善知他心喻

佛子。復置此喻。假使有人於一念頃。能知東方無數世界。所有眾生種種差別心。廣說乃至此十方世界所有眾生種種差別心可知邊際。菩薩初發阿耨多羅三藐三菩提心功德善根。無有能得知其際者。何以故。佛子。菩薩不齊限。但為知爾所眾生心故。發阿耨多羅三藐三菩提心。為悉知盡法界虛空界無邊眾生種種心。乃至欲盡知一切心網故。發阿耨多羅三藐三菩提心。

「佛子，復置此喻」，假使有人於一念頃，就是這一思念，這一思念就是一秒鐘兩秒鐘的時間，就是這一作意，就能知道東方一切無數世界所有眾生種種差別心。廣說乃至十方世界，所有眾生種種差別心可知邊際，這叫善知他心，能知道眾生心。我們不說的那麼遠，我們這有三四百人，他一作意，這三四百人心裡想什麼，完全都清楚。乃至三四千人、三四萬人，像這樣比喻無窮無盡了。

我們每位道友，從早晨到晚上，我們只說一天的，你起了好多念頭，自己知道嗎？早晨起來念頭一會就忘了，沒忘，或者這個事是個大事，知道。那只是一念，這一天起了好多念頭，自己都不清楚。發菩提心的菩薩，他能知道十方世界的眾生心，初發阿耨多羅三藐三菩提心，他的功德、他的善根，想把它的邊際得知，不可能。

怎麼知的呢？大家都讀過《金剛經》，在一念間能知道無窮無盡十方三世所有的心，佛都能悉知清楚。佛三句話就解釋了，過去心不可得，未來心不可得，現在心不住，三心了不可得。總說的能依著一切眾生心，知一切眾生心都是虛妄的，沒有眞實的。

九 善知業相喻

佛子。復置此喻。假使有人於一念頃。能知東方無數世界。所有眾生種種差別業。廣說乃至此十方眾生種種差別業可知邊際。菩薩初發阿耨多羅三藐三菩提心善根邊際。不可得知。何以故。佛子。菩薩不齊限。但為知爾所眾生業故。發阿耨多羅三藐三菩提心。為悉知三世一切眾生業。乃至欲悉知一切業網故。發阿耨多羅三藐三菩提心。

有大智慧者能知道東方所有世界，能知道造種種差別業，種種差別業就感種種差別果。有業因必有果報，在果上驗果知因，種種差別業。就說這個能知的，能知的是菩提心，發了菩提心的菩薩。所知的，就是十方眾生種種的業。現在大家是共同的業，在這個時間共同學習《華嚴經》，業同、因同，僅是這時間，另一個時間，各有各的業，各有各的差別。但是總說同住在普壽寺，同在這裡學道，同在這裡行道，驗果知因，這個就是個果，知道我們過去有共同來學習的業。

現在我們這個又是個因，這個現在是因，將來我們感的果，到華嚴會上，華嚴會上永遠相續的，永遠不停的。不是釋迦牟尼佛，而是彌勒佛來了，華嚴會也如是。不見得我們那個時候都成果，經過無量劫，經過多少佛，大家都成道了，又都在一個法會，這叫驗果知因，這叫業。什麼業呢？共同的業，業就是因。現在我們有比丘、有比丘尼、有優婆塞、有優婆夷，四眾弟子不同。

在那個時候，我們都成佛，業同了。我們同是一個業因，將來同時感這個業果。信？信也如是，不信也如是，這叫如是之法。等我們都有神通了，平等平等，你是比丘尼，你是比丘，假相沒有了，現相沒有了，都成了佛，佛號不同。你還有無量劫的過去因、過去果，但是在這個法會上，同時的業因，這叫知眾生的業。快一點的是彌勒菩薩的龍華三會！不論哪一會我們都聚齊了，互相都認識，我們都共同學習《華嚴經》。這都是億萬年的事。在我們一聽，那可長了！《華嚴經》就是一念間，我們這十年二十年，看著很長很長，就是一念間。

學華嚴的人，他的思想觀念就是這樣，很長的他看著很短，很短的他把它變成很長。這是在相上取，《華嚴經》上講性海，爲什麼講菩提心？這是性海的功德。時間沒有長短，依法上立。這法是什麼法呢？叫華嚴法，經常的說華嚴大法。不必列個「大」字，華嚴的法是無法的法。大是對著小說的，其他法都不是大法，說華嚴大法，這是相對的。華就是因，嚴就是果，就是因果了。到那個時候知道眾生的過去、現在、未來，這三世一切眾生業，把他們因全部都知道，這叫業網。

十　明知煩惱差別喻

佛子。復置此喻。假使有人於一念頃。能知東方無數世界所有眾生種種煩惱。念念如是盡阿僧祇劫。此諸煩惱種種差別。無有能得知其邊際。有第二人於一念頃。能知前人阿僧祇劫。所知眾生煩惱差別。如是復盡阿僧祇劫。次第廣說乃至第十。南西北方。四維上下。亦復如是。佛子。此十方眾生煩惱差別可知邊際。菩薩初發阿耨多羅三藐三菩提心善根邊際。不可得知。何以故。佛子。菩薩不齊限。但為知爾所世界眾生煩惱故。發阿耨多羅三藐三菩提心。

十方世界眾生的煩惱，他的差別、業因，都能知道。但是，不能知道發菩提心的功德，善根邊際，不可得知。因爲發菩提心包括的太多了，不僅僅這一個、兩個。

「何以故？佛子，菩薩不齊限，但爲知爾所世界眾生煩惱故。」這個能知道眾生煩惱的，容易嗎？看了這段文，想到我們自己的煩惱都知不清楚，何況知那麼多眾生！知道我們自己的煩惱嗎？當煩惱的時候，找找煩惱怎麼起的？煩惱沒有了，煩惱又到什麼地方去的？這是一個眾生，不說無量眾生。乃至自己觀照自己，煩惱，心裡不安，你也說不出來。怎麼煩惱的？怎麼引起煩惱的？什麼叫煩惱？不是知他的人，知無量的人，而是說自己。

這是說發菩提心的功德，不是我們世間有福報，我們一說功德，有福報了，身心健康了，壽命長了，這都是福報，都叫功德。這個不是說這樣的功德。這個功德是說，積累功德成佛。發了菩提心，一定能證菩提果，是這個涵義。煩惱呢？發心的障礙，修道的最大障礙就是煩惱。昏煩惱亂，你的心就不清淨了。心不清淨就離開道了，離開道了就迷惑了，不是道了，不是菩提道，是三業道了。

菩薩能知道眾生的種種煩惱，菩薩利益眾生的時候，幫助眾生斷煩惱。如果我們發菩薩心，想斷煩惱，對自己的煩惱知道不知道？能知道我們煩惱邊際嗎？煩惱的限量，有大有小。我們沒有度眾生那個能力，度自己呢？我們連度自己的能力都沒有。我們聽了發菩提心，有這麼大功德。我們以前可能念過省庵大師〈勸發菩提心文〉，蓮池大師、蕅益大師各各的祖師都勸眾生發菩提心。那個發菩提心跟《華嚴經》的發菩提心不一樣，你看看他勸你發菩提心，跟《華嚴經》所講的發菩提心，意義就差得太遠了。若從理上來說，理無二致，就是一個。菩提心這樣講，講得廣泛了，菩提者覺也，我發個覺悟的心，明白心，那個功德跟現在所說的發菩提心，十信滿了發菩提心，兩個不同的。那個是信位，剛信來發心。

十信證得了，十信滿了，往前再深入，發成佛求道的心。那個發菩提心，你還沒相信自己是佛。這個所發的菩提心，是相信自己跟佛無二無別而發的菩提心，這差別非常大了。知道菩提心就是成佛，而且知道我所有的，自己的心跟佛無二無別的，在這個基礎上發的心。我們一般的發菩提心，只是發心。發是發起，發起知道我的心跟佛無二無別，相信自己是佛。要恢復本具的佛性，要走菩提道，達到原來本具的。這個唯獨到了成佛，眞正把眾生看成跟自己一樣的。

釋迦牟尼佛一成道了說，「奇哉！奇哉！大地眾生皆有佛性！」修道之後沒有得到什麼，還是原來的。《金剛經》上，佛跟須菩提說：「佛成道了，有個得阿耨多羅三藐三菩提心嗎？有個阿耨多羅三藐三菩提可得嗎？沒有！」原來本具的，是這樣來發阿耨多羅三藐三菩提心。

再深入講，一切眾生煩惱跟一切眾生本具的佛性，是兩個？是一個？佛性之外有煩惱？煩惱之外有佛性？我們經常說煩惱即菩提，就是這個涵義。煩惱就是菩提，迷的時候所作的是煩惱，成佛了所作的善巧方便，不是煩惱。爲什麼這樣說呢？釋迦牟尼佛在印度迦毗羅衛國降生的時候，這一切過程都是煩惱，對他來說是菩提。我們眾生也如是，那就叫煩惱。在佛利益眾生，就是菩提。我們經常說，煩惱即菩提，生死即涅槃，在證得方面說，是通的。我們若說煩惱即菩提，不成，你有痛苦，煩惱就是煩惱，菩提就是菩提。在迷的時候，確實是不同，是兩個，悟的時候是一個。

爲什麼佛看眾生，平等平等，與佛無二無別？唯眾生看佛，乃至看阿羅漢，看菩薩，爲什麼那麼多差別，根本就不平等！平等嗎？但是學戒律的時候，說男女平等，現在我們學戒律的時候，遞個東西還得擺在那兒，不能直接的拿，擺這兒，我擱那兒了，你拿。這是我們佛弟子，社會上沒有這個現相。女道友跟女道友是不是也是這個樣子？不是這樣。看是什麼時候！我們說在什麼時候，在什麼地方，在什麼因緣之下。佛在《華嚴經》上一一都平等，但在戒律上面不能這樣講。這是約心法說這個法，看你的作意如何！

以前講過一個故事，師兄弟兩人過河，過河的時候，有一位懷孕的婦女，她沒有辦法，過不去。他的師兄說：「來，我背妳過去！」過去，沒事了。隔了一夜，他的師弟問他：「師兄，你昨天作那事，不犯戒嗎？你作的對嗎？」他師兄說：「什麼事？」「昨天你背那位婦女過河，不犯戒嗎？」他說：「昨天的事，我放都放下了，你還背著呢！」

雖然是這麼一句話，昨天他犯戒不犯戒？今天他這樣子說，什麼意思？過去跟大家講過，但是沒有詳細解說。在那個時候，他只是行菩薩道，只是背她，沒有第二念。他沒有第二念，他的師弟可不同了，就有第二念，「你犯戒了，一個男人背個女人，還是一位比丘背個女人過河！」他的師弟尋思對不對？

我們學戒律，就是這樣子，他師兄作的對不對？這要大家思考，對不對？說他作的對，那佛制的戒，該不作了。說他不對，不對他又是行菩提道，若把那個婦女擺到河邊上，菩薩作什麼感想？那婦女作什麼感想？

一切法，有時候是煩惱，有時候是菩薩行，怎麼理解？有時候你作的很清淨，有時候分別心太重。

什麼是分別心？想想看。學大乘佛法的，你心裡怎麼作這個觀念？觀世音菩薩，我們在大陸看見觀世音菩薩都是女相，表慈悲，觀世音菩薩在極樂世界的時候不是這樣相貌。有人也這樣問過我：「極樂世界那麼好，觀世音菩薩怎麼不在極樂世界住，到東方世界來幹什麼？文殊師利菩薩在不動世界，南方世界那麼清淨，到娑婆世界來幹什麼？還是我們娑婆世界好，不動世界的菩薩也來到我們娑婆世界，觀世音菩薩極樂世界那麼好，他也來到我們娑婆世界。」我說：「你這是邪知邪見。」他當然不服氣了，就跟我辯論。

大家用這個道理可以想想，釋迦牟尼佛也如是，那麼多好世界，他不去化身，到娑婆世界化身。他只是個化身，他的報身就不是，報身坐的是華藏世界。他的法身呢？毗盧遮那佛，那跟不動佛跟彌勒佛都是一樣的，跟阿彌陀佛都是一樣的，十方諸佛，佛佛道同。這甚深的道理，要經常的思惟。我們說人，人性是同的，人人具足佛性，是同的。你若分惡人、善人，惡性、善性，同嗎？不同。

舉現實的例子，他沒喝酒，清清楚楚的，他一喝了酒，他迷了，他醉了，車上好幾十個人，他喝酒，把車從橋上開到橋下去了，幾十個人都死了。他爲什麼往橋下開？他一喝酒就迷了。爲什麼？每個司機明知道喝了酒開車很危險的，他爲什麼還要喝酒？像大家學佛，明知道業不能造，每個人天天在造業！明知道不能造，控制不了，這是業力所使。那個業有種力量，誰不想成佛，每個人都想成佛，都想要發菩提心哪！

爲什麼發不起來？業！你所造的業有股力量，在哪呢？看不見摸不著。沒來的時候，那人很好的，一來的時候，業不由己，自己作不了自己的主，這就叫業。它不可見也不可知，但是它有種力量，促使你作犯戒的事，作傷害眾生的事，作違背自性的事。人人都想發菩提心，爲什麼發不起來？中間有種力量，就叫業力。業力就是煩惱。能夠有這種智慧，盡知一切眾生的煩惱差別。所以要發阿耨多羅三藐三菩提心，盡知煩惱，輕煩惱、重煩惱、眠煩惱、起煩惱，一切眾生有無量的煩惱。種種差別，種種覺觀。覺是覺悟，觀是觀照。

為盡知一切世界所有眾生煩惱差別故。發阿耨多羅三藐三菩提心。所謂欲盡知輕煩惱重煩惱。眠煩惱起煩惱。一一眾生無量煩惱。種種差別。種種覺觀。淨治一切諸雜染故。

有這麼多的雜染，發菩提心的人，在一念就能知道前人阿僧祇那麼多的眾生，他們的煩惱差別，十方的一切眾生煩惱。發阿耨多羅三藐三菩提心的，眾生煩惱都能盡知。知道眾生煩惱，那就得修道，斷眾生煩惱。發菩提心的功德，比這個還大的，原因是什麼呢？發菩提心的菩薩，不只這一樣，我們這舉出來好多了，多少種了。發菩提心成就菩薩道，他能教化一切眾生，讓眾生自己去斷這個業。

這麼多菩薩，這麼多諸佛，爲什麼眾生還是這麼多呢？爲什麼沒把眾生都度了呢？大家多觀觀，這是很大的問題。我們多生累劫，恐怕不是一生兩生，十生八生，一百生二百生，都經過多少生，上萬生，受佛法的熏習，爲什麼現在還不能入道？自己參了，好好參一參。

佛菩薩發願度盡眾生，現在眾生比佛比菩薩還多得多，不可知數，爲什麼？參去！你觀照一下。要想知道一切眾生世界所有煩惱差別，想達到這麼個目的，所以才發阿耨多羅三藐三菩提心。盡知煩惱，知道輕煩惱、重煩惱、眠煩惱、起煩惱，一切眾生無量的煩惱，種種差別，種種覺觀，盡知一切眾生雜染。我們不說觀察別人，不說一切眾生，藉《華嚴經》這個教授，觀察我們自己的一切種種差別、種種覺觀，我們的雜染煩惱。我們心裡希望斷煩惱，斷了煩惱就證菩提了。但是我們天天的生活、學習，還都在煩惱當中，沒在智慧當中，什麼原因？找一找。怎麼樣找呢？觀照。就一個發菩提心的功德，功德就是說受用，我們從發菩提心講到現在，看看他的功德。

以下講煩惱，講眾生所有現在存在的煩惱、習氣，這些斷了，那就成就了。愛取有，講講煩惱的來源。在學習上面，注重一點，從文字到觀照。這是從文字解說，解說的是文字，要離開這個，離開這個是什麼呢？觀照，就是覺悟。觀照觀照自己，觀照觀照別人。因為不斷煩惱，菩提是證不到的。也沒有煩惱可斷，又沒有個菩提可證，在這個當間你思惟一下，這叫梵修。

我們講梵行，清淨修。有菩提可證嗎？有煩惱可斷嗎？這個問題你要經常觀照，每天早上起來到晚上，一直到睡眠，是清醒的嗎？是明白的嗎？是糊裡糊塗的嗎？自己經常觀照，經常這樣想、思惟。今天一天我很明白，清清楚楚，了了皆知。要能達到一塵不染，萬法皆空，恐怕沒有這個時間，若有了你就差不多了。不說別的，起碼生死了了。

我說這個生死可不是分段生死，要了變異生死。因為《華嚴經》不講分段生死，專講煩惱那個生死。生是起，滅是消失，我們也不要它起，也不要它滅，不生不滅，這是華嚴義，不是生滅法。因爲我們那個自性、覺性，常時的清清楚楚，明明淨淨，了了了了，什麼都沒有。菩提對煩惱說的，沒煩惱也沒菩提。生死是對著不生死說的，根本沒有不生死，哪還有生死呢？這個道理不是從文字講講就進入了，不可能。講講是知道，問題都在心。整個大千世界，就我們這個小世界說，士農工商一切人類、一切畜生類是在生死當中？是在清淨的無染垢當中？這樣好好的去認知，等你認知就明白了。

這是每一位道友都具足的，但不是智慧，而是煩惱。大家共同好好學，檢驗一下子，自己有哪些煩惱？之後怎麼樣對治呢？當煩惱起了，怎麼樣令它消失呢？因爲先起惑，惑就是糊塗了，迷惑了。當然，我們若觀修得深入，空觀修成了，這些都不存在了，怎麼樣來斷煩惱呢？怎麼修觀？煩惱來了，怎麼樣對治？有些煩惱，不好對人家說的，就在自心裡憋著，憋著麻煩了，會出問題。我們經常說懺悔、發願，煩惱來了就要懺悔、發願，之後自己心裡頭先有一個對治煩惱的方法，這方法哪來的呢？跟佛學來的，佛告訴我們怎麼樣對治煩惱。

當你心裡微細起了念頭的時候，就有種種的覺悟了，不讓它發現行，也不讓它發展。煩惱，眾生的煩惱差別有好多呢？不要看教理上所說的，八萬四千哪。我們一天隨時隨地正在煩惱當中，生活起居都在惑裡頭，惑就是迷惑，迷惑了就是煩惱。有些發作，叫現行，有些沒發作，叫種子。在無明殼裡睡大覺，一醒了，煩惱來了，那叫眠煩惱。有時是俱生的煩惱，無量劫來帶來的，那是種子習氣。有的現起煩惱，因為一句話，哪一件事，心裡不高興了，就煩惱。如果有地位、有權勢，還可以發作。但是自己所處的地位，只能受窩囊氣，不敢說。這種煩惱，很苦哪，你一說就引起更多的煩惱。有些道友聽到他在微微的發笑，笑不起來了，哭都不行，還發笑呢！煩惱來了，哭都解決不到問題！又不敢說，說了幹什麼？引起更大的煩惱。

有些是種子，沒發現行，冬眠時期，正在那乖瞌睡了，冬眠了，煩惱沒發出來，還沒成長呢！但是沒成長這個煩惱是重的，感一發為現行，它又輕了，發洩了之後又好一點。我們所以不能夠成佛，修道障礙很多，就是煩惱。「煩」還是輕微的，「惱」就嚴重了，這兩者各個不同的。我們在這裡靜坐，心裡發煩，要有事！不是吉祥的。無緣無故心裡發煩，有事來了，小的不如意，受些責備，受別人的傷害。大了不同了，那就重了，心裡發煩。這時候，坐著靜下來，念念經。

今天，我跟幾位小道友談，說你知道的事少，接觸的不多，你的煩惱就輕一點。認識的人又多，管的事又多，那就麻煩了，那事就多了，煩惱就重了。隨時隨地，你都聽見煩惱，別人的煩惱，自己的煩惱，無事生非，找煩惱，總的大概是這樣子。

什麼是最重的呢？破壞三寶。凡是破壞三寶的，等於把你的善根用一把火燒掉，這是什麼？邪知邪見。邪知邪見最重了，破壞三寶，這個罪過在地獄裡頭，出來的時間要很長很長的，這叫重。破壞三寶叫重煩惱，邪見支配，以這個為主，這叫重，其他的都輕。

我們說文殊菩薩這個道場，建國初期以來，五臺山的煩惱非常嚴重，破壞三寶的這批人，又變成了好像是護持三寶的。這個因果怎麼樣算呢？因果在轉化、懺悔的時候，消失一些。轉化不到的，例如能海老法師就是被迫害走的，被誰迫害走的？他的徒弟，鬥他的都是他的徒弟。這叫破壞三寶根本的煩惱，這不是一般的懺悔懺悔就過去了，要受報的。把自己善根都燒掉了，破壞三寶最重的。

要是傷害別人，傷害自己，還有傷害自己的嗎？有。包括現在諸位道友，當你煩惱的時候，會傷害自己。傷害自己了，對菩薩道，乃至發心修行，你還怎麼修行？經常愛發脾氣，人家稍微惹你一點，記恨在心，想法報復，就瞋恨、恚怒，這叫重煩惱。生死流轉，社會上講男女關係，講愛情，這是生死根本，這叫什麼呢？無明。

怎麼能在生死流轉？貪愛。貪愛當中，裡頭夾雜著很多東西。你看兩個人相愛，拿著結婚證，高興得要死。之後又拿離婚證，想把對方整死，恨得要死。你看過去的歷史小說，男的把女的殺死，女的把男的殺死，這些案件少嗎？我所知道的相當多，這叫發潤生死流轉。這叫根本無明發生愛取，愛的時候想取，憎的時候想捨。取又取不到，捨又捨不脫，那就生起了毒計，想方設法把對方整死，無始來的冤業，鬧不清楚的，大家可能看過戲劇，死了變了鬼還要捉他，無始的冤業哪，愛取爲重，所以在生死流轉。

一般的說，貪瞋癡，一切惑的根，這叫三毒，重煩惱。還有我執、我見、我慢，自以爲是，不受聖教。很多道友，出家本爲了解脫的，本來對於佛的教授，理解得不深，認爲自己了不起，變成邪知邪見，看別人都看不起。打擊別人，抬高自己。你們現在接觸得還少，我這幾十年接觸得太多了，很有名望的法師，或者大和尚，總要把別人都踩下去，唯我獨尊，這叫見慢，我慢貢高。根本沒聽到佛的教導，這種障礙，障你的修聖道。見和慢，這兩種是最重的。要是這樣說起來煩惱就太多了，每個人隨你個人的體會。大煩惱有十，隨煩惱有二十，這在小乘教義講得非常詳細。大乘教義，我們講〈梵行品〉，諸法皆空，惑染也是空，根本無明沒有，這樣來觀照。乃至依《金剛經》說，無我相、無人相、無眾生相、無壽者相，就直接觀空義。

我們講一切眾生皆具足佛性，跟佛無二無別的，佛就是無量功德。眾生就是無量的煩惱。悟得證得的時候，煩惱即菩提，現在我們迷惑的時候，我們講那個性體，全變成煩惱，這叫俱生的惑種。得到般若智的時候，能夠觀照，凡是五蘊所生起來的這些煩惱，離不開五蘊，如果眞能見道的話，這麼一斷，頓斷一切煩惱。這就是我們講發菩提心的功德，等你相信自己了！「相信自己」這話好像有毛病，有什麼毛病呢？哪個不相信自己？除了佛之外，除了發大道心的菩薩，我們這些眾生，都沒相信自己。

若信心成就了，這些惑沒有了。那是發菩提心，這講發菩提心，爲什麼菩提心發不起來？就這些東西作障礙。等一發成信心了，能夠頓斷。頓斷了，這些惑沒有了，變成什麼？變成智慧。無明即菩提，你覺悟了，這些不存在了。煩惱障、所知障，二障蠲除，三智現前。但是，現在還在煩惱當中，惑還不容易斷。身口意還沒轉變，若能夠把這些斷了，一種頓斷，一種漸斷。漸斷就是在我們生活當中，是漸漸斷煩惱的，衣食住行，除了依著戒律之外，還要觀心哪！觀自己的心，觀自己的行爲。有的不是現生的，是過去的，那你多念念〈淨行品〉。遇到什麼事情是一種緣，遇到哪種事情就修哪種梵行，那是文殊菩薩教導的，智首菩薩問文殊菩薩說的。這個是法慧菩薩說的，都是相合的。

我們看問題不要起惡見。惡見有五種，一者身見，二者邊見，三者是邪見，四者是見取，五者是戒禁取，這是五種。這五種都屬於煩惱。這叫隨煩惱，隨順煩惱而生起的，有時候輕，有時候重。大隨煩惱就重，中隨、小隨就輕。身見，一天的思想就在自己身上，思想就被這個身心所吸收了。身見，不能無我，我執我見特深。邊見，看問題跟人家看的不一樣，總是落兩邊。不是常就是斷，常斷二見。邪見就厲害了，不信三寶，乃至於謗毀、排斥。見取，見取的意思就是貪愛的心，想取得，他取不到，在取不到當中，他就想種種的方法要把他得到，這個方法當中，不是害人就是害己，並不是完全對自己有好處的。戒禁取是外道，事（伺）火婆羅門，他燒一堆火，就對火拜！或者拜牛的，像我們跳神的，包括很多。總之就是邪道外道。

憤怒、瞋恨、覆蓋、嫉妒、慳貪，陷人家於不義，欺騙，誑褻，這都攝歸於無慚無愧，盡是想方設法的害人。說害人是煩惱嗎？這不是煩惱嗎？當你害別人，也不是那麼容易的，你得打好多主意，想方設法陷害別人，這本身就是煩惱。或者不正知，放逸，隨染心所染汙。我們有些是制止煩惱的行爲，愛的隨喜煩惱，貪的隨喜煩惱，染心的隨喜煩惱。

舉個例證，爲什麼我們比丘尼遞東西，要擱到這，不跟男性觸，免得生煩惱，這是制止隨煩惱。心愛的，他接觸，生愛染，心不愛的，生憎恨，兩個都是煩惱。煩惱講起來講不完的，每個人的生活當中都有這些東西。

這個在法慧菩薩教授當中不作解釋的，說淨智，以智慧觀照，知道眾生心，所有的煩惱差別，是差別諸相。知道了，知道眾生煩惱，要發阿耨多羅三藐三菩提心，就是度這些眾生。讓這些眾生知道煩惱，發菩提心就是覺悟了，這個淨智可不容易了，發了大菩提心的人，唯佛究盡。能知盡一切眾生的輕煩惱、重煩惱、眠煩惱、起煩惱、隨煩惱，大小眾生無量無量的煩惱，大小煩惱，知道種種的差別。這靠什麼呢？靠覺悟，靠觀照。這樣把一切的煩惱、雜染都斷滅了，都消除了。

從凡夫發信心起，一直到入住位的初住，這是經過一萬劫，長時間的磨練、覺悟。這個覺覺悟很多的事。我們舉個例子，「欲覺」，欲是什麼呢？希望，可意的事，我歡喜的事。我覺悟到，凡是我的歡喜，我的欲望，就是可意的，隨我自心，要生起覺悟，沒有一切可意的事。可意的事都是造罪，這叫欲覺，不求五欲境界，覺悟了，看破了，放下了，自在了。可意的事，不希求。「瞋覺」，特別是發脾氣，瞋恨，假如你說話不高興，這就是瞋。不過有重有輕了，人家跟你說話，你不高興，語言上面，不隨你的意，不隨你的欲，你發脾氣，這叫瞋。念、欲，瞋恨他人。不管有意無意，無意的傷害別人，有意的那更重了。「惱覺」，惱，就是煩惱的意思。這是從你的念上起，使人家煩惱，就使人家不高興，不要引起人家的煩惱。這個包括很多，包括你的欲，可意的事，或者人家可意的事，或者自己可意的事，你都要覺，加個「覺」字。覺悟就是照，照就是智慧。還有「親里覺」，自己的六親眷屬，無始劫來的親屬的因緣，這裡頭包括憶念你的朋友、男女關係，這也是覺悟了，不要有這種想法，這從念上起。憶念親緣，要覺悟，斷除。

「國土覺」，世間上的安危，世間的戰爭，水火，自己的國土，自己的鄉里，有個覺照的心，這是因緣，這是業惑，念世的安危。還有「不死覺」，不死怎麼覺悟呢？積聚資財，計劃著想活一百歲兩百歲，積聚資產，不光管自己，還管自己的子孫，給他們留好多遺產，讓他們享受。不想死，積聚財富，生活愉快。你要覺悟，這是辦不到的哪，哪有不死的！社會上說，「積德勝遺金」，給子孫，你給他多作點好事，不要給他些財富，財富他得到，會學壞的，積聚資財不是好事，不死的人沒有。要有覺，有覺才行。

「族姓覺」，種族的高下，富貴人家，種族高的，像在印度，婆羅門、剎帝利是高貴種族，吠陀、作屠儈，種族就低下；要覺悟一切都是平等的，這是假相。還有個「輕侮覺」，怎麼叫輕侮呢？侮就是我慢的慢。總之，眾生的無量煩惱引起種種的差別。

怎麼樣對治它呢？告訴我們修觀，觀的方法太多了，一切事物是無常的，應當觀無常。一切惱害的事情，你是發菩提心的人，或者現在雖然沒有發菩提心，但是你是三寶弟子，聞到佛法，要用慈悲，不要對別人發脾氣，要柔和，要忍辱，要給人家一個安慰、愉快，不要引起人家煩惱。用慈悲來對治惱害，來對治瞋恚。

修不淨觀，修無常觀，修不淨觀主要是對著愛情關係、男女關係，我們講身體三十六相，你多觀一觀，愛染心不生了。講得深入了，無我無我所，再深入呢？我們講〈梵行品〉，觀一切法，如夢幻泡影，如露亦如電，把一切雜染的不清淨的，都排除了。這些都叫煩惱。把煩惱降伏了，在身上不起了，你就有智慧了，有了智慧了就能夠入道。能夠相信自己的心沒有這些，斷最根本的無明煩惱，無明煩惱斷了，相應的煩惱也隨著消失了，這是對治煩惱結使的。

欲盡知依無明煩惱。愛相應煩惱。斷一切諸有趣煩惱結故。

一切煩惱從癡有愛，從愛生病，由於無明，不知道一切諸法如幻、無常，不知道無明的垢染，所以起貪愛。如果把無明斷了，智慧生了，這些煩惱就沒有了。

欲盡知貪分煩惱。瞋分煩惱。癡分煩惱。等分煩惱。斷一切煩惱根本故。

貪瞋癡是煩惱的根本。我們經常說三毒，毒害你的法身，毒害你的智慧，一切顛倒夢想，一切顛倒的分別，都是從根本無明起的。

欲悉知我煩惱。我所煩惱。我慢煩惱。覺悟一切煩惱。盡無餘故。欲悉知從顛倒分別生根本煩惱。隨煩惱。因身見生六十二見。調伏一切煩惱故。

「六十二見」，光看問題就有六十二種，有鈍根有利根，煩惱也有利鈍，像殺人，煩惱非常猛烈的。凡是貪瞋癡，欲貪的，都是從虛妄顛倒貪愛心生起的，這叫情感。還有宿世的業，多生累劫的業，糾纏不清。人跟人之間的貪愛，不是像人家所說，美男美女，什麼叫美？都是一個緣字，美沒標準的。他看她喜歡，那叫緣分，緣分有什麼標準哪！這是無量劫來的習氣。

想要調伏這些顛倒分別妄念，根本煩惱，隨煩惱，身見生的六十二見，你先消滅掉顛倒的根本，煩惱就不生了。怎麼消滅呢？方法很簡單，〈梵行品〉講無住，不住色生心，不住聲香味觸法生心，一切無住。《金剛經》上說，「云何住心，云何降伏其心？」這都是心生起的，無住不是煩惱，無住就沒煩惱了。心不住，心無所住，那還有煩惱嗎？住色生心，煩惱就來了。所以要無住，無住本身不是煩惱，非煩惱。一切法無住，能達到無住，煩惱斷了。我們現在這個心，見什麼執著什麼，見什麼住什麼，怎麼能達到無住呢？必須得修觀。觀這個心哪！無住，無常的，變化的，這是妄心。

欲悉知蓋煩惱。障煩惱。發大悲救護心。斷一切煩惱網。令一切智性清淨故。發阿耨多羅三藐三菩提心。

「蓋」，五蓋十纏的煩惱把你的智慧給蓋住了。蒙蔽你的智慧，沒有智慧明，所以生煩惱。煩惱是障聖道的，你若發起大悲心，五蓋十纏這些障礙都不生，就把這些斷了。斷的時候，產生清淨的智慧，認識這些煩惱，不被煩惱所迷。這個觀照，大家很容易作得到的。當你一生起這個念頭，你說這個跟佛的教導不相合，跟聖教量不相合，拿聖教來比量，心裡生這個念頭，不對？當時就把它消失掉，它就不能夠障礙你了。煩惱來的時候，你就把佛教導的話想一想，當你很熱惱的時候，夏天天氣熱，吃個冰西瓜，吃碗霜淇淋，不就涼快了嗎！

心裡頭生起的煩惱，解決不了問題，就把佛的教法觀照一下。之後你這麼一觀照，就看破了，看破了就放下了，放下了就不執著了，不執著了就不苦惱了。小煩惱來了，或者人家說幾句話，心裡不高興，你坐這想一想，他說這話是聲音，說之後就沒有了，不存在的，你還想他作什麼?這個容易放得下。兩人正交朋友談戀愛，他突然間死了，這下子她就放不下了。

我在紐約的時候，有位小道友是臺灣去的，她學的是醫科，大學畢業了，碩士也拿到了，交了個男朋友，男朋友也是一個醫院的醫生。男朋友開車，一出車禍把她男朋友撞死了。男朋友的血，沾了她一身。她沒有害怕感、沒有恐怖的感，一直想她那個男朋友。

她跟我受了三歸，我跟她講：「妳跟他前生的緣，到此爲止。」她漸漸學習佛法，放開了，看破了，出家了。現在在法國巴黎，因爲她的法文最好，主持一個小道場。法國人信佛的很多，她說：「師父，我現在心地很清涼了，不要擔心，我早放下了。」放下，就自在了。「妳還想他?」沒有了，早空了，緣僅到此。

還有，晉唐時代的古人，他的太太死了，他放不下。別人責備他說：「你太太死了，連哭一聲都不哭。」他也不言聲，像傻子一樣的。不到三天，他也死了。別人還說他沒得感情，太太死了連哭都不哭。其實，他比哭厲害得多。古來說「鳳釵神傷」，他的太太死了，他的神沒有了，神傷，不是一般的哭哭啼啼。

你把這個觀破了，認識它就不被它所害。人生就是人的一生，如夢幻泡影，這個觀多修一修，不要生癡愛。人生在一塊堆，或者聚到一起，這叫緣分，緣有了，聚到一起，緣沒了，自然就散了。緣有兩種，像大家哪個沒有父母，哪個沒有六親眷屬，哪個沒有姐妹弟兄，緣就到此，你出家了，這個緣都斷了。

這個大家可能都相信，特別是出家二眾。你還回憶作什麼呢？放不下。放不下，這叫什麼呢？這就叫業。這叫什麼？煩惱，自己找煩惱。就這想想，「哎！我該回家去看看。」媽媽來個電話，害病了。哪個人沒有生老病死，放不下。這叫什麼呢？俗話說的，藕斷絲連，看到那蓮藕沒有？斷了，還有絲連著，還有一點，你斷乾淨，再補上一刀，切斷。你自性的明明白白那個心，跟佛無二無別的心，或者說發起阿耨多羅三藐三菩提那個心，把那個心發出來，這就要看破。放下，你都斷了，你都斷了，你就自在了，無牽無罣，一心在這兒修行。

有位道友跟我說：「從小什麼人都沒有，就他一個人！」「那緣法很好。」他說：「什麼都沒有，還緣法好！」我說：「什麼牽連都沒有，多清淨，有了就不清淨。」

煩惱，不是煩惱找人，是人找煩惱。過去有句俗話，「天下本無事，庸人自擾之」，庸人就是沒有智慧，自己找煩惱。你信也好，不信也好，你看哪位同學又要出去了，請假了，住著不愛住了、請假了，幹什麼去？找煩惱去了，很簡單，煩惱自找的。因此，讓你看破、放下，你的智慧若把煩惱都看破了，你本性的智慧不就清淨了嗎？這時候發阿耨多羅三藐三菩提心，趣向佛道，叫發菩提心，行菩薩道，成就究竟阿耨多羅三藐三菩提心，得到無上正等正覺。但是，說是語言，語言不是事實。語言上明白了，到事實上就不明白了。

我看見一位道友在那煩惱，另一位道友勸他，勸了半天，那位煩惱的道友說：「同學，這是沒在你身上，要在你身上，你比我更煩惱。」是不是這回事呢？大家可以互相想想。大家煩惱了，要自悟，別人只能幫助。佛菩薩只能給我們說道理，跟你說清楚，煩惱還是自己找的。斷不斷呢？不斷，你就煩惱。煩惱都是自找的，有過去生的，有現在生找的。

十一 明供佛及生喻

佛子。復置此喻。假使有人於一念頃。以諸種種上味飲食。香華衣服。幢旛傘蓋。及僧伽藍上妙宮殿。寶帳網幔。種種莊嚴師子之座。及眾妙寶。供養東方無數諸佛。及無數世界所有眾生。恭敬尊重。禮拜讚歎。曲躬瞻仰。相續不絕。經無數劫。

一念有這麼多的上味飲食，這是吃的，還有種種衣服是穿的，「幢旛傘蓋」是裝飾的。說到「僧伽藍」，僧伽藍就是寺廟，寺廟裡上妙的宮殿，都拿寶帳、網幔莊嚴獅子之座，恭敬禮拜供養一切諸佛，不但供養諸佛，還供養佛土所有的眾生，這樣相續不絕，經無數劫，供養的時間非常長。

又勸彼眾生。悉令如是供養於佛。至佛滅後。各為起塔。其塔高廣。無數世界。眾寶所成。種種莊嚴。一一塔中。各有無數如來形像。光明徧照無數世界。經無數劫。南西北方。四維上下。亦復如是。佛子。於汝意云何。此人功德寧為多不。天帝言。是人功德。唯佛乃知。餘無能測。佛子。此人功德。比菩薩初發心功德。百分不及一。千分不及一。百千分不及一。乃至優波尼沙陀分亦不及一。

這些話是誰跟誰說的？法慧菩薩問帝釋天主說的。問他，這人供養的功德大不大？廣不廣？深不深？帝釋答覆法慧菩薩問的，他說：「是人功德，唯佛乃知。」除了佛，沒人能知道他的功德，這功德太大了，甚深甚廣，「唯佛乃知。」

其實，法慧菩薩這個問號，顯示供養功德是大；但是，跟發菩提心來比，它就很小了，百千分不及其一，乃至優波尼沙陀分，不可知數的。「優波尼沙陀分」就是近於空，數字沒法形容的，功德之大，沒法比喻。形容什麼呢？形容發菩提心。供養三寶，供養佛的功德，不如自己發菩提心，你去成佛，修佛道，那功德比這功德大得多。

凡說功德，什麼樣的功德最殊勝呢？還是你成佛。你發了菩提心，拿一切的功德來比，沒法比，這是心量，你發心的量能把它比出來好多功德嗎？爲什麼？菩提心是空的，功德是有的，有的跟空的怎麼能比？沒法比的。菩提心是依著智慧成就的，智慧是空的。智慧是什麼形相？光明是什麼形相？把光明量出來，量出光明的功德，這就是無住無相。菩提心的功德是無住無相的功德，你這供養好多，有形有相的，是這樣一個涵義。

法慧菩薩跟帝釋天王說這麼多比喻，顯示發菩提心，勸無量眾生都能發無上菩提心，都能究竟成就佛果，乃至比到後面都沒有發菩提心的功德大，不管說了多少比喻，都是形容發菩提心。此心無形無相的，無障礙，是智慧。這個心是佛心，是一切眾生本具的智慧德相，無住！無住就無相。

佛子。復置此喻。假使復有第二人。於一念中能作前人。及無數世界。所有眾生。無數劫中供養之事。念念如是。以無量種供養之具。供養無量諸佛如來。及無量世界。所有眾生。經無量劫。其第三人。乃至第十人。皆亦如是。於一念中。能作前人所有供養。念念如是。以無邊無等。不可數不可稱。不可思不可量。不可說。不可說不可說供養

之具。供養無邊。乃至不可說不可說諸佛。及爾許世界所有眾生。經無邊乃至不可說不可說劫。至佛滅後。各為起塔。其塔高廣。乃至住劫亦復如是。佛子。此前功德。比菩薩初發心功德。百分不及一。千分不及一。百千分不及一。乃至優波尼沙陀分亦不及一。

「佛子，復置此喻。」這個喻還不算，還有比這個功德更大的。《華嚴經》常有這種句子，已經到了不可思了，還把不可思說到不可思，本來不可說了，還把不可說說到不可說，形容多的意思。

這麼多供養的工具，財寶莊嚴，「供養無邊，乃至不可說不可說諸佛，及爾許世界所有眾生。」不止供養佛，大悲施捨給這些眾生。經過好長時間呢？這個時間就長了，不可說不可說劫，劫是時分，這個時候是不可說的時候說到不可說。這就是佛經上的微妙不可思議！有法，這是說的有；空法，就沒有言語，表現不出來了。乃至供養到佛滅後，佛滅後給諸佛起了塔，其塔高廣，乃至住劫，亦復如是。

所有這些供養，一層一層的功德，都加在一起，「比菩薩初發心功德」，「百分不及一，千分不及一，百千分不及一，乃至優波尼沙陀分亦不及一。」這是形容菩提心的功德說不完。

何以故。佛子。菩薩摩訶薩不齊限。但為供養爾所佛故。發阿耨多羅三藐三菩提心。為供養盡法界虛空界。不可說不可說十方無量去來現在所有諸佛故。發阿耨多羅三藐三菩提心。

發了菩提心廣的很，不是光供養諸佛。發阿耨多羅三藐三菩提心的目的，是爲供養盡法界虛空界，不可說不可說十方無量去來現在所有諸佛，是因爲這樣發阿耨多羅三藐三菩提心。

這叫況顯。況顯就是舉一個情況來顯示一下，一個比一個深入，一個比一個廣大，爲什麼？發菩提心是無相的，用有相的形容，怎麼說也形容不盡。發菩提心的功德是無相的，無住的。

後面把供養盡法界的功德解釋一下子，顯示無限義。

「時過」，約時間，過去現在未來，重重無盡，過去還有過去，未來還有未來，過去未來現在，過去未來現在，無窮無盡的，該一切時。

「處過」，處呢？無能過的意思，十方的互相攝入，不是一定的處所，沒有一定處所，無窮無盡的處，十方住處都入於現前一念。說華藏世界，以華藏世界爲主，十方無窮無盡的種種光明蘂香幢。這個幢上的所有無量世界，以華藏世界爲主，其他的世界都屬於華藏世界，這就是處，沒有能過的。供養具，那是無量無邊的。

「供過」、「田過」、「心過」，理上，你一作意，供養具你沒法數的。我們不說法慧菩薩、諸佛，我們就說我們的現前一念。大家讀過〈普賢行願品〉，〈普賢行願品〉第三大願，供養願，供養的功德沒法計算的。不曉得大家這樣供養過沒有？現在就作供養，你一作意，把上海所有的廣場，北京所有的百貨商店、大樓、廣場，南南北北，你所到過的地方，紐約、華盛頓，你這一作意，他們所有的百貨大樓，全搬到這裡來供養諸佛。你能知道數量嗎？這是心哪，都是供養具。就是這個心，一念心，而且一念心如是供養，念念心如是供養，前一念供養之後，後一念又如是供養，後一念又把前一念供養都供養一道，沒完沒了，數之不盡。

「悲過」，菩薩大悲心，大家如果發願，用你的思惟，用心念哪，以這個善根，願一切眾生都成佛。你發願，你想多大都沒有關係。一念，我願一切眾生都成佛，現在這個世界上，一切眾生都成佛，這批眾生過去了，又一批眾生，我又讓他們都成佛，你念念的讓一切眾生都成佛，這就是你的大悲心。

「智過」、「善巧過」、「所求過」、「平等過」，智慧是光明義哪，智慧了達一切眾生，同一心念，都成法界。一切眾生心，本體，莫看眾生的相，觀眾生的性。如果你這個智慧，觀察一切眾生的性體跟十方無量無邊的諸佛是一個，無量無邊的諸佛是一個，無量無邊的眾生是一個，你自己的心也是一個。這三個又是一個，佛心眾生心自己心是一個。這能有分齊嗎？說這是佛心，這是眾生心，能分辨出來嗎？

眾生心即是佛心，佛心即是眾生心，平等平等。

這叫什麼呢？菩提。就是覺，覺心，平等平等。自佛他佛，無二，就是一佛；十方一切諸佛無二，釋迦牟尼佛、盧舍那佛、毗盧遮那佛，三身一體，乃至極樂世界阿彌陀佛，東方藥師琉璃光如來，你數到一萬十萬百萬千萬，就是佛。佛就是覺，這是已成佛的。未來諸佛，一切眾生都是未來的諸佛，三世諸佛一念，能有個界限嗎？法性是一，法性裡頭沒有界限的。這叫華嚴法界的事事無礙觀。剛才說那個是周徧含容觀。事事無礙就是周徧含容，周徧含容就是事事無礙。

我們講這麼長的時間都是比喻發菩提心。這個心一發了，它的智慧量有好大呢？前面比喻發菩提心的功德是發心的功德。功德沒辦法說，顯示不出來，為什麼顯示不出來？因為一發心哪，那就不可思議了。一發了菩提心，發了心就把以前本有的發出來了，不是外來的，還是自己具足的，就把惑業除盡了。

◎就法略示分

發是心已。能知前際一切諸佛。始成正覺及般涅槃。能信後際一切諸佛所有善根。能知現在一切諸佛所有智慧。彼諸佛所有功德。此菩薩能信能受。能修能得。能知能證。能成就。能與諸佛平等一性。

「前際」，沒邊際的際，一發了菩提心，就知道後際，是未來的。釋迦牟尼佛、毗盧遮那佛，一切諸佛善根跟他發心的這個心是一體的，他自己還不知道嗎？知道自己的心。前際後際，現在呢？現在世的一切諸佛，他們所有的功德、所有的智慧，發菩提心的這位菩薩，他能信。因爲跟他的菩提心一樣的，信成就了，三世諸佛同一心。不但能信，還能領受，也能如是修，也能如是得，也能證、能成就，能與諸佛平等一性。因此，上面所有那些比喻才能成立，爲什麼能成立呢？菩提心是不可思議的。他一發菩提心，一定能成佛，這說到他的果德，跟一切諸佛平等平等，他怎麼發的心？

何以故。此菩薩為不斷一切如來種性故發心。為充徧一切世界故發心。為度脫一切世界眾生故發心。為悉知一切世界成壞故發心。為悉知一切眾生垢淨故發心。為悉知一切世界三有清淨故發心。為悉知一切眾生心樂煩惱習氣故發心。為悉知一切眾生死此生彼故發心。為悉知一切眾生諸根方便故發心。為悉知一切眾生心行故發心。為悉知一切眾生三世智故發心。

這些全是不可思議的境界，這樣來發菩提心。爲什麼？菩提心具足這些，相信自己的心跟佛無二無別，這個相信成就了，跟佛無二無別，還不知道一切諸佛嗎？還不知道一切眾生嗎？這樣來發菩提心，行持住的，住就是住在菩提心，發此心，住此心，成就還是這個心，乃至後面十住、十行、十迴向、十地、十一地，還是這個心。

我們現在還是信的這個心，這個心是自己的，自己這個心也是諸佛的，也是一切眾生的，十方諸佛同此一心，十方一切眾生同此一心，就此一個心。我們現在妄想心跟智慧心也是差不多，平等平等。能知道你打了好多妄想嗎？妄不可知，眞也如是，妄即是眞。

現在你發了菩提心，所有的妄心都變了一個菩提心。這個道理不好懂，因爲深了。人，不管我們這個世界六十多億人口，就是人，說一個也可以，人就是人，這你要思惟修，要觀。說一個人就代表人類，「天人」，把「天」字去了，還是「人」。天人、地獄，人下的地獄，還是人哪！再加個「有情」，有情無情同圓種智，都成佛了。一成一切成，一發心一切都在發心，這道理深得不可測，讓文字這麼一轉折，你就迷糊了。若把它說得淺，誰都能明白，就是這麼回事。

在最深處理解不到，從最淺處下手，就是現前一念心。密宗的密，把它說開了，就是現前一念心，大手印成就了，成就了現前一念心。我的現前一念心跟十方諸佛的現前一念心，同是一個，就是十方諸佛的現前一念心。說一念心都多了，連一念心也沒有。

以發心故。常為三世一切諸佛之所憶念。當得三世一切諸佛無上菩提。即為三世一切諸佛與其妙法。即與三世一切諸佛體性平等。已修三世一切諸佛助道之法。成就三世一切諸佛力無所畏。莊嚴三世一切諸佛不共佛法。悉得法界一切諸佛說法智慧。何以故。以是發心當得佛故。

以下有八事，現在住位的菩薩，發了菩提心，他的智慧開了，有了智慧，智契佛心，他的智慧跟佛心相契合了，這叫憶念。發菩提心的行者與佛心相應，爲佛所憶念。初發心時即成正覺，因爲他當得三世一切諸佛的妙法，無上菩提。三世諸佛加持他，與其妙法，那是自己的心開意解，契合佛心，這個法是法界心。即爲三世諸佛體性平等，因爲我們在信位，相信自己的心跟佛的心，平等平等。等這個心修行到入了住位，那不是想像的，而是證得的，他心裡相似的知道跟佛的體性是一個。

現在知道我們的性跟佛的性平等平等，但是不經常觀想。或者聞法的時候，例如我們講〈大乘起信論〉，知道你的心跟佛平等，但是一離開了，沒有了。每位道友觀察觀察，回憶一下，你一天有好多念頭，念到我那個心跟佛心平等，我這個心跟佛無二無別？如果你一天有這麼十念八念的就不得了了，有嗎？想過自己跟佛一樣平等嗎？想過自己的本性（佛性）跟佛的佛性一樣的。我們的信還沒有成就，但是我們知道，怎麼知道的？佛說的。

「已修三世一切諸佛助道之法」，「助道」是你要發菩提心，行菩薩道，得有善巧方便，幫助你修行，幫助你成就道業。「已修」是說從信佛之後，你每天所修的，這是我們現在大家都在作的，天天這樣作，幫助我們能夠成佛。修助道之法，輔助你能夠成佛，輔助你發菩提心，成佛的道果。

「成就三世一切諸佛力無所畏」，這個對我們來說還沒有。十住位的菩薩，他已經成就了諸佛力無所畏，無所畏懼。我們念《心經》的時候，要是心無罣礙就無所畏懼。問題是我們的心，這個也牽掛上、那個也牽掛上，這個也看不破、那個也放不下，有所恐怖。無所畏懼了，助道法也修的差不多。

「莊嚴三世一切諸佛不共佛法」，這是佛的體性，佛的心法。不與一切諸菩薩共的，不與一切眾生共的，住位菩薩只能莊嚴這種不共法，那就供養，莊嚴就是供養，或者法供養，或者念經讀誦供養，或者勞動的時候，用體力供養，哪管塡一磚一瓦，一舉一動都是莊嚴佛世界，你所作的那個事不一定是，而是你的心！把你所作事，任何一舉一動都莊嚴佛淨土，莊嚴佛與一切眾生不共的。因爲你莊嚴，將來你就得成就了。

「悉得法界一切諸佛說法智慧」，這靠願力。發願說法，利益眾生，得有智慧，得求佛加持，能夠得到。得到什麼呢？能得到法界性，一切諸佛說法的智慧你就得到了。現在我們都是凡夫，沒入位的信心菩薩，他的理解力是學得的，他的理，從理上講，能夠說法，平等平等，可不是證得，也不是行得。一發菩提心就得到這八種，從憶念到智慧，得到諸佛憶念，得到佛的菩提，無上菩提，能夠得到佛的妙法。那是眞正的得到了，明白證得與佛平等。能夠具足一切方便善巧，修道得有方便善巧，像我們讀〈淨行品〉、〈梵行品〉，這都是助道法，使你很快的成就菩提。

佛有十八不共，不與一切菩薩共，不與一切眾生共，但是你能莊嚴，莊嚴你也能得到，佛所說法的智慧你也能得到。爲什麼？「何以故」。「以是發心當得佛故」，發了菩提心，就是菩提道果成就了。初發心時便成正覺，發心究竟二無別，發心跟究竟兩個沒有差別。但是，如是二心初心難哪。初發心，只要發了心！這個是指住位的發心，我們現在發菩提心，學發菩提心，信心還不成就，搖搖擺擺的。這是初信，搖搖擺擺，信沒到位。因爲你解悟學習理解了，理解自己跟佛心無二無別的。當你這個理解力有了，就能爲一切諸佛之所護念。

在其他經論也是這樣說的，你每天誦《金剛經》，相信佛所說的《金剛經》是眞實的，不懷疑，能夠天天的諷誦《金剛經》。佛對須菩提說，那不是一佛二佛三四五佛種的善根，而是經過無量億佛種的善根，就是你信一個《金剛經》，還不說別的了。經上告訴我們，過去心、現在心、未來心三心皆不可得，就是這個意思。

發的是不可得心的發心，不可得發心，要得，得無所得，無所得故而得到的，才是眞實的。

我們現在是在信位，我們對佛的教授不要起一點懷疑。因此，你發了菩提心，一定能成佛，當得佛故。入正定聚，這時候你眞正的法器成就了。法器者，我們盛飯的飯碗是盛飯，像個器皿似的承受得住，法器能承受這種不思議妙法。你能承受，佛才傳授給你，你不能承受，傳授你，沒有用。什麼叫妙法？開示悟入，開佛知見，示佛知見，入佛知見，悟佛知見，開示悟入，這就是妙法。隨便哪一法，都是圓修圓證。

有時候，我們道友在外頭打掃清潔的，搬磚運瓦了，鍛鍊的，那些小道友，還沒出家，還沒落髮。我跟他們講：「你們在幹什麼呢？」他們沒有發願也沒有理解，這是成佛，當作圓修！一修一切修，雖然掃掃地，搬個磚頭，提提髒土倒一倒，都算是。你不在事上去進入，在理上去進入，你一天的這樣想，你的心哪，隨時隨地都是圓修、圓悟、圓證，都是圓的。圓是不欠缺的意思。並不是在這裡讀誦禮拜才是修行，人家大寮作菜，說切白菜也好，打土豆皮也好，切土豆也好，你把它當成圓修，修道呢！把一切垢染去掉，剩下就是清淨的，就是這個涵義。這就是幫助你成道，這就是助道之法。

入了佛門之後，不要讓文字把你限住，你的心作任何事，提一桶水澆澆花，或者澆澆樹，你圓修，怎麼觀想呢？一邊作一邊就想了，圓修。現在我這修的因，成佛的因，這叫因華，將來結果了，果德成就了，因華嚴你的佛果的果德。

我們讀〈淨行品〉，文殊師利菩薩教授我們，善用其心哪！看你的心怎麼用。上廁所，文殊菩薩教導，我把貪瞋癡都棄掉了，貪瞋癡都去掉了就是戒定慧，戒定慧不就是成佛了嗎！上廁所排泄的大小便，不淨的，你這一觀想善用其心，棄貪瞋癡，我們現在修就是棄貪瞋癡，這就是圓修助道法。你得會理解，這樣你成就佛的力量。什麼是佛的力量？心裡常時觀想，常時憶念。「佛在靈山莫遠求，靈山自在汝心頭」，你心裡常時作如是念，靈山就現前。這樣子你成就了，還有什麼可畏懼的呢！

佛有與一切眾生不共的，十八不共法。你所作所爲都是成就十八不共法，莊嚴三世一切諸佛不共的佛法。從以上七種，你就能智開意解，你所說的法具足佛的智慧，具足佛所說法的智慧。常時如是觀，常時如是思惟。爲什麼能有這種力量？初發心時就是爲了成佛，發菩提心，走的是菩提道，走菩提道就是修行，成就佛果，成就菩提的佛果。

應知此人。即與三世諸佛同等。即與三世諸佛如來境界平等。即與三世諸佛如來功德平等。得如來一身無量身究竟平等。真實智慧。

誰如是作，誰就與諸佛同等。三世諸佛同等，自己就是未來的佛，你打的妄想，天天打未來成佛的忘想，反正都是妄想，為什麼不打成佛的妄想？天天打這個妄想，這個妄想很眞實性，天天發菩提心，天天打妄想，打什麼妄想呢？發心成佛。現在是妄想，不是眞實，這個妄想能變成眞實。

世間上求發財的，求交朋友達到目的的，不是也天天在想，那不是妄想嗎？你換一下，不想那個妄想，天天想成佛的妄想。這個裡頭包含著懺悔、發願，或者是讀誦大乘，讀《華嚴經》，念阿彌陀佛，任何修行的方法，目的都是達到成佛。把它都迴向，把所有的一切念都集中到一點，我要發菩提心，走菩提路，成就佛果。

有些妄，一生兩生無量生，也達不到目的，有些妄變成眞。今生發願想出家，沒有達到目的，經過來生、再來生，達到目的，出了家了，出了家了之後就天天想成佛，這個生沒有來生，來生沒有，千萬億萬生還是達到了，一樣的，這也叫成佛。這叫能得到如來的無量身，「一身無量身究竟平等」，得到眞實智慧。

這個人哪！「即與三世諸佛如來境界平等，即與三世諸佛如來功德平等，得如來一身無量身究竟平等。」與一切諸佛最後達到究竟平等，這是我們經常說的發心究竟二無別，就達到了。

纔發心時。即為十方一切諸佛所共稱歎。即能說法教化調伏一切世界

所有眾生。即能震動一切世界。即能光照一切世界。即能息滅一切世界諸惡道苦。即能嚴淨一切國土。即能於一切世界中示現成佛。即能令一切眾生皆得歡喜。即能入一切法界性。即能持一切佛種性。即能得一切佛智慧光明。

這是發心的時候，「即爲十方一切諸佛所共稱歎，即能說法。」眞實發菩提心的人，得到十方一切諸佛加持，所共稱歎。不論讀哪一部經，最後結尾的時候，好多人發菩提心的，好多人證了初果，證了三果四果的人，乃至於也發了菩提心，成了菩提道的人，每個法會都有。有人他聞法了，生善心所。這個是指發菩提心想成佛的人，發菩提心才能成佛，都勸發菩提心。歷代祖師勸發菩提心的很多了，勸你發菩提心。發一個覺悟，發一個明白的心，發阿耨多羅三藐三菩提的心，就是發一個求成佛的心。你就得到十方諸佛稱讚，給你證明將來一定能成佛。這麼一發心，便成正覺。一發心就能說法，就能教化調伏一切眾生。

「教化調伏一切世界所有眾生。」你這一發心三千大千世界都震動！一發心時候，你這心光照耀一切世界。一發心，世界一切的苦難得到息滅！不說其他的眾生，自己先息滅，有一個發菩提心的人，使這個世界上諸惡道的苦難得到息滅，初發菩提心就能嚴淨一切佛國土。

「即能震動一切世界，即能光照一切世界，即能息滅一切世界諸惡道苦，即能嚴淨一切國土。」發心本身就是嚴淨佛國土，一發菩提心能於十方世界示現成佛！「即能於一切世界中示現成佛。」這是住位的發心，登了初住的菩薩不是我們。

我們一發菩提心有什麼現相呢？我們也發菩提心，我要成佛！如果你發菩提心，天天發，每天早晨一睜開眼睛，我發菩提心，度一切眾生，我要成佛，天天早晨這樣念。你別把世間事，都當成眞的。你認爲我早晨一睜開眼睛就發這個，能得到什麼？你得到才是眞實的。你所有的世間財富，都會失掉的。天天發菩提心，永遠跟著你失不掉的，直至成佛。不但是失不掉，它成長，越長越長，越發你的心越歡喜，這不是假的，這是眞中之眞。

對於受三歸依的弟子，我經常跟他們講念三歸依，後來隔了十多年，他是天天沒斷過的，感覺如何？事事順利，天天心裡不大煩惱了。受了三歸，晚上睡覺的時候，早晨起床，一睜開眼睛，「歸依佛、歸依法、歸依僧，歸依佛、歸依法、歸依僧」，這就是發菩提心的象徵。如果天天發菩提心，到一定時候你會感覺到，在病苦的時候，在危難的時候，在受災禍的時候，發菩提心，一邊念一邊發，念三寶。「假使熱鐵輪，於汝頂上旋，終不以此苦，退失菩提心。」這個菩提心絕對不要退，不論什麼苦難，越苦難的時候你越要發，越要堅持。等苦難過後，你才曉得，這個是眞的，不是假的。你所獲得的比以前所遭遇的，好的多得多。

我可以跟大家作證，在監獄裡頭，我就念這個，「假使熱鐵輪，於汝頂上旋，終不以此苦，退失菩提心。」鼓勵你在苦難當中度過，這就是資助，任何苦難不認爲是苦，要堅持。或者看病、開刀，當你那病苦危難的時候，要死的時候，這沒關係，死了我再換一個身體就好了，「終不以此苦，退失菩提心」。生老病死苦必然的，《華嚴經》有很多這種偈頌，這叫心力。心的力量大了，肉體的折磨、災難，小得很，你能度過，能息滅一切諸惡道的痛苦。發了菩提心有這麼大的力量。

能夠嚴淨一切國土，能於一切世界示現成佛！我們作不到，這得登地位的菩薩，在十住是相似，沒有登地的菩薩，他示現的力量就大了。初住呢？他一發菩提心就相似於佛，他能到百界示現，但只能一百個世界。登地菩薩，無量世界都能示現。這是佛佛道同，一切眾生具足跟佛佛的同等，也是道同，這還是沒滿信心，如果你滿了信心，十信圓滿了，再發了菩提心，效果力量就大了，能夠百界示現成佛。從這個經過十住十地十行十迴向，登了初地，那力量更大。初地到十地，《華嚴經》到十一地，到十一地，成了佛了。

那你才徹底的明白了，這才能觀照大地一切眾生，只要含靈，只要有識的，都能夠成佛，都具足佛的智慧德相。我們現在連這個問題，還沒信，你不曉得你的心有這麼大力量，連信都沒信哪！要信，信到成就了，要住，住的時候發的菩提心就有這麼大的功力，能夠令一切眾生生大歡喜，能夠入一切法界性。界能生起一切法，所生一切法的體性，叫法界性。

持一切佛種性，佛的種性，這是指沒有一切妄，一切眾生和煩惱習氣無明全都沒有了，入佛家入佛種性，初住就是這樣子，入佛種性。能得一切佛的智慧，佛所具足的，你也都有了。但是只有《華嚴經》這樣說，爲什麼？它是圓滿的教義，華嚴的法，所說法門之法，是圓融的。圓融就是無礙的意思，初住發菩提心就能攝後面一切位。還有四十位，相攝相入具足四十位，初發心便成正覺，就是這個涵義。位位相攝，初位就能攝後位，後位當然能攝前位，位位相攝的道理。

清涼國師給我們解釋說「以行攝位」，行就是你所修行，你的行爲了，行是運動的意思。前面講〈賢首品〉，十信，剛一入佛門，就能攝到後面的信，他的信哪漸漸增加的，剛歸依三寶，心就產生變化了，促使他想要清淨，想要出家。出了家了想要修行，想要了道，想要了生死，得解脫出煩惱，這一連串相續的，它不停的，停了就往下墮，不停就往上升。當我們每一個道友，念佛也好，拜懺也好，讀誦華嚴也好，當你一停下來，叫中斷，中斷了不作了，你馬上感覺起變化，個人有個人的感覺，個人的變化不同。

信了佛，最初信的信心不清淨，夾雜很多的世間，爲達到某種目的，這樣的信佛，假的。假的時候，中間就夾雜很多障礙，始終不能往前進，有時還往後退。這是什麼原因呢？「因地不眞，果招迂曲」，發心的因地不是眞誠的，果上就曲曲彎彎的，不能直行。爲什麼要經過那麼多劫才成佛？我們經過那麼多劫，能得到初步的解脫，都很不容易。要以你的修行來證明你的地位，你修到什麼功行，就有什麼位置。

就像讀小學，不能作什麼事，讀中學再繼續讀，讀大學；在社會上，最初說你當個小職員、辦事員，當了科員，之後科長，科長處長往上高升的，位置不同。位不同就是你所作的事不同，以你的修行來說你所得的位，以你的位來說你修行的功力到什麼程度。因爲在圓融法之中，他說你度了，初住滿了，初信滿了入了初住，住位就成佛。初住二住三住到十住，他不退了，只是前進。

「以位攝位」，前面《華嚴經》的〈十住品〉，跟〈入法界品〉海幢比丘說十住十行十迴向十地，都如是，四十位。初發心開始，就是始攝到最後叫終，始終一如，這叫攝位法。因位滿了，達到果位了，起了作用，什麼作用呢？普賢的作用。大部份都是同佛說的，我們讚歎初住的功德，是按佛的果位來讚歎的，初住的還沒有那麼大的功德。他的因一定能滿他的果，這是就果位說他的功德。要從一切眾生都具足佛性說，因爲這時候見了佛性，這是我們禪宗說的，開了悟了，明心見性，見性了是一樣的，性是一個。一個也沒有，若舉個一，也不是了，就是見了性。見了性，佛成就這個性，你見了這個性，那你漸漸也能成就，就說他能具足佛法。若約優劣來說，初住當然不是佛了，一位一位得經過很多；但是他不退墮的，自然的了，他是享受的，優劣的次第還是有的。初住當然不如初地，初地不如十地，十地還不如佛，這個優劣是有，優劣就是前位後位，相差無幾，相差沒好多。

我們這裡比丘尼師父多，這位比丘尼師父跟那位比丘尼師父就是不同，她才出家兩三年，人家出家十幾年了，那就不同了，但是都是比丘尼，你能分出來誰的高低上下嗎？你能說她讀了十年了，她讀了三年了。還有的比丘尼六七十歲了，沒讀過佛經，戒還沒受呢！她也剃了髮，穿這個衣服，年齡很大了，你能分辨的出來嗎？是這個涵義。

「初心攝終」，我們經常講佛佛道同，如果初住菩薩示現成佛，這個跟那個究竟覺悟的菩薩，都是佛，這是相似佛，那是理即佛，我們也都是佛。我們這個佛是理即，理上是佛，事上不是，要這樣來理解，不然你會錯亂的。

最初一發心就達到終極，就是說十住的初心，攝諸位就攝了四十位，達到佛果，這是體上同佛，事上還不是佛。《華嚴經》之所以圓，就圓在這個地方，圓攝圓入。是普通一個凡夫，從他具足說，具足有佛性，但是生死還沒了。你見了性，《華嚴經》講法界性，如果入了法界性，說與佛同等，說他具足佛法，實際上還沒到位。遇著了什麼惑業的深重，深重惑業他斷不了，還沒有斷。像佛的無邊無量差別智，沒有！我們沒有差別智，我們是理具的，理具的不行，沒有作用。眞能在這個三千大千世界不障礙嗎？在這一作意就到了極樂世界，去得了嗎？十住菩薩就行，他能去得了，十方法界他都能去得了。只是這一種，我們這裡頭辨別好多種，他能具足這一種，另一種他就不行，再一種他又不行了。

比如說，我們的總理，派一個代表，他不是總理，他給你訂合同，他就是總理，這個道理能明白？這個道理明白了，說你是佛！你不是佛，是你心性本具的，現在你入了住位，可以代表佛，但還不是佛。

此初發心菩薩。不於三世少有所得。所謂若諸佛。若諸佛法。若菩薩。若菩薩法。若獨覺。若獨覺法。若聲聞。若聲聞法。若世間。若世間法。若出世間。若出世間法。若眾生。若眾生法。唯求一切智。於諸法界。心無所著。

這就是過去現在未來的大智慧。大智慧是指著什麼說？約諸佛，佛說的一切法。約菩薩，菩薩的法。再約三世，過去現在未來。這叫什麼呢？了解這個問題，求菩提，發菩提心。發了菩提心，就有一個不執著的大智慧。說這個大智慧一直通到十界，從凡夫到佛，三世，過去現在未來，他能攝一切功德。為什麼？他不執著了，不執著了就有這麼大力量，一切法無著。

我們現在因為執著，執著是對著解脫說的，你執著了還有什麼解脫呢？沒有。

說無執著，無執著解脫了。現在初發意菩薩，初發菩提心菩薩，他信心成就了，有得沒得？他有所得，沒成就，說無所得，得了無得了，得即無得，換句話說，他不執著。以無執著，求大菩提果，不執著本身就是覺悟，覺悟再求覺悟，覺悟不徹底，再求徹底的覺悟。

「一切無所著故，稱性圓融」，他一切無著，稱所覺悟這個法性，或者覺性，就是圓融無礙，所以他能攝一切。你若不執著，什麼事都不執著，什麼事都是解脫的，都是自在的，你一切都自在了。每一位菩薩，沒有大小乘之分，這個執著不執著，解脫到什麼程度？解脫到成佛的程度，他作極苦極苦的眾生，他不執著，他就是佛。

文殊、普賢，示現一個寒山、一個拾得，這兩位大師就在天臺山，兩個和尚，一個是在外頭流浪，一個在天臺山的大廟裡頭作飯，誰知道他們是文殊普賢？文殊普賢只在這個廟上示現兩個和尚嗎？大千世界上多了，到處都是文殊普賢。

你聽到這些故事，豐干比丘是阿彌陀佛，阿彌陀佛不在極樂世界化度眾生，到了娑婆世界。在國清寺有一間房，他一天到外道去，到處遊蕩，跟老虎打對，誰又知道當他是阿彌陀佛？把他當成瘋子，這個瘋和尚。這叫性圓融，一切不執著。那眾生執著不執著？哪個眾生，就是天臺山廟裡那些和尚，誰把豐干當成阿彌陀佛？誰把寒山拾得當文殊普賢哪？圓融是自己，不是讓眾生都把你看成圓融，那你就不圓融了，圓融是自在無礙解脫，所以能攝一切功德，他也沒有功德思想，一有思想就有著，無住無著。

我們爲什麼解脫不了？太執著了！學什麼執著什麼，學什麼執著什麼。有居士曾經這麼問過我說：「你們出家人這麼執著！」我說：「假使出家人不執著，跟你一樣，想幹什麼就幹什麼，怎麼能叫出家？你有妻子，有兒女，有家庭，我們跟你一樣，那我們怎麼叫出家？」出家爲了解脫，無罣礙，心裡不說了，現相上無罣礙。可能大家有這個感覺，你今天兩頓飯，吃飽了，什麼都無罣無礙了，老婆、先生、大人、小孩，誰都不管了，這就少了很多罣礙。穿衣服自己穿暖了就行了，你不管別人，還沒到觀一切眾生的時候。我們不說別的解脫，就說你出家了之後，社會上的事，你好自在，眞是自在的。不論哪一級的官吏，政府的工作人員，一個電話來了，在你職責之內的，忙得不可開交。

我們和尙，比丘、比丘尼，誰給你打電話？誰管這些事？你已經解脫很多了，世間事對你說，無罣無礙。這是事，你的心呢？那不然了，我們講的是心法，要心無罣礙。心無罣礙就是你能解脫，遇著什麼境界相，不執著了。不執著並不是說不管事，在這事上不起執著。一切事情成住壞空，成也好，壞也好，空也好，其實空不是說什麼都沒有，不是什麼都不作，不是那個空，空就是去一個字「著」，我們這一段就講的執著。什麼世間法、出世間法，一切眾生眾生法，就是求一切佛的智慧，心無所著。我們講般若，般若就是無著，別的沒有，什麼也不執著。你說空，常時想空，這就執著於空。我們經常說空門不空，我們不能偏於空，偏於空就落於頑空了。無著的意思，什麼都不執著，放下了，看破了，就是自在了。

這時候有理有事，或者求佛法，求佛法是求解脫不是求執著，執著不是佛法，佛法是覺悟的方法，讓你求覺悟，不是求執著，執著不要求，自己具足的，放下就好了。我們天天求智慧，求成佛，你可不要執著智慧，可不要執著佛，若執著了，佛也不是佛，智慧也不是智慧。就求一個無作無著無念，無心道人，無念了，什麼念頭都沒有，無念了，這才叫清淨。

我們堅持一件事，算不算執著？例如說持戒，殺盜淫妄四根本，酒戒不說，我堅持不犯算不算執著？例如說，我們出家了，守清淨戒律，妳是女性，一個男性要求妳跟他結婚，執著不執著？能不能跟他結婚？一個女性要求我們男性跟她結婚，能不能執著？這不能算執著，如果這樣子的都放開了，還有什麼清淨？有什麼法？沒有了。

到什麼時候才不執著？觀音、地藏、文殊、普賢，到了十住菩薩滿心的時候，他可以不執著。因爲他認識，如夢幻泡影，沒有當成眞事，當成什麼呢？當成看戲。我們看戲，知道是假的，但是我們的情感，感情就摻雜進去了。看苦戲你會掉眼淚的，把自己參加進去了。這個裡頭，要智慧了。有智慧的，一切方便，都可以解脫。但是，你就束縛了，隨著輪轉。當你受苦的時候下地獄，沒關係我不執著，下地獄也一樣的。要像提婆達多，那就行了。

佛有一次叫阿難說：「你看看提婆達多，他現在怎樣？」他本來住在地獄裡頭，出佛身血。阿難尊者假佛的神力問他：「你苦不苦？」提婆達多說：「我這比三十三天還自在！」他在地獄不苦，可以無著。示現的是逆行，他是反佛的，這叫逆行，逆行菩薩專門示現逆行，給你作榜樣的，讓你不要執著。

諸佛菩薩教化眾生，有示現順境的，順境的就是按比丘、比丘尼所作戒律行事，有些大菩薩專門示現破戒的。他破戒了，示現什麼呢？示現受苦，破了戒眞苦，你解脫得了嗎？解脫得了，當然不苦，沒解脫得了，你不可以的。這類故事很多。如果能解脫、能自在，到那個時候，一切逆行都可以示現的。但是，沒有到那個地位，沒有那個本事，可不能太圓融。因爲你圓融了，在某一方面你圓融不了，要眞正能圓融，苦即是樂，沒有我相人相眾生相了，苦樂不存在的。幸福跟痛苦，我們這光講眾生跟佛平等，痛苦跟幸福，平等平等，法是一性，無二性的。

如果你能達到，「將頭臨白刃，一（猶）似斬春風」，到這個境界，什麼事都可以作的，有這個本事嗎？這是觀空成就了，空成就了，拿刀子在空中砍，砍到什麼？什麼也沒有。

所以學圓融法的人，學《華嚴經》的人，心無所著，執著跟不執著，自己考慮考慮自己，執著不執著？若能達到心無所著，什麼都不執著，解脫了，就是成就了。

心無所著的層次很多，心無所著還有層次嗎？解脫的還有解脫的，當你沒有到跟佛平等那個地位，心裡還有不同的執著。

對於逆行，我們現在沒有到那個地位，不能示現逆行，只能順著佛的教導去作。魔王波旬教你作那個魔事，你不能去作。你要達到那種大菩薩，他要度魔，他就示現魔行。你有那個本事嗎？稱性圓融，是指著理上說的。你理事都無障礙了，可以，如果你有障礙，就不可以。無著的道理是這樣講的。

我們學圓頓教義，往往口裡說的是解脫自在，作的是束縛的。受苦的時候，受不了了，那不行，那就圓融不了的。佛法僧三寶，經常用圓教的話，特別是《維摩詰經》，貪瞋癡就是戒定慧，戒定慧就是貪瞋癡，理上講是不錯，同一個理性就是一體，戒定慧是戒定慧，貪瞋癡就是貪瞋癡，華嚴講圓融教義，自己要把這個弄清楚，弄不清楚，那不行的。因果報應，絲毫不爽的。當你受報，受因果的時候，空的、假的，達到這個程度，你可以不講因果，根本就沒有因果。

像我在新加坡講「性空緣起」，好多人就認為反正一切法都是緣起的，性是空的。空得掉？緣起法依著什麼起的？依著性空起的，因為性空才有緣起，因為緣起才成就性空，這兩個是一個。說到究竟，沒有「緣起性空」，什麼都沒有。現在我們講你要圓融，有大智慧，大智慧一切無著。我們經常講隨緣，隨緣你別障礙，隨緣你有障礙了，不叫隨緣了。

現在這個圓頓教，特別是一切智，一切智就是一切眾生的一切煩惱，由一切煩惱變成一切智。你一切智跟一切煩惱，一切智就是一切智，一切煩惱就是一切煩惱，凡夫是混淆不得的。這個道理很深了，得自己感受，不能向別人學，向佛學！佛示現的都是圓融自在，佛的圓融自在，沒給你示現逆行，佛示現的都是順的，順佛性的、善性的。大菩薩爲利益眾生的方便，叫方便智慧的善巧，可不是造業，不是隨煩惱轉。

佛不會示現逆行的，佛給我們作的是榜樣，標準。佛若示現逆行，他不現佛身，他現的是眾生身，現的是煩惱身。圓融不是那麼講的，往往一學圓融了，你講《華嚴經》的，還這麼多分別心！講《華嚴經》又怎麼樣？那個講是說的佛的智慧，講的是人家的，不是自己證得的，而是學來的。

我的老師怎麼說，我也怎麼說，我老師的老師怎麼說，我也怎麼說，這是學來的，不是證得的。學得的跟證得的，絕對有分別的，爲什麼說這些話呢？諸位道友，千萬莫要學大菩薩的逆行。

我們現在要自己知道自己，別的不知道，我們口裡經常說「我業障很重」，每位道友經常說，自己業重。認得業重，你要懺悔！能把業障拿出來給大家顯示一下嗎？可以，坦白，我犯了什麼什麼罪。那你是一生，前生呢？無量生呢？能交待清楚嗎？爲什麼人家身體那麼健康，你一天害病，不是腦殼痛，就是肚子痛，爲什麼？

殺業的華報。你受殺業還了命債之後，華報也得受，身體不健康。你知道你哪生哪世當過屠夫嗎？你根本不知道，不知道業，那就要受，受的時候要懺悔，不能再作了。這個都能認得到的，自己不如意的事，同樣幹一樣的事，人家很好，這裡很多業果，它給你作障礙，這個一定要懂。

圓融是這樣圓融的，不是去作壞事圓融的，也不是隨心所欲。「我這是圓融大法！我這是密宗！」無上密，別惑人了，惑人家人家不相信，先惑自己。騙子認爲是騙人，實際是先騙自己，都是這樣子。

所以學圓融法，說無著，現在只講的是「無著」兩個字，講故事也好，講這麼長也好，你到什麼地位說什麼話。你還不能不執著，是就是，非就非，我們不能把是非混淆。說的是圓融，作起來可要方。心裡頭大，心融一切，方要講規矩的。圓融就是圓融這個方，這個方就是圓融的這個體，體是圓融的，相上不是了。如果你的體能達到跟相一致，那就產生妙用，就是廣。如果沒有證得體，你要廣，那可危險了，你用得不恰當了。

講到無著，無著就是大智慧，大智慧就是菩提，求菩提。怎麼理解清淨？怎麼使染淨相通？怎麼把淨變染、染變淨？淨變染，諸佛菩薩用淨法隨著染法隨緣的時候，染成淨。我們把染法當成淨，淨法也變成染，一定要有分寸的。

我的老師，慈舟老法師，同時講華嚴、講戒律，一個是圓，一個是方。講戒律的時候一點不能錯，得照戒律行持。講圓融的時候，你的心量得放大，你還是學戒律的那個心哪，學華嚴沒辦法學。這兩個分寸你怎麼掌握呢？一個是約你的心，一個是約你的行爲。你的行爲，身口意三業，得要按著佛的教誨去作。你的心裡可不能那樣局限，心裡要圓融、圓滿。等你達到眞正圓滿了，一切戒律都圓滿了，每條戒都是這樣子。戒律是不是束縛？大家都學過戒律，乃至於學五戒，叫別解脫，別解脫，不是束縛，而是解脫。這個道理就靠自己去掌握。有些事不能執著，有些事必須得執著，因爲你還沒有登到初住。

講《華嚴經》的時候，講初住位，他到位了，他有資格。你沒有到位，還沒這個資格，沒資格你不能產生作用，沒這個智慧力也沒這個解脫力。這些大菩薩一登了住的菩薩，他不是不了生死，生死自然了的，分段生死、變異生死他都了了，所以才能夠在生死當中，不受生死拘束了，解脫了。但是他要去教化眾生，要給眾生示範，給眾生作榜樣，他必須得依著世間相去作。佛教化眾生的時候，知道眾生本性具的是佛，佛性，事上不行。所以佛才說一切法，那是對世間說的，要一步一步進入。

這個道理，大家學《華嚴經》，一定先得明理，明理就是不可思議的境界。還得明事，一切世間相對著一切世間人說，那得一步一步來了。鬍子就是鬍子，眉毛就是眉毛，鬍子眉毛都擱在一起，那不行的了。羊毛就是羊毛，人的頭髮就是人的頭髮，把人的頭髮當成羊毛，羊毛當成人的頭髮，辦不到的。當你圓融自在的時候，可以！沒自在的時候，不能。學法，這種道理是明到理，一個是理上，一個事上。《華嚴經》有時講事，有時講理，但是總歸事事無礙。

每一事都無礙，事事無礙，爲什麼？理偏於事。像這段經文講的，他這一發菩提心，一切法都是菩提心，我們現在一切法都是煩惱。爲什麼這樣說呢？學華嚴，學得很煩惱。我不知道你們煩惱不煩惱？我講起來感覺很難講，很難講就是沒有智慧，這不是說的，要證的。解脫是無障礙了，我們一天起心動念不曉得起了好多念頭，要達到無念，無念才能無所不念。

我們這個無所不念，達不到無念，所以這就不行，問題就在這麼一點點不大，修行不曉得無量劫無量劫的，弄不清楚！講無著，一切事法要有無著的大智，對一切法不起分別，不起執著，不生愛憎。我們是喜歡的就愛，不喜歡的就憎。而且善變，一會喜歡了，一會不喜歡了，一會這個高興，一會那個高興，我們就處於這個善變。今天拜拜懺不行，太累了。明天去念經去了，還是念一句阿彌陀佛好，念阿彌陀佛不當成是了生死求淨土，那是鑽空子的表現，絕不可以的。法法平等，你跟哪個法有緣，依著哪法修行就能解脫。

◎動地興供分

爾時。佛神力故。十方各一萬佛剎微塵數世界。六種震動。所謂動。徧動。等徧動。起。徧起。等徧起。踊。徧踊。等徧踊。震。徧震。等徧震。吼。徧吼。等徧吼。擊。徧擊。等徧擊。雨眾天華。天香天末香。天華鬘。天衣天寶。天莊嚴具。作天妓樂放天光明。及天音聲。

這是說成就佛果。成就佛果了，佛的神力不可思議。這六種震動，成就佛果，所證成的佛果與前菩薩有異。這種震動，一般是不知道的，我們感受不到的。昨天二十六號的大地震，震得海嘯，六個國家受災，死了一萬幾千人，像這種震動我們就知道了。這六種震動我們不知道，這種震動不傷害人，說佛成就佛果了，所有的表現跟前面的發心菩薩不同。這六種震動是佛神力。

◎他方證成分

是時。十方各過十佛剎微塵數世界外。有萬佛剎微塵數佛。同名法慧。各現其身。在法慧菩薩前作如是言。善哉善哉。法慧。汝於今者能說此法。我等十方各萬佛剎微塵數佛。亦說是法。一切諸佛悉如是說。

讚歎法慧菩薩演發心的功德，已成就佛果者，讚歎法慧菩薩所說的初發心菩薩的功德。十方微塵數，這個數字不是我們意念所能知道的，是佛刹微塵數外，每一方都過十佛刹，把這十佛刹抹成微塵，一微塵一佛刹，在這個微塵世界之外的又有萬佛刹微塵數佛，每一佛的德號，都叫法慧，在這個法慧菩薩前現身，證明的意思。

「善哉善哉」，稱讚法慧的意思，說你今能說此法，我等各十方各萬佛刹微塵數那麼多佛也說是這法，什麼法呢？發菩提心的功德。「一切諸佛悉如是說」，這種證明是取信的意思，讓你信，信什麼呢？信發心的功德，含著勸你要發心，要發菩提心，發了這個心，功德無量。

汝說此法時。有萬佛刹微塵數菩薩發菩提心。我等今者悉授其記。於當來世過千不可說無邊劫。同一劫中而得作佛。出興於世。皆號清淨心如來。所住世界。各各差別。我等悉當護持此法。令未來世一切菩薩未曾聞者。皆悉得聞。

發菩提心功德的時候，就有萬佛刹微塵數菩薩發了菩提心。「我等今者悉授其記」，十方來的微塵數諸佛都給萬佛刹菩薩發菩提心，給他們授記，說他們當來一定能成佛。「於當來世過千不可說無邊劫，同一劫中而得作佛，出興於世。」同一個劫中都成佛，在世間教化眾生，佛號的名稱呢？「皆號清淨心如來。」

前面講發了菩提心都是清淨，什麼樣才清淨？無著，不執著，心就清淨了。但是，所住世界不同。「所住世界，各各差別，我等悉當護持此法。」就是發菩提心的功德法。「令未來世一切菩薩未曾聞者，皆悉得聞。」聞到發菩提心的功德。這個意義，法慧菩薩在前面講過，這品就說的發菩提心。發了菩提心的人，絕不要執著，發菩提心就能感到菩提果。

如此娑婆世界。四天下須彌頂上說如是法。令諸眾生聞已受化。如是十方百千億那由他。無數無量。無邊無等。不可數。不可稱。不可思。不可量。不可說。盡法界虛空界。諸世界中。亦說此法。教化眾生。其說法者。同名法慧。悉以佛神力故。世尊本願力故。

處所呢？現在我們這個世界，娑婆世界的須彌山頂。「說如是法，令諸眾生聞已受化。」聞到這個法，受佛的教化。

每一世界都有一個菩薩，菩薩叫法慧，是佛的神力加持，這是毗盧遮那世尊的本願力，乃至於十方法會諸菩薩、諸佛，加持法慧菩薩說此法。

為欲顯示佛法故。為以智光普照故。為欲開闡實義故。為令證得法性

故。為令眾會悉歡喜故。為欲開示佛法因故。為得一切佛平等故。為了法界無有二故。說如是法。

佛佛都如是，「結通無盡」跟前面都是一樣的，後面總結，說法的「人同」，因為勸眾生發菩提心說「因同」，說佛的神力本願，都如是說，說的法相同。同什麼呢？「意同」，同十住菩薩。前面講十住菩薩，這是重覆，只重覆初住菩薩發菩提心。

◎以偈重頌分

爾時法慧菩薩。普觀盡虛空界。十方國土一切眾會。欲悉成就諸眾生故。欲悉淨治諸業果報故。欲悉開顯清淨法界故。欲悉拔除雜染根本故。欲悉增長廣大信解故。欲悉令知無量眾生根故。欲悉令知三世法平等故。欲悉令觀察涅槃界故。欲增長自清淨善根故。承佛威力。即說頌言。

為利世間發大心　其心普徧於十方
眾生國土三世法　佛及菩薩最勝海

一個頌是四句，重頌分共有一百二十一頌，分成三段顯示。第一段有八十二偈頌，頌什麼？「超頌就法略示」，頌發菩提心法，是略示，不是廣說，八十二偈頌還是略頌，不是廣頌。第二段有三十四偈，「卻頌就喻校量」，校量這個法的功德。第三段有五偈，「結德勸讚，令景慕發心」，「結」，結發菩提心的功德，「勸」，讚歎發菩提心，令一切沒發菩提心的人羨慕發菩提心，說這發菩提心的功德，讚歎他，發心的功德甚深難說，難說無法顯示出來，要把功德都顯示出來，顯示不完的，很難說清淨。

因爲長行已經解釋過了，就用偈頌再重覆一遍。一般的偈頌都是重覆的涵義，有的經上每一件教授的重重重重，說三遍，說四遍，說五遍，意思還是一樣的，重覆的意思是怕你不注意，怕你忘記了，怕你當時沒注意，再說一遍、再說一遍、再說一遍。菩薩最初發心的時候，應該作哪些佛事。「菩薩所住下十八偈」，闡釋只要一發心的菩薩，就能跟佛平等，闡釋平等的涵義。「趣向菩提下六偈半」，頌大智慧現前，一發心智慧就現前。「恒勸眾生下二十三偈半」，發了菩提心成就菩提果，一切菩薩，心向妙果，應該發心，就是這個涵義。

第一偈頌「總舉發心爲因」，爲利世間發大心，菩薩想在世間救度眾生，要發大菩提心，這個心一發就徧滿十方，普徧於十方。在眾生，在國土，在過去，在現在，在未來，說明發菩提心，一定能成佛果！說明菩薩發心，也成就佛果，佛及這些菩薩是最殊勝的。「海」是形容詞，以下偈頌都是重覆我們前面講的。

究竟虛空等法界　所有一切諸世間
如諸佛法皆往詣　如是發心無退轉

究竟成就佛果，發心的時候，那個心像虛空一樣的，徧滿法界，初發心就能跟究竟佛果無二。佛法是在世間說，說法就是爲了眾生，說在一切世間，沒有一處，菩薩不到的，沒有一處沒有佛的。如是要聞法，在諸佛處所的諸佛法，「皆往詣」，往詣就是親近一切諸佛，發菩提心的時候，永遠不退轉，爲什麼叫住？住是住在菩提心，發菩提心就住在菩提心，不會再退的，發心住就叫不退位，再不退了。

慈念眾生無暫捨　離諸惱害普饒益
光明照世為所歸　十力護念難思議

「慈」呢？大慈心，給眾生快樂，沒有時間暫捨菩薩心，這是約心說的。「念」，就是念念的思念眾生的苦，使眾生離開一切惱害，饒益他們，沒有惱害了。「光明照世爲所歸，十力護念難思議。」「光明照世爲所歸」是約佛說的，佛的光明普照世間，把那些沒有歸宿的眾生，都讓他們有所歸。佛給一切眾生作歸依處，佛以佛的十力護念一切苦難眾生，「難思議」就是不可思議的，菩薩也如是發心的，發了菩提心將來成就菩提果。

十方國土悉趣入　一切色形皆示現
如佛福智廣無邊　隨順修因無所著

菩薩發了菩提心，與佛一樣的，無二無別，十方國土都能趣入，趣入作什麼呢？護念那些眾生，不管什麼形色，什麼形狀，這些發菩提心的菩薩就示現什麼形狀，色形跟眾生都同的。發了菩提心，這菩提心所具足的福德智慧，廣大無邊。能隨順眾生，讓他們發心，發心就是修因，但是不要起執著，無所著。這兩個偈頌就是告訴你度一切世界眾生。

有剎仰住或傍覆　麤妙廣大無量種
菩薩一發最上心　悉能往詣皆無礙

世界的形狀各個不一樣，不管是傍覆的，或者仰住的，有的世界很粗糙的，就是惑業很染濁很粗糙，有的世界很微妙。我們這個世界就粗，極樂世界就妙，目的都是眾生發菩提心，皆能成就佛果。「菩薩一發最上心，悉能往詣皆無礙。」菩薩一發了菩提心，就叫「最上心」，任何佛國土、任何世界都能去，沒有障礙。

菩薩勝行不可說　皆勤修習無所住
見一切佛常欣樂　普入於其深法海
哀愍五趣諸羣生　令除垢穢普清淨

這一頌半，六句話，是度一切眾生讓他們知道什麼是淨？什麼是染？令眾生轉垢成淨，都變成清淨了，這世界就清淨了，沒有垢染之義。

紹隆佛種不斷絕　摧滅魔宮無有餘
已住如來平等性　善修微妙方便道

前面講方便智，必須具足微妙的方便智，才能使佛種不斷。我們受三歸的時候，歸依佛，就是令佛種不斷，能夠把魔居住的處所—魔宮，都把它摧滅了，叫摧魔扶正，這就住到如來平等性。初發菩提心與佛的究竟果德平等，是在性上，性平等故，平等的性體。但是，度眾生得假方便善巧，修無窮無盡的微妙的善巧方便道。

於佛境界起信心　得佛灌頂心無著

兩足尊所念報恩　心如金剛不可沮
於佛所行能照了　自然修習菩提行

這個偈頌就讚歎，不斷如來的佛種性，摧邪顯正，紹隆佛種的意思。在佛的境界上，你起到信心，發願成佛，信佛的境界，信佛的教授，信佛所說的法。起這個信心，相信自己的心跟佛無二無別，得佛給你灌頂了，說授記成佛了，心不起執著，知道自己心與佛無二無別的，不起執著。

「兩足尊所念報恩」，就是報佛恩，我們能得入佛門，能夠信佛法，能夠了生死，得解脫，都是因為佛的教導，因此得救之後，要念報佛恩。「心如金剛不可沮」，我們這個心像金剛堅固，不會沮壞的，不被什麼所破壞的。

「於佛所行能照了，自然修習菩提行。」佛怎麼作的，我們也照著去作，發菩提心，行菩提行，這就是使佛種性不斷，最大的報恩是能使佛的種性不斷，三寶永遠相續，眾生就得度了。

諸趣差別想無量　業果及心亦非一
乃至根性種種殊　一發大心悉明見
其心廣大等法界　無依無變如虛空

趣向佛智無所取　諦了實際離分別

「諸趣差別」，人道、天道、地獄道、畜生道、餓鬼道，這是五趣，他們的想法太多了，無量。他們所受的業果，他造了業因，自然有業果，眞心失掉了。妄心，每個眾生有一個眾生的妄念，有他心裡想法，不是眞心，而是識。這是開闊差別說，不是說果德，而是說因的當中，各有各的根性，是不同的，「種種殊」。菩薩一發了大悲心，生起菩提心，生起大悲的智慧，一發了菩提心，這是住發心。初住菩薩發心的時候，「悉明見」，知道眾生的根，知道眾生種種的性。

發了大心的菩薩，產生這種智慧，知眾生的根，知眾生的心裡所欲，就給他說法，他才能得度。每個眾生都如是，以佛看一切眾生本具的本體，是約他本體來說，「其心廣大等法界，無依無變如虛空」，那個本性，本具足的佛性是不會變化的，一切眾生都如是，趣向佛的智慧，達到佛的智慧，他就不會執著了。能夠如理的了解「實際」，「實際」就是他本具的佛性，離開分別，離開妄念，離開一切差別，讓一切眾生都能成就。

知眾生心無生想　了達諸法無法想
雖普分別無分別　億那由剎皆往詣

發大菩提心的菩薩，他知道眾生，眾生的心本來是無生的，無生故無滅，一切法無生。眾生的心是妄，不是眞，讓他們達到無生。心無生、一切法也無法，一切法上無法想。雖然普偏的分別，「無分別」，這都是指著發菩提心，對於眾生，知道一切眾生的分別是虛妄的，生即無生，這樣觀照就是了。了達一切諸法，法即非法，無法想，無生想，無分別想。

「億那由刹皆往詣」，不論好多國土、好多世間，刹是刹土，普偏的能入，入到那個國土，入到那個刹土，入到那個世界，去度眾生。發菩提心的大菩薩，從住位發了菩提心，他能示現成佛。

無量諸佛妙法藏　隨順觀察悉能入
眾生根行靡不知　到如是處如世尊

度眾生的時候，了達眾生的根，了達眾生的愛欲，發大菩提心的菩薩，行菩薩道的，他都知道。到哪個世界，就是像佛教化眾生一樣，「到如是處如世尊」，到什麼地方就要以佛的化度來化度眾生。所以說初發心住的菩薩，能夠百界示現成佛，還是表達這個意思。

清淨大願恆相應　樂供如來不退轉

人天見者無厭足　常為諸佛所護念

住位菩薩雖然能示現作佛，是示現的了，但他還沒證得。這是發菩提心之後，能夠利益眾生，有善巧方便。六道眾生的人天，喜歡見發菩提心的菩薩，無厭足。眾生歡喜，諸佛護念，就這麼兩句話，「人天見者無厭足，常爲諸佛所護念。」一切眾生生歡喜，常爲諸佛所護念。

其心清淨無所依　雖觀深法而不取
如是思惟無量劫　於三世中無所著

這是指發菩提心的菩薩，發了菩提心，他那個心清淨，無所依。我們現在沒發菩提心，或者發了，沒有入了住位的菩薩發的眞切。我們是學發菩提心，沒有力量，心裡不清淨，我們還要依三寶，依著善法。像我們這個肉體要依靠住所，要依靠飲食，所依的就多了，因爲心裡不清淨。發大菩提心的菩薩，他的心清淨了，無所依。觀了甚深的菩提法，不執著，不取捨，「如是思惟無量劫，於三世中無所著」，過去現在未來於三世中，不起任何執著之念。

其心堅固難制沮　趣佛菩提無障礙

志求妙道除蒙惑　周行法界不告勞

「沮」是損壞，「難制沮」，不會壞的，堅固不動。「趣佛菩提無障礙」，說這個心直至成就究竟菩提果，與佛無二無別，沒有障礙，勇往直前，直至成佛。在利益眾生方面沒有障礙，他有方便善巧消除障礙，功德圓滿了，直至菩提。

「志求妙道除蒙惑」，「蒙」是蒙蔽，一切的煩惱習氣，蒙惑不了了，他一心去求取妙道。「周行法界不告勞」，周行一切法界，沒有嫌累了，疲勞了，懈怠了，沒有這個思想，利益眾生的時候，沒有厭倦，沒有疲勞。

知語言法皆寂滅　但入真如絕異解
諸佛境界悉順觀　達於三世心無礙

具足眾生的三世，度眾生的過去現在未來的三世智，在三世當中沒有障礙了，離開一切障礙，哪些障礙呢？眾生的煩惱，雜染的習氣。不對境的時候心裡還清淨，一對境的時候就迷倒了，就障礙了，這是眾生。住位的菩薩發了菩提心，沒有煩惱雜染的障礙，也沒有對境界的迷倒思想，也沒有因為度眾生度久了，時間太長，就懈怠了，這個都沒有了。

大菩薩知道因果，而不取著於因果，在因果上不執著。我們學習知道因果，我們執著的了，好像這是不可變的。我們通常說業障，業障本來是你執著，因果會轉化的，業障會消失的！凡是有取著，心有所著不得解脫。大菩薩沒有了，不取著因果障。還有大智慧，對邪教邪思，把他接引，使他轉化，這個障礙，這些菩薩沒有了。或者行大菩薩道，退墮二乘，不想度眾生，發菩提心的菩薩沒有了。爲什麼？他已經住到菩提心上，不會再退墮了。或者現前的障礙，偏行的障礙，這些他都沒有了。所有度眾生的語言障礙，這些菩薩沒有了，就是他解脫了。我們是不忘能和所，這些發菩提心菩薩離開能所，沒有能所的障。

菩薩始發廣大心　即能徧往十方剎
法門無量不可說　智光普照皆明了
大悲廣度最無比　慈心普徧等虛空

菩薩一發了菩提心，發大心是指菩提心說的，他能徧往十方一切佛剎，諸佛剎土，能演說無量法。法門雖無量，不可說而說，以他發菩提心的智慧，能夠普照，能夠明了，所以才能沒有障礙。

「大悲廣度最無比」，發大悲心，廣度一切眾生，沒有簡擇的。「慈心普徧等虛空」，就是他慈悲的心，悲能拔苦，慈能與樂，給眾生快樂的慈悲心，像虛空一樣的普徧，沒有簡擇的。這些重頌還是講十住，發心的功德，知道總的涵義就好了。

而於眾生不分別　如是清淨遊於世
十方眾生悉慰安　一切所作皆真實
恆以淨心不異語　常為諸佛共加護

發菩提心的菩薩在世間利益眾生，他是清淨的，沒有垢染的，對眾生不起分別的，哪個眾生好，哪個眾生壞，在大菩薩看來平等平等的。在我們是有簡擇的了，有聰明，有凡愚，相差無幾了，在菩薩是平等對待。我們沒辦法平等，又有分別心，有取有捨，不能像發了菩提心的大菩薩，他是平等的，沒有取捨的！沒有說這個眾生好度，我就度他了，那個眾生不好度，我就厭棄他。接引利益眾生，應該是普徧的，但是我們沒有智慧力量，環境也不是像我們所想那樣子。我們距離大菩薩境界很遠，大菩薩調伏一切眾生，悲和智相導的，智慧跟大悲心是平等的，我們沒有這個智慧，有這個願力，也想慈悲，但是作不到，沒有這個智慧的力量。

例如說，有好多道友到這裡來出家，大菩薩沒有拒絕的！我們不是菩薩，沒辦法。一者不知根，障礙就很多，沒辦法。學了佛法，應該依佛教導去作，在我們作不到。我們沒有智慧力量，也沒有威德力量，不能安慰一切眾生，使一切眾生盡得安。大菩薩所作的皆是眞實的，隨順法性的，他是清淨遊於世間的。發了菩提心的，如果能證得，證得什麼呢？證到初住的果位，發心住，位不退了。現在我們還在信心位，信心還沒入位的，有信心。明白，明白是回事，作又是回事。

現在大家學戒律，哪一條文很簡單，明白，明白了就作，明白了作不到，爲什麼？障。障就是我們沒有那麼大智慧，那就成了障礙。

過去所有皆憶念　未來一切悉分別
十方世界普入中　為度眾生令出離

過去所有的憶念，未來一切的分別，現在十方世界存在的，三世一切眾生，過去現在未來，都令他們出離！出離煩惱障，出離所知障，這是我們說的，二障蠲除。發菩提心的這些菩薩，就不同了。

菩薩具足妙智光　善了因緣無有疑
一切迷惑皆除斷　如是而遊於法界

對因緣不懷疑，「無有疑」，能了知因緣。「一切迷惑皆除斷」，能斷一切迷惑。「如是而遊於法界」，在法界之間，遊於法界之間利益眾生。他沒有迷惑了，一切迷惑都斷了，他作種種行爲利益眾生。

魔王宮殿悉摧破　眾生翳膜咸除滅
離諸分別心不動　善了如來之境界

「翳膜咸除滅」，好像眼睛有病了，把翳膜除掉。我們是以種種的分別心，看自己，對待一切眾生，都如是的。爲什麼？翳膜還沒除滅，經常有分別心。對佛的境界根本不了解，不能善了如來境界，這些入住的菩薩，一切的分別，他的心不動念的，沒有分別心。他對佛的境界，初發心成正覺，佛的境界他都清楚了，只是任運度眾生，也漸漸地成佛道，達到佛的境界。爲什麼呢？

三世疑網悉已除　於如來所起淨信

我們想發菩提心，不是眞正的發菩提心。想斷煩惱證菩提，想除過去現在的疑惑，「疑網」，想要知道佛的境界是什麼境界，得有信。

以信得成不動智　智清淨故解真實
為令眾生得出離　盡於後際普饒益

我們的信還沒有成，這是說發菩提心的菩薩，他的信成就了，他的智慧得到不動智了。他那個解是眞實，眞實就是他的心。「智清淨故解眞實，爲令眾生得出離，盡於後際普饒益。」他的智慧清淨了，他自性的眞心、法界心顯現了，所以他能幫助眾生，令眾生得出離。後際能令饒益一切眾生，以後的煩惱不相續了，斷了煩惱了，有了智慧，能夠令眾生得出離。

長時勤苦心無厭　乃至地獄亦安受

我們看見一百年、兩百年，或者相續，死了又生了，生了又來了，長時利益眾生辛苦，有厭！「厭」就是厭煩。這些發了菩提心的菩薩，永遠沒有厭煩的。舉個例子說，假使這個眾生來求我們，一次兩次三次四次，次數多了我們厭煩了，就煩惱了！大菩薩永遠沒有厭煩的。眾生無盡，一看眾生無盡，度度，他心裡發煩了。捨的時候最初容易，說善門難開，行善了，開個善門。那眾生來求你，你說這個眾生今天捨了他了，明天他又來了，後天捨了他，他又來了，永遠不斷。用我們的話說，你作好事，就跟你賴上了，你得天天給我作。大菩薩不厭煩，就勤苦，天天讓他出離。

「乃至地獄亦安受」，地藏菩薩到地獄裡頭度眾生，從來沒有厭煩的時候，他安受在那去度眾生。發了大菩提心的，他解脫了，他沒有惑染，那地獄不是地獄了，只是度生的處所而已。大菩薩度眾生，他有厭煩的時候嗎？沒有，永遠沒有厭煩的時候，乃至地獄他都安受。

福智無量皆具足　眾生根欲悉了知
及諸業行無不見　如其所樂為說法

爲了利益眾生，福德智慧他都具足了，乃至度眾生的根性、欲望，他都很清楚的，眾生自己不清楚，發菩提心的大菩薩，他是清楚的。所有世間的行業，哪一行哪一業行，他都很清楚。

「如其所樂爲說法」，眾生他好愛欲的，就給他說什麼法，知根，說什麼法他都解脫了。

了知一切空無我　慈念眾生恆不捨
以一大悲微妙音　普入世間而演說

他達到智慧究竟空義，無我了，他什麼執著都沒有了，他也能令眾生達到無我。這個大慈悲心，慈念眾生恆不捨離，就是不捨眾生。像觀世音菩薩，他從不捨離眾生的，爲什麼叫大悲觀世音？就是這個涵義。

「以一大悲微妙音，普入世間而演說。」這句話是形容，「如來一音演說法，眾生隨類各得解」，以一個大悲的微妙音聲，一音普入世間，就這一音普入世間而演說。一音就是說一句話，這是一種。大悲音，他這一音就是大悲音，說什麼都是大悲音。

我們這世間上的大德，印光老法師，人家求他，他沒有多餘話，就跟你說：「老實念佛！」泉州的廣欽老和尚，到臺灣去，人家跟他請開示，他答：「老實念佛就好了！」這是一音。

我拿這作比喻，一音就是沒有多餘的話，就是一音，但你若去作，能解脫。若解釋，那話就多了。什麼叫老實？我們一般說，老老實實念佛，什麼樣念佛算是老實？怎麼樣念法才是老實？那解說就多了，我們經常看佛經說一心，一心念佛就好了，能達得到嗎？作到老實念佛，很不容易了，他一句話就夠了，你這一輩子念佛念佛，老實不老實？自己知道。

大菩薩這一音很微妙的，涵義很多，但是從大悲心發出的微妙音，在一切世間演說，就能息滅一切眾生所有惡道的苦難，乃至在人道當中所有的苦難，給你說法能解脫。但是在事實當中，你要救度他。有時候你沒辦法給他說法，因爲他沒有經歷。像這次的地震，八點九級，等於到九級地震，震得連大海都是發嘯，海就沖上岸，遍及六七個國家，你說那廣不廣？

在這個時候，你給他說什麼法？怎麼樣說法？那得現神通力把他救出來，海水沖走了你給他撈上來。你有這個力量嗎？你知道要地震了，先制止它不讓它地震，有這本事嗎？大菩薩他可能有這本事，善知因緣。面對這種災害，你有什麼力量能救度？有些人還在那看呢！哈，這個奇景沒看到，那水沖上想跑，怎麼跑得脫，一下子海水就捲進去了，莫名其妙的，這叫業。

能息滅眾生的苦難，那得有力量，光有大悲不行，還得有智慧，才能拔除一切眾生因果之苦，還得讓眾生了知人我之相。《金剛經》說得很清楚，無我、無人、無眾生、無壽者，一切現相皆空了。

放大光明種種色　普照眾生除黑闇
光中菩薩坐蓮華　為眾闡揚清淨法

光照一切世界，「照」就是度，光照眾生就是度眾生。這是初發菩提心的菩薩，發了菩提心了，行利益眾生、救度眾生的行爲，光發心還得有作用，作用就是這一個行爲。普照眾生就是光明智慧照了眾生，這個光是說他修行發了心的智光。

於一毛端現眾剎　諸大菩薩皆充滿
眾會智慧各不同　悉能明了眾生心

這是現神通力。「於一毛端現眾剎」，一毛端極小，眾剎極大，小大相融，小大無礙。而在此之中的大菩薩，利益眾生，眾生心有種種的欲，種種的想法，菩薩必須有智慧，知道他心所想的，要給他排除，要他除妄，讓他顯眞。

十方世界不可說　一念周行無不盡
利益眾生供養佛　於諸佛所問深義
於諸如來作父想　為利眾生修覺行

「十方世界不可說」，「不可說」就是世界很多，說不完。但是用一念，周行無不盡，一念間把這不可說的世界一念間都到了。不可說的世界是從事上而說，一念是理上說，理上的周行無不盡，理能包納事，以理成事。菩薩的菩提心要入一念，一念這菩提心，偏滿一切時，也偏滿一切處。下化眾生就是利益眾生，以利益眾生來供養佛，利益眾生行菩薩道的事情，以這個利益事來供養佛。

這叫什麼呢？十大願王叫法供養，利益眾生的時候就是供養佛，供養佛的時候請佛甚深義，請佛甚深義就是利益眾生，又不見眾生相，又讓利益一切眾生，一切眾生普得利益，又要不起分別，又不見眾生相。沒有能度的我相，也沒有所度的眾生相，也沒有度眾生時候所說的法，這叫三輪體空。住位的菩薩，發菩提心的大菩薩，能作得到。用世間法形容，像自己父親，把佛所說的教化，利益一切眾生，這叫「修覺行」，覺悟的行爲，發菩提心就是覺，覺了所作的事，都是覺行。

智慧善巧通法藏　入深智處無所著

「智慧善巧通法藏」，怎麼通的呢？無所著，不起任何的執著，這是智慧義。我們現在困難就困難在什麼呢？遇什麼執著什麼，學法也如是，學得很執著，那達不到解脫的目的。學得愁眉苦臉的，一天看不開，放不下，那學什麼！不學還好一點，高高興興的，不知道還好一點，知道了一天煩煩惱惱的，那你學什麼！要善巧通達，不起執著。舉例子說，自己明知道這個事，犯了戒了，錯了，按佛教導說，要下地獄，那苦了，你一天就執著。但是自己經常修觀想，沒聞著佛法，下地獄不？你下地獄還不知道怎麼去的呢！明白佛法了，知道了，知道下地獄了，知道下地獄了，改啊！用另一個方法解救。

學戒，我最初講法的時候，一看見聽眾，再看我說法，心裡跟戒律一想，那可糟糕了，自己非下地獄不可，看見聽法的是犯戒的，那講不講？不講斷佛種，法師學法不講法那你幹什麼，斷佛種性，那罪過也不得了。

大家看看百眾學，就知道了。你說法，盡是在家居士，或者最初說法的時候，他也不知道佛法，但是你知道。來這聽經的，有戴帽子的，穿鞋的，穿襪子的，或者進來不守規矩的，百眾學裡都有，法師都知道的，「不得爲纏頭人說法應當學」，圍巾圍到脖子上的。或者像我們穿這衣服都高領的，這是犯制的，心裡很清楚。一個人面前罪過很小的不大，突吉羅，突吉羅下地獄好多呢？犯一個突吉羅，沒懺悔的時候，九百萬年，那人家是九百萬年，聽經的人要是有一百個人都這樣纏著，你是一百個九百萬年，你去住，怎麼出來，那你不說了！看這都圍著圍巾，把經本合上走了，不說法，斷佛種，比那個重得多。

我舉這麼一個例子，最初是執著的顧慮特多了，自己想開一點，下地獄就下吧！這邊造業，那邊就懺悔，怎麼懺悔？念《地藏經》，或者念〈普門品〉，念一聲觀世音菩薩，觀世音菩薩就把你救了，那個就化了！一念《地藏經》，地藏菩薩就把你救了！這個法犯了去學那個法，那個法把你救了，大小乘就在這。

但是這個要權衡，得有智慧，你沒有智慧，不能善巧，怎麼能通達法藏？所以入深智慧才能無所著。淺智慧你是著，沒有智慧，沒有智慧就著。無慧方便縛，沒有智慧你要行方便都是束縛的。有智慧方便解，有了智慧就解脫了。你在理上是通的，在事上是不通的，用理來解決事，用事來顯理，達到理事無礙。

一邊想行善業，一邊可造惡，造那個惡比善大得多，別造惡就好了。都行善，作得到嗎？有智慧了善巧通一切法藏，令一切眾生都得解脫，一切不執著，大菩薩利益眾生的時候，什麼都不執著，他有那個本事。當我們剛發心、入佛門，哪有這種智慧！學什麼就執著什麼，學這法就執著這法了，就我這個才是對的，才是眞正佛教化的，他們說那都不是。

各個宗派之爭，禪密之爭，顯密之爭，都是這麼來的。爲什麼？沒有智慧不能善巧通達法藏的義，通達諸佛所教化的意義，說有執著！入了深智慧了，處處都沒執著了，那就解脫了。發大菩提心的人，他達到了無我、無人、無眾生、無壽者，這叫般若智。般若智是說空義，眞空的，不在一切法上去取執著，你空的了嗎？空的了就是等你受苦來了，災難來了你空了，受不到的，沒有什麼受的。你空不了就受，受就感覺苦，苦就逼迫，你怎麼解脫？發大菩提心的，他見了眞理之後，他深入了理，一切都是空的。所以，智慧善巧通達法藏，之後入深智處無所著，發了菩提心的大菩薩，也是經過修行，他修行一萬大劫，才達到這麼種境界。

隨順思惟說法界　經無量劫不可盡

「隨順」是隨順眾生的緣，隨順眾生的根機，「思惟」是菩薩自己的修，思惟就是觀照，觀照是觀照這個機，那是眾生，說法要對機，來給他說法。

「經無量劫不可盡」，時間非常長，我們看見時間很長，我們講剎那際，大菩薩沒有時間，沒有長短，時無定體，沒有長，沒有短，就是依他心上而建立的。我們經常說在山裡頭修行的老修行，老比丘，他在山裡頭沒有時間的概念，我們初一十五，二十三，或初八，要說菩薩戒，說比丘戒，把日子記得很清楚。在山裡頭沒有月份牌也沒有標記，他根本不記時間，時無定體，依他心上而立的，依法上立，法就是心。所以剎塵就是無量劫，無量劫就是現前一念，一念說成無量劫，這叫隨順思惟說法界相。隨順法界而說的，經過無量長時間的，那麼個劫數不可盡，就是說不完，達不到圓滿。

智雖善入無處所　無有疲厭無所著

不要在處所上起執著，有執著就有疲厭有勞累，無執著沒有疲厭，這樣子能入法界性。我們講《華嚴經》叫入法界性，法界性裡頭法界還有什麼處所嗎？法界是無界限的界，這個界是心，心生起一切諸法，一切諸法還回歸於心，一切唯心造。就像覺林菩薩讚歎諸佛的功德，「若人欲了知，三世一切佛，應觀法界性，一切唯心造。」就是你心造的，智慧善入，沒有處所，也沒有疲厭。爲什麼？沒有執著，有執著就是疲厭，一切無所著。

三世諸佛家中生　證得如來妙法身

一切的佛性，一個佛性攝種種的性，佛性是覺性。覺的大，覺的小，覺的多，覺的少，都是一個覺。眾生跟佛沒差別，就是一個覺的差別。我們講〈大乘起信論〉說，從不覺，開始聞到佛法，有始覺，從始覺漸漸就相似覺，相似覺又達到分證覺，分證覺達到究竟覺，叫五覺。在〈大乘起信論〉上講，五覺圓明，把他圓了就明白了，一切都明白了，一切諸法皆如是。

大家學《華嚴經》感覺到很重覆，目的是達到什麼呢？要你入法界。重覆的意思就是多熏習幾遍，這個很生疏，不大熟悉，聽得很少，所以就不會。聽多了，熟悉了，熟悉就會了，會了漸漸就進入了。思想就能夠想，想到什麼呢？想到華嚴會上，華嚴會上是什麼會呢？入法界，怎麼樣入呢？發菩提心，發菩提心就是發一個覺悟的心，別再糊塗下去了，學得學著會了還有行呢！怎麼去作，行之後你才能夠得到，得到你才能享受得到，享受得到你就解脫了。解脫了，換句話說就是不煩惱了，任何事物來了，外頭境界一現前，你的心就把它轉化了，就化了！心常在解脫當中。

再說淺顯一點，你一天歡歡喜喜的，天天如是過，歡歡喜喜的。就像廟門影壁上面寫「登歡喜地」，一到這裡頭來就歡喜了！我說：「他是沒到這裡頭來，如果他剃了腦殼也到這裡頭看看，是歡喜是不歡喜？」諸位道友，你們歡喜是不歡喜？因為你還沒登歡喜地！你怎麼能歡喜，說廟不是歡喜地嗎？不錯了，比外邊是歡喜一點，究竟歡喜，還辦不到。

你在生老病死苦，還沒得歡喜，五欲還沒放下，喜、怒、哀、樂、憂、恐、驚，這七個字你一個字都沒改變！我看世間上說，貴族的公子一天就「書畫琴棋詩酒花」，「當年件件不離他」，光是玩，彈彈琴、寫寫字、畫畫畫、看看書就玩，作詩，賞畫，喝酒，七件事，後來窮了，這種環境沒有了，「而今七事都更變」，變成什麼了？「柴米油鹽醬醋茶」。一天要喝個茶得自己去買了，沒錢了，柴米油鹽醬醋茶這是每天離不開的。過去講喜、怒、哀、樂、憂、恐、驚，我們現在講什麼呢？慈悲喜捨，講四無量，一天就講大慈大悲，這是大菩薩的事，我們是學，但是自己加個解說，「慈悲生禍害」，千萬不要慈悲，慈悲可要生禍害。說不慈悲，不慈悲你學它幹什麼，現在學的天天講慈悲。

有些學法，不論大乘小乘，戒定慧、貪瞋癡，本來是對照的；但是經典有說貪瞋癡就是戒定慧，你就糊塗，貪瞋癡怎麼變成戒定慧來了？戒定慧就是貪瞋癡，理上是一致的，事上是不行的。清淨跟染汙，大米白麵你還能相信，糞便你能吃嗎？誰吃糞便，染汙就是清淨，清淨就是染汙，那糞便就是大米白飯，這是說的，你能達到嗎？有些學圓教的，學大乘的，貪瞋癡就是戒定慧！我說貪瞋癡，你要下地獄的了。貪瞋癡是戒定慧，看在什麼時候，看對什麼人！那個法，法無定體，法沒有標準體性的，依心上立，依你的心來立，你的心到什麼境界了，你發了大菩提心，分證菩提，你怎麼說怎麼有理。像我們凡夫不行的，我們說的是圓，但是作起來，還是要方的。

這意思是什麼呢？學法要會學，看看自己的心量到什麼，沒有那個力量，你把貪瞋癡當成戒定慧，你下地獄，比六欲天還好，下地獄就是極樂世界。《華嚴經》也這樣講，平等平等，地獄的性跟極樂世界的性是一個，但是你現在站在哪邊？這要靠智慧，就是善於了知，善於觀察。如果已經發菩提心了，不但發菩提心，眞能夠示現百界成佛，那可以。如果你沒達到這個，還得一步一步的走。爲什麼？因爲你還沒到那個境界，到那個境界就再可以發心。心可以發大，解要圓，行要方，發心要發的大量的大心，不要發小心，什麼事情要用觀照的智慧看破了，如果有執著，有執著就不自在，說執著沒有了，就解脫了，解脫就自在了，法無大小，都是自己心量的大小，常時如是觀。

普為羣生現眾色　譬如幻師無不作
或現始修殊勝行　或現初生及出家
或現樹下成菩提　或為眾生示涅槃

這有一偈半頌，說初發菩提心，這是初住發心，不是現在我們，我們發菩提心是信發菩提心。這個是說初住菩薩發了菩提心的功德，初住菩薩發了菩提心就能示現八相成道。釋迦牟尼佛不是在印度示現八相成道嗎？這個就舉了幾相，示現成佛，能現佛身，能給一切眾生作功德。「普爲羣生現眾色」，就是示現各類的身，應以何身得度者，佛就示現什麼身，不一定完全現人身，有的是現畜生身，有的是現餓鬼身，不一定的。

所以，爲一切眾生示現色，就是對哪一類眾生，哪一界的眾生，他就示現同類攝，這叫示現同類攝。就像一個演魔術的幻師，他能變現出來種種的幻相、種種的眾生。大家常看見的，那魔術師空手上臺，一變變成個哺鴿飛出來了，這就是那個涵義。發了菩提心的初住菩薩，他看見這個眾生能夠得度，他就給他示現，讓他生起信心，讓他得度。

「或現始修殊勝行」，或者讓發心想行菩提行的，想修菩薩行的，給他示現作引導。或者示現入胎、出胎、初生到出家，出家了之後在菩提樹下示現成佛，或者示現入涅槃。爲什麼涅槃加個「示」呢？顯示的意思，釋迦牟尼佛並沒有入涅槃。在經論上看，釋迦牟尼佛示現生在印度，現在是尼泊爾，過去尼泊爾是印度的一部分，示現寂滅，初住的菩薩就有這麼大的功力。涅槃是不生不滅的，示現入涅槃。

菩薩所住希有法　唯佛境界非二乘

身語意想皆已除　種種隨宜悉能現

「菩薩所住希有法」是指著發菩提心說的，住在菩提心上，這是希有法。法就是心，心就是法。下一段就講明法，明法就是「希有法」。既然是我們每個人都是本具的，菩提心每個人都有，就是我們的法性，就是我們的妙明眞心。每個人都有妙明眞心，每個人都沒有出離煩惱，不認得，認爲是沒有，所以叫「希有」。希有的不希有，就是自己本有的。但是，無量劫來迷忘了，迷忘所困擾了，那就希有了。

但是，這個希有法，唯佛與佛乃能究盡，這是佛的境界，不是二乘的。初住菩薩發了菩提心，他入了佛的境界。不是一般發心的出家人，求聲聞緣覺乘，乃至一般的菩薩乘，那不叫希有。這是大道心的菩薩，所住的希有法，這希有法就是佛的境界法。

「身語意想皆已除」，就是把你身口意的三業，顚倒夢想的那些東西都除掉了，一切過患都除掉了，三業都轉成佛的身語意業。

「種種隨宜悉能現」，這是約佛果說的。但是初發心的，住位菩薩，初心跟究竟心兩個是沒有分別的，還是一個心。但是，把身口意想、一切妄念無明惑業都除盡了。爲利益眾生的事業，種種應得度的，佛就現身。「種種隨宜悉能現」，有緣就現，無緣就隱。

菩薩所得諸佛法　眾生思惟發狂亂

智入實際心無礙　普現如來自在力

菩薩發菩提心，得到覺悟的方法，「諸佛法」，就是諸覺法，這個法唯有大乘者才能進入、才能得。妄想，眾生一切思惟所發的是狂亂妄想，無明，惑業的境界。以智慧入到實際，以智慧入法界，入了法界之後，心無障礙，這就是如來的自在神力，所現的是佛的神力，「普現如來自在力」。

此於世間無與等　何況復增殊勝行
雖未具足一切智　已獲如來自在力
已住究竟一乘道　深入微妙最上法

「此於世間無與等」，佛所證的境界，初發意的菩薩，他能示現。他所緣的境界，能緣是他的智慧，以智慧緣實際，心無障礙，這是如來自在神力。在世間無能與他相等，何況增加了很多不是世間法，超出了世間殊勝的行為。

「雖未具足一切智」，雖然還沒有是佛，但是如來的神力，他已經獲得了。「已獲如來自在力，已住究竟一乘道，深入微妙最上法。」他住的一乘道就是佛道，發菩提心住的菩提道，成就菩提果。

前面都是重說的，我還把它略解說一下，都是顯示初發心的功德相。大家一定要簡別，簡別的意思，我們現在也發心，怎麼一點也沒有功德相，連相似都不相似！因爲你所發的不是菩提心，你所行的也不是菩提道，所以這個法力、功力，你沒法得到。認識惑業、降伏惑業，乃至除掉惑業，這幾種層次是不同的。

我們入了佛門，明白這些煩惱障礙，但是不能恢復我們本來的覺性。我們這個知不是眞知，是依著經論的教導，依前人的啓示，我們經常說開示開示，開什麼？示給你什麼？開，把我們的迷惘塵霧撥開了，明白一點。示是顯示，因爲我們在迷惘當中，不知道自己還有個妙明眞心，我們講《華嚴經》叫一眞法界，因此，我們沒有一切智。入了佛門之後，聽到佛的開示，我們所念的經論都是佛的開示。出家幾十年，看的佛經多了，經歷的老師多了，把所知道的顯示給未學者，這叫開示，讓我們知道什麼叫一切智。

我們每個人的心，這不是說妄心，是說眞心，只有你入了佛門才聽到。還有妄心，還有眞心，還有八心，還有無量的心。八心，就是我們經常講的八識。每個識是分辨事物的，這些都是迷了，不是智慧。入佛門懂得之後再去學習，學習再去深入。往往說祖師開悟，悟什麼呢？知道自己還有個眞心，跟佛無二無別，這就叫開悟。但是沒有證得，沒有妙用。若能夠證得了，具足了，獲得如來的眞實力量，就是我們自心的力量。有了這個力量，住菩提道再不退了，這叫住到究竟一乘道，住如來家。

我們現在還住在煩惱家。煩惱跟覺悟，這兩個家不同，如果這個家不出，那個家進不去。我們都是佛子，比丘、比丘尼、優婆塞、優婆夷四眾弟子，連相似的程度還沒有。我們現在還住在煩惱家，沒有住在如來家，具足智慧了，得到如來的力量，這叫一乘道，那就住在如來家。能夠得到如來的境界，甚深的、微妙的法，最上法就是心法。到那時候，你所證得的、所緣的境界相，認識一切諸法的體，體是什麼樣子呢？空，寂滅！是空的，是寂滅的。因著空而起一切用，就是如來力，力是什麼呢？所緣境界相。把所緣境界相都變成了妙境，妙境是什麼境呢？空的。所起的業用，眞空不空，而隨緣能利益一切眾生。這個境界相是平等平等的，有這力量了。

善知眾生時非時　為利益故現神通

分身徧滿一切剎　放淨光明除世闇

什麼叫「善知眾生時非時」呢？知道眾生的緣成熟和沒成熟。緣成熟了，他能得度了，你說法他能進入。他還沒有進入，你說法不能知道的。眾生生的時候，不是修道的時候，也不是成熟的時候。生的時間不對，不是得度的時間。佛在世的時候，你爲什麼不出生？佛的正法五百年，你爲什麼不來？到了末法你來了，天災人禍，刀兵水火。這個「緣」字，義理非常的深，有緣無緣，相差很大。得度，緣成熟了，說一句話，突然明白了，豁然大悟；或者打開經本一看，念一卷，你開了悟了。現在不能，一者是法末了，還沒盡，你還有緣遇到，還能遇到佛法。這是有智慧才能知道的，沒有智慧不知道的。「善知」，誰善知呢？這是指發菩提心初住的菩薩。

我們往後說廣闊一點，初住到十住，初行到十行，初迴向到十迴向，這三十位的菩薩，平等平等的。雖然分別有三十位，其實是一個符號，一個符號就是一個代表。就像我們這幾百個人，比丘、比丘尼，但是這裡頭很有差別，惑業的深淺，道力的深厚。入了佛門的，也是從早到晚上，上殿、過堂、穿衣、吃飯、睡覺、聽課，乃至作佛事，似乎是一樣的，但不一樣。有的能知，有的不知。有的在末法時候，自己處在正法時代，心緣正法，佛在世時是正法。有的入二乘，並沒有入華嚴境界。「善知」是指初發菩提心的、入了住的人，他能夠知道眾生。但是他的上位不知道，初地菩薩的事，他就不知道了。因爲他知道一切眾生時非時，知道眾生心裡所意念的、慧力的大小、善根的深厚淺薄，就能夠給他們作利益，示現神通。

這個偈頌是顯住位菩薩利益眾生的時候，他知道眾生因緣成熟了沒有？因緣還沒成熟，應當說淺法。一般的，能知道苦集滅道就行了，就是善惡因果，世間因果。說你作個人，很不容易，作了人哪，要能聞到佛法，聞到佛法又能落髮出家，示現比丘、比丘尼相，這就很難了。再說證聖果，斷滅煩惱，這些法不見得說，說了你還是進入不了。所以知道生時非時，說了，他能得到利益，示現神通。

「分身徧滿一切剎，放淨光明除世闇。」發菩提心的菩薩，能夠在一切佛剎，剎土就是國土，國土就是世間，在世間現一切相。放光可以代表身的表現，身的行爲、口的行爲、意的行爲。光明就代表智慧，身口意業，三業的智慧。「除世闇」，除世間一切的黑暗哪。太陽光，太陽一出來，黑暗沒有了，太陽的明照，太陽的熱能。初住位的菩薩能給眾生的溫暖，給眾生光明，除去眾生的黑闇。我們不說遇見佛，我們連遇見一個初發意、發心住菩薩的緣都沒有，若遇見了你就得度了。

我們最近講的都是發菩提心的功德相，這一品叫初發心功德。從法上生出大智慧者，法是什麼法？是心。這個會的法主是法慧菩薩。發菩提心的光明是徧滿一切剎的，「放淨光明除世闇」。若依菩提道而證得，那又不同了。我們經常讀大乘經典，歷代大德勸我們要發菩提心。

《華嚴經》到後面，登了歡喜地的發菩提心，那個不同了，比這又深入了。我們現在學著發菩提心，聞著一切眾生的災難，看見一切眾生的痛苦。我們不知道一切眾生的生時非時，我們也現不了神通！心可以發，力量沒有，效果沒有。像觀世音菩薩的發心，地藏菩薩的發心，文殊菩薩的發心，他們也還在發菩提心。菩提心沒有窮盡的，一直都在發心。驗證我們自己發菩提心，現在亞洲發生大地震，發生海嘯，六個國家死亡的人口現在還沒有確切資料。最初我看電視上一千多人，一千一百多人，再看現在，兩萬了，數字還不確定。那個損失，只管說人哪。畜生呢？

地震以及海嘯，我們一點幫不上忙，那你發菩提心，拿什麼發？你發心，但你還沒有得到這個自在力，有自在力可以現神通把他們救了。

你聞著一切眾生的苦難，發菩提心，這叫發菩提心，度他們，心量大一點，不是爲了自己求安樂。同時觀一切眾生如夢幻泡影，如幻夢，別當眞實的，那就不是覺悟了。菩薩發菩提心的時候，看見眾生是幻，是夢，讓你不墮情愛，不然你落於情愛、愛見大悲。這是智慧大悲。

譬如龍王起大雲　普雨妙雨悉充洽
觀察眾生如幻夢　以業力故常流轉

這是形容菩薩發菩提心，像龍王行雲布雨一樣的，觀察一切眾生如幻夢，別當眞實的。

「觀察眾生如幻夢」的原因就是一切諸法空，他爲什麼受這個災難？業力故流轉。「以業力故常流轉」，眾生在六道裡頭出不去，爲什麼？業力所繫。你造的業，那業就把你栓住了，出離不了。等你出離了，出離靠什麼力量呢？三寶加持力。聞著佛法了，你自己再修，那超出了，業不能繫了，你就不流轉了。

大悲哀愍咸救拔　為說無為淨法性

「大悲」就是初地的菩薩、或者初住的菩薩、或者成就佛果的菩薩，成就佛位了，怎麼還叫菩薩？觀世音菩薩不是成就佛位嗎？倒駕慈航，又來度眾生了，因爲哀愍眾生故咸救拔，把他們都救脫了。給他們說什麼法呢？「無爲淨法性」。「無爲」就無作了，無作了就空，空了是清淨，清淨就是妙明眞心，這叫「淨法性」。

清淨的法體，我們本來本具的，發菩提心就是發這個淨法性，之後成就淨法性。一切法的實體又叫實相，又叫實際理地，又叫一眞法界，又叫妙明眞心，各各經上的名詞不同，道理是一樣的，就是我們原來的眞心！不是現在我們生活當中、乃至思惟當中所用的，這是識心，識心是妄，不是眞。

佛力無量此亦然　譬如虛空無有邊
為令眾生得解脫　億劫勤修而不倦

佛是已成就的，他以智慧所發的智力是無量的，如什麼似的呢？「譬如虛空無有邊」。眾生無邊，佛力來利益眾生也無有邊。因此我發菩提心，想得到佛力。證得佛力了，度一切眾生。眾生無邊故，力也無邊。眾生如虛空故，力也如虛空。這力不是一說就得來的，要「億劫勤修而不倦」，經過億萬大劫的勤苦修煉，才能得到佛的智慧，才能得到佛的力量，才能夠救度眾生，使眾生得解脫。在救度眾生的時候，「億劫勤修而不倦」，沒有疲倦的時候。你先得自己修成佛，邊度眾生、邊修行、邊成佛，就是從初發菩提心，發了菩提心就作這些事，才能成就佛的力量。

種種思惟妙功德　善修無上第一業
於諸勝行恆不捨　專念生成一切智

「種種思惟」就是從現在開始，我們一天所有的思惟，想的都是佛教授利益眾生的事業。這樣去度眾生的時候，常不捨離，成佛果，度眾生。這樣子修「第一業」。勤修恆不倦，經過時間多長不懈怠，不疲倦。在修行當中，思惟妙功德是什麼？就是回歸自己的眞心。這是「第一業」，沒有超過這個善業的。「勝行」，就是六度萬行、慈悲喜捨、四攝法，都是勝行，爲了達到一切智，成就佛智。

一身示現無量身　一切世界悉周徧
其心清淨無分別　一念難思力如是

「一身」是得佛的法身，佛是修成的，我們的法身還沒有修成。我們現在不能示現，爲什麼？沒有經過修，被業所障住了，一切世界不能周徧，沒有那個神力。有時候表示一下，我們確實有這個力量，但是迷了，現在不能示現，一身不能示現無量身。等你成佛了，能示現了，發菩提心，相似示現，就是初住的菩薩，發了菩提心，他能夠「一身示現無量身，一切世界悉周徧」。身是如是，「其心清淨無分別，一念難思力如是」。這一念，難思者，當你沒有成就的時候，這一念就是一念。你成就的時候，這一念能作好多不可思議的事。

於諸世間不分別　於一切法無妄想
雖觀諸法而不取　恆救眾生無所度

度即無度，世間相不起任何執著分別。在菩提心上，什麼叫染汙？什麼叫清淨？唯是心識所現的，於諸一切世間不起分別，一切法無妄想，不生顛倒見。「雖觀諸法而不取」，就是不執著。眾生達不到，因此要救眾生。「恆救眾生無所度」，天天度眾生，無所度，度即無度，這就是菩提心。度眾生若有取捨，就有分別心，有分別就是垢染。觀諸法既不取也沒有捨，這叫度即無度，我們就差這麼一點，問題並不大。差哪一點呢？我們度眾生就有眾生相，跟我有緣的我度，無緣的不度，無緣的度也度不了。

今天是阿彌陀佛的聖誕，我們認爲說只有我們娑婆世界才生極樂世界，無量世界裡頭都有眾生，那些眾生都發心求生極樂世界，不止我們娑婆世界。極樂世界究竟有好大？究竟淨土佛世界，跟我們娑婆世界、染汙的世界，是一個兩個？極樂絕不是娑婆，娑婆也不是極樂，這是分別說。

圓融說，娑婆即是極樂，極樂即是娑婆，這是了義，這是究竟。佛佛道同，釋迦牟尼即是阿彌陀佛，阿彌陀佛即是釋迦牟尼。等你證得菩提，沒個能生也沒個所生，沒有極樂世界也沒有娑婆世界。現在法慧菩薩在這演說初住菩薩的境界，演說初發菩提心的功德，十方無量世界的佛，都叫法慧，都來給他證明，我們都說這個法。無量諸佛，前面講微塵數諸佛，佛號都叫法慧。

生到極樂世界，不管你哪個世界生去的，生到極樂世界就是極樂世界。這個道理，經常這樣思惟，想通了才能進入。在世間相上，不要起分別，一起分別就是妄念，一切法無妄念。菩提心裡沒有妄念，是覺悟的。

觀一切諸法，生法、死法、老法、少法、小法、大法，老少、小大，這是分別，這個分別就是妄想。觀察諸法無取捨，恆度眾生無不度，但是你度眾生，若是有相的，那有疲倦的，眾生度不盡的！要生退墮想，這是妄想。菩薩度眾生沒有取捨，沒有取捨沒有妄想，有取捨是妄想的表現。

一切世間唯是想　於中種種各差別
知想境界險且深　為現神通而救脫
譬如幻師自在力　菩薩神變亦如是
身徧法界及虛空　隨眾生心靡不見

「一切世間唯是想」，「想」是思惟，「想」是妄，妄是虛無的。但是，這裡種種的差別，你若一想，那差別就多了。不想，沒有差別了。把它看成什麼呢？「譬如幻師自在力」，魔術師是學來的，他有種種的手法表現，不過你沒學過的，看不懂。明明你看著他把蘋果切成好幾瓣，他一轉手，拿出來還是完整的蘋果，這是很小小的魔術。大家都看過魔術，如幻的，世間法就如是。一個想，就是思想，思想就是虛妄，「一切世間唯是想」，唯是虛妄不實的。但是，有種種的相、種種的差別。

「知想境界險且深」，很危險，「深」就是受苦很深。你看很多作惡的人，那個心，眞是險，很危險。深，人心不可測。海還有底，人心無底的，人心可測量嗎？世間的險相很多，這是說世間相。認識世間，要求出離。但是這個心得要發菩提心，菩提心就是覺悟了，認識了，認識就不受害了，不受世間害，不受三界的苦害。認識三界險惡，大菩薩發心在險惡中去救度眾生，用神通力救度眾生。但是，在救度眾生的時候，知道這是虛幻的，不是眞實的。這叫智慧力。

以這種智慧身能偏法界、虛空界。虛空沒有界，形容無界之界，深入虛空。因爲他的心就是虛空，一切不執著，能以神變利益諸眾生。同時隨眾生心靡不見，有的見到化身，有的見到報身，有的見到法性身。

能所分別二俱離　雜染清淨無所取

若縛若解智悉忘　但願普與眾生樂

菩薩度眾生的時候，沒有因為我是菩薩，我是能度者，還有眾生所度，這就有二了，能度所度，能取所取。能和所兩個都要離，二俱離。「雜染清淨無所取」，清淨是因為雜染而對顯的，雜染是因為清淨而立的雜染，根本沒有雜染，也沒有清淨，既不取雜染，也不取清淨，這個道理甚深了。

「能所分別二俱離」，有能有所，一切法就這麼樣安立的，這兩個都離開。「雜染清淨無所取」，取半邊不行的，兩個都不取，因為清淨是對著雜染說的，沒有雜染不會表示清淨，因為有清淨才說雜染。執著一邊都不能成道。「若縛若解智悉忘」，「若縛若解」，縛就是束縛，解就是解脫。「智悉忘」，有智慧的人，也沒有束縛，也沒有解脫，因為束縛求解脫。「但願普與眾生樂」，這叫眞實智，眞實的智慧。

一切世間唯想力　以智而入心無畏
思惟諸法亦復然　三世推求不可得
能入過去畢前際　能入未來畢後際
能入現在一切處　常勤觀察無所有

一切諸法都是虛妄想像的，有智慧的人，一切無所畏懼。《心經》上教授我們，心無罣礙，無所恐怖。我們心裡東想西想，東掛西掛的，罣礙很多，患得患失，他才有恐怖，心無罣礙了，沒有幻想，沒有恐怖。

一切諸法都如是，過去現在未來，都是不定的。過去，在我們現在說是過去，現在馬上不存在了，變成過去！未來還沒來，沒來就不在。現在不住，過去現在未來，你要去推求，想把他固定下來，固定不了的，一切法都如是。今天，今天都過去三分之二，今天馬上就變成過去，這是「三世推求不可得」。過去的，我還能夠追溯到以前，過去的過去，過去的過去，就是「前際」。未來，未來還有未來，未來還有未來，就是「後際」。三世無邊際，沒有界限。

這就是「發窮三際廣大心」。過去的不可得了，沒有了。未來的還不知數，現在呢？現在不住，念念過去。今天早晨沒有了，十二點鐘沒有了，這樣來觀過去現在未來。過去還有過去，過去還有過去，想找個過去的，前際那個邊際，不可得，未來也如是！

隨順涅槃寂滅法　住於無諍無所依
心如實際無與等　專向菩薩永不退
修諸勝行無退怯　安住菩薩不動搖

佛及菩薩與世間　盡於法界皆明了

這是「發隨順涅槃菩提廣大心」。「隨順涅槃寂滅法」，就是發隨順所教授的法，涅槃是什麼法呢？不生不滅。住於不生不滅也就無諍了，也就是無所依。「無所依」是法性本身，法常如是，沒有能依所依。「心如實際無與等」，「實際」就是法性的本體，心住於法性的本體上，一切法不能與此法相等。「專向菩薩永不退」，「專向菩薩」是發意菩薩，發菩提心菩薩，專向佛果，永遠不退。

「修諸勝行無退怯，安住菩薩不動搖，佛及菩薩與世間，盡於法界皆明了。」修行一切菩薩行的時候，不產生懈怠，不產生退怯之心。安住發菩提心，所行的菩提道不動搖，就是心裡不起第二念。佛及菩薩跟世間諸法，出世間法跟世間法，「盡於法界皆明了」，得到法界性了，你就知道這一切法，皆由心而生的。

欲得最勝第一道　為一切智解脫王
應當速發菩提心　永盡諸漏利羣生

你要想得到佛的第一道，最勝的道就是佛道，這是指成就說的。能得到這個就是一切智慧的解脫王，智慧解脫，無罣無礙。「應當速發菩提心」，應當發菩提心，發菩提心就爲了利益眾生。

「永盡諸漏利羣生」，利羣生很不容易，聽到別人的災難，別人的痛苦，你要發起菩提心，增勝我們的菩提心，增大我們的菩提心。大家聽經，隨順發願，度眾生，利益眾生。現在海嘯遇難的數字還不準確，還要增加，越來越擴大。

在你學《華嚴經》的時候，要發願給他們迴向，把你聞法的功德給他們迴向。這個只指著人說的，沒有登記畜生。海裡地震，海裡頭的那些眾生都震死了，那箇數字沒法統計。現在各各國家都在登記，每天都在增加。利羣生的話，不是一句話。遇到境界，這就叫境界，當前我們這個人間所發生的災難，我們心裡給他迴向。

經典所說的話，重覆又重覆，爲什麼？要我們去作，不是聽聽就算了的，我們身體力行作不到，沒有這個力量，你能示現神通到那兒去救他們嗎？不可能。只能用心，用你這個菩提心，把所聞法的功德，把自己所有的施捨給他們，讓他們受了苦難之後，得生善處，別再在人間流轉。這只是現報，死了之後，他有果報了，該下地獄的下地獄，還有華報、還有餘報。凡是死於非難的眾生，這叫不該死而死的。不該死，他壽命沒盡，爲什麼在這個時候去旅遊？大家尋思冬季該沒事，冬季却發生海嘯，發生地震，這是意外的死亡。意外的死亡，就是業很重。我們發菩提心就拿這個作境，我們所度的境，把聞經的功德、學法的功德、修行的功德，迴向給他們，讓他們能得度。

趣向菩提心清淨　功德廣大不可說
為利眾生故稱述　汝等諸賢應善聽

這是法慧菩薩所說的，「趣向菩提」，菩提就是覺，凡是發了菩提心，趣向菩提的，心裡就清淨了。以清淨的心，發菩提心的功德是廣大的，用言說是表達不出來的，只能意會。爲了利益眾生故，述說（稱述）發菩提心的功德。「汝等諸賢應善聽」，法慧菩薩稱當時法會的大眾。

無量世界盡為塵　一一塵中無量剎
其中諸佛皆無量　悉能明見無所取

把無量的世界抹爲微塵，一個微塵就具足無量剎，一一微塵呢？剎土就多了。「其中諸佛皆無量，悉能明見無所取。」都能見到不取著，「明見」就是智慧，以智慧見，不是眼睛，肉眼是看不見的，天眼也沒有那麼廣，見是心。

善知眾生無生想　善知言語無語想
於諸世界心無礙　悉善了知無所著

其心廣大如虛空　於三世事悉明達

那個心量像虛空一樣的，徧一切處。過去現在未來的事，三世的事都能明達，明是智慧、達是通達，有智慧的都能通達眾生在想什麼。雖以言說來利益眾生，但是無語想，說即無說，這樣子才能無礙。雖然了知一切法，了知一切眾生心，但是無所著，不執著。

一切疑惑皆除滅　正觀佛法無所取
十方無量諸國土　一念往詣心無著

在一念之間，往詣無量的國土，於中無取無捨，就叫無所著。

了達世間眾苦法　悉住無生真實際
無量難思諸佛所　悉往彼會而覲謁

親近諸佛，了達世間的八苦交煎一切法，而菩薩不起一點執著，知道諸法不自生不他生，緣起。緣起而生諸法，諸法都沒有眞實際。所以到十方諸佛，親近諸佛，「覲謁」，就是參加各各法會，親近諸佛說法，在無量難思議的諸佛所，都去參加那法會，拜佛、禮佛、聞法。

常為上首問如來　菩薩所修諸願行
心常憶念十方佛　而無所依無所取

作佛的弟子，請問佛，菩薩云何行菩薩道？發了心就要行菩薩道，云何行菩薩行？云何發願？云何修？云何行？

「心常憶念十方佛，而無所依無所取。」在憶念佛的時候，無依無取，不起不執著，這是大智慧現前。對三寶也不要起執著，要見三寶之體，見相觀心，觀想佛的心，觀佛的體。

恆勸眾生種善根　莊嚴國土令清淨
一切眾生三有處　以無礙眼咸觀察

這是勸一切眾生，多作好事，種善根。最大的善根是什麼呢？發菩提心，行菩薩道，證菩提果。這樣來莊嚴一切佛國土，令佛國土一切清淨。一切眾（趣）生，欲有、色有、無色有，「三有」，「以無礙眼咸觀察」，用智慧眼，觀察觀察，看一看。

所有習性諸根解　無量無邊悉明見
眾生心樂悉了知　如是隨宜為說法

眾生無始劫來的習性，習慣了。他的根所生的解，眼所看的問題，心裡所想的問題，都是習性，這叫習種性，習以爲常，不是性種性。發菩提心的菩薩，都明明白白的見，見是心，心的觀察，明了。隨順眾生而解脫眾生，讓眾生得解脫，給他說法。

「眾生心樂悉了知，如是隨宜爲說法。」他心裡喜歡什麼？他想求什麼？大菩薩都知道他心裡所想的，所求的。隨他應得度者，就是隨宜給他說法、度脫他。

於諸染淨皆通達　令彼修治入於道
無量無數諸三昧　菩薩一念皆能入
於中想智及所緣　悉善了知得自在

「於諸染淨皆通達」，染法淨法都明了，「令彼修治入於道」，令他斷染習淨，深入佛道，但是必須發菩提心，這都是勸發菩提心的功德。「無量無數諸三昧，菩薩一念皆能入。」「三昧」又翻「陀羅尼」，又翻「總持」，無量無數的，只是一。

總持一切法，一切法總持的意思，就是一切法就是心所生，心生故種種法生，在心上去求，菩薩一念悉能入，自己能入一切法的法性本體，因於此法而教化眾生。

「於中想智及所緣，悉善了知得自在。」最後這句話，以他自己的智慧緣念一切眾生，在這個了知當中沒有障礙，無障礙故就得自在，因爲他照見法性。法性無礙故，對於所緣的一切眾生，法性一也。自他的性是一，緣念所有的境，讓各各回歸於自性，在說法利生的時候沒有障礙，能夠得到自在。

菩薩獲此廣大智　疾向菩提無所礙

最後這個半偈，說得這種智慧，自他向菩提果，沒有障礙。

為欲利益諸羣生　處處宣揚大人法

處處講佛法，佛是大人法。大家讀《八大人覺經》，「大人法」，稱「佛」爲「大人」。

善知世間長短劫　一月半月及晝夜

乃至一時、一天、半月、一月、長劫、短劫。劫呢？叫「劫波」，印度話。時間最長者，有無量阿僧祇，「無央數」，長劫。短劫呢？最短最短的時分，一念。以菩提心一念就化爲無量劫，無量劫即是一念。時無長短，時分沒有長短，是依法上立。法是什麼呢？是心，是你的心在定。「山中方七日，世上幾千年。」在山中入定了，他入定了，等他一出定，世間上好幾千年過去了，涵義就是這個意思。

當心對境的時候，沒有分別，你看十來歲的小孩，他的心是不定的，但是到電腦室，可以半天在裡頭玩，他不知道時間了，大人小孩都如是。當心靜的時候，好像是在那兒坐禪，或者入定、入靜，心裡清淨，什麼也不想的時候，幾個鐘頭過去了。當心煩的時候，不大什麼自在了，你聽一個課才一個多小時，感覺很長很長的。當你進入了，聽入了，感覺時間很短，沒有好長時間。

這樣來了解時間，有什麼意思呢？說明你心裡靜跟煩躁不靜，自己都可以體會到。這個法會，或者不願意的事，你感覺時間非常的長。當心裡很願意作這個事，高興去作，那就感覺很快。特別是看戲劇，兩三個鐘頭，你感覺很快就過去了，你下來可就不同了，感覺腰酸背痛，這是心，身體就不適應了。這樣來認識國土，理解它平等的道理，常時觀察，不要懈怠，不懈怠就是不放逸的意思。

國土各別性平等　常勤觀察不放逸

普詣十方諸世界　而於方處無所取
嚴淨國土悉無餘　亦不曾生淨分別

對於國土是染是淨，沒有生起分別念，於一切處所不執著。我想每個人都有體會。當你住茅篷、在山裡住，就像觀音洞，裡頭有很多洞，我們很多的道友，在洞裡頭住。你到香港，或者到臺灣，或者到國外，或者到北京、山西大同都一樣的，五星級飯店，比茅篷就差太多了。我們在普壽寺十幾個人住一間房子，房子裡頭也沒有盥漱室，也沒洗澡間，你跟五星級高級飯店比一比，你有沒有分別？心裡有沒有取捨？無分別。往往恰恰相反的，修道者在山裡住茅篷，他感覺著很舒適，住到五星級飯店，毛焦火辣的。

講福德，住山裡的福德大？住五星級賓館裡福德大？看你怎麼看。斷絕塵緣，清淨無染，清淨沒有分別的。你住在茅篷裡頭，心裡淨，住在五星級飯店裡頭心裡反倒不淨。要是大菩薩，在任何時任何處不執著，隨遇而安，在哪住都如是，這是說心法。嚴淨的國土跟污染的國土，平等平等。這就入了華嚴境界，發了菩提心的人，對淨土跟穢土怎麼樣看呢？平等平等，沒有染也沒有淨，染淨是你的心。

眾生是處若非處　及以諸業感報別

隨順思惟入佛力　於此一切悉了知

「隨順思惟」，這個隨順不論境緣如何，觀察思惟菩提心，思惟菩提道，成就菩提果。「於此一切悉了知」，有大智慧者，對一切能夠平等平等，不起執著。沒有貪戀，沒有厭捨。

一切世間種種性　種種所行住三有
利根及與中下根　如是一切咸觀察
淨與不淨種種解　勝劣及中悉明見
一切眾生至處行　三有相續皆能說
禪定解脫諸三昧　染淨因起各不同
及以先世苦樂殊　淨修佛力咸能見
眾生業惑續諸趣　斷此諸趣得寂滅

觀三根普被，行住坐臥，一切都如是。

眾生的業，業而起惑，因爲業惑的相續不斷，六趣不停的流轉。「諸趣」是指六趣說的，你若趣到聲聞趣，趣到佛道，那就斷了，不相續了，因爲在眾生的業惑，他起惑造業，所以六趣不同。「斷此諸趣得寂滅」，成就了，不流轉，在六趣當中得到寂滅，定了！一定了，惑業苦斷了。

種種漏法永不生　并其習種悉了知
如來煩惱皆除盡　大智光明照於世
菩薩於佛十力中　雖未證得亦無疑

再不生起了！「并其習種悉了知」，過去宿世的習氣種子，把它斷除了，不生現行了。種子若滅了，現行就沒有了。我們把習種性斷了，得到性種性，那就成就了，像佛一樣的。發菩提心的菩薩，雖然還沒證道，在佛的十力當中，他也沒有障礙，隨順佛的十力。

菩薩於一毛孔中　普現十方無量剎
或有雜染或清淨　種種業作皆能了

那得大菩薩！文殊、普賢、觀音、地藏、彌勒這些大菩薩可以了，在他毛孔中，現十方無量的諸剎。「或有雜染或清淨」，現的是雜染世界，現的是清淨世界。「種種業作皆能了」，這是成就的大菩薩，是地上的菩薩。

一微塵中無量剎　無量諸佛及佛子
諸剎各別無雜亂　如一一切悉明見

看一切世界就像看手中果子似的，如觀手中庵摩羅果，大千世界就像看一個果子似的，都能看得清清楚楚。

於一毛孔見十方　盡虛空界諸世間
無有一處空無佛　如是佛剎悉清淨

所有世間，虛空界裡頭所有的世間相，就像在一個毛孔裡看見似的。「無有一處空無佛」，沒有一個地方沒有佛的。我們現在怎麼沒見到佛？你有業，你的業給你障住了，見不到佛了。這個所說的是大菩薩看，沒有一處沒有佛的，沒有一處的佛剎不是清淨的，不但在一切諸佛剎見到諸佛，還復見到一切諸眾生。

於毛孔中見佛剎　復見一切諸眾生
三世六趣各不同　晝夜月時有縛解

過去現在未來，六有趣法，「六趣」就是天、人、阿修羅、地獄、餓鬼、畜生。

他在這個束縛當中，各各的束縛的情況不同，天趣就樂，地獄趣三塗就是苦，人間是苦樂摻半。不管晝夜，什麼時候把那個縛解除了，證得般若義空了，這個時候你就解脫了。

如是大智諸菩薩　專心趣向法王位
於佛所住順思惟　而獲無邊大歡喜

證得諸佛的十八不共法，莊嚴三世一切諸佛的世界。這叫過去現在未來的三世圓融，現在即是過去也是未來，未來也有未來的現在過去，圓融無礙了。

菩薩分身無量億　供養一切諸如來
神通變現勝無比　佛所行處皆能住

發菩提心的菩薩，就能現無量的身，到無量億的佛國土去供養諸佛。「神通變現勝無比，佛所行處皆能住。」這些大菩薩，凡是佛所行的行道處所，他能在那去住，能去得到。

無量佛所皆鑽仰　所有法藏悉耽味

見佛聞法勤修行　如飲甘露心歡喜
已獲如來勝三昧　善入諸法智增長
信心不動如須彌　普作羣生功德藏
慈心廣大徧眾生　悉願疾成一切智
而恆無著無依處　離諸煩惱得自在
哀愍眾生廣大智　普攝一切同於己
知空無相無真實　而行其心不懈退

願一切眾生都成佛，成的快點，「疾成」，速疾的意思。「而恆無著無依處，離諸煩惱得自在。」有煩惱就有執著了，就無依了，依著煩惱了。離諸煩惱，所以得自在。「哀愍眾生廣大智，普攝一切同於己。」大菩薩攝一切眾生都跟自己一樣的，發了菩提心，行了菩薩道，趣向佛果菩提。

「知空無相無眞實，而行其心不懈退。」菩薩行菩薩道，見一切眾生是空的，那就不要度了？他還不懈怠度，爲什麼？眾生本身不空。知道空無相無作，不是眞實的，還要去作，隨順眾生。菩薩證得性空，他依著緣起法而要度一切眾生，眾生空不了，就是這個涵義。

菩薩發心功德量　億劫稱揚不可盡
以出一切諸如來　獨覺聲聞安樂故

菩薩發了菩提心，這個功德有好大的量，我們講了這麼多天，還沒把菩薩的功德量說完。「億劫稱揚不可盡」，講一億劫，都說不完，說不盡。

「以出一切諸如來，獨覺聲聞安樂故。」因爲發菩提心能夠生長出來一切諸佛，也能使二乘人得到安樂，說發菩提心的功德，功德無盡的意思。

十方國土諸眾生　皆悉施安無量劫
勸持五戒及十善　四禪四等諸定處

有些沒有善根的，你勸他發菩提心，他發不起來，沒有這個德行，也讓他們安樂，讓他們受三歸，受五戒，行十善業，修禪定，就能得到安樂。這就是隨機度生，你勸他發菩提心，他發不起來的，沒有那個善根，沒有那個德。一發菩提心就成佛，有那個德嗎？沒有那個德。修個發心都不容易，得修到一萬劫，才能信成就，才能發菩提心。

復於多劫施安樂　令斷諸惑成羅漢

彼諸福聚雖無量　不與發心功德比
又教億眾成緣覺　獲無諍行微妙道
以彼而校菩提心　算數譬喻無能及

緣覺聲聞跟發菩提心的菩薩不能比，經無量劫這樣來計校來算，算不出來的。

一念能過塵數剎　如是經於無量劫
此諸剎數尚可量　發心功德不可知
過去未來及現在　所有劫數無邊量
此諸劫數猶可知　發心功德無能測

這都是形容詞，發菩提心的功德想說出來，拿什麼比都比不出來，就是這個意思。

以菩提心徧十方　所有分別靡不知
一念三世悉明達　利益無量眾生故
十方世界諸眾生　欲解方便意所行

及以虛空際可測　發心功德難知量

虛空的邊際都測量出來，想知道發心功德的量，測不出來的。

菩薩志願等十方　慈心普洽諸羣生
悉使修成佛功德　是故其力無邊際

解釋上面說的「菩薩志願」，發了菩提心、發了大願，慈悲心度一切眾生，使眾生都能修成佛的功德。因為這個緣故，菩提心功德，他的力量是無有邊際的。

眾生欲解心所樂　諸根方便行各別
於一念中悉了知　一切智智心同等

眾生心裡的所有樂欲，他的諸根方便，就是善巧方便，諸根所行的、所作的，各各不同。發菩提心菩薩，「於一念中悉了知」，在一念裡頭都能知道，知道他心裡想什麼，知道每個諸根怎麼樣能起方便行。

「一切智智心同等」，這就是一切智智的心，平等沒有差別。對於在利益眾生上，平等平等，沒有差別。為什麼眾生所得到的不一樣呢？眾生各別，因為他的愛樂不同，得到的也不同。

一切眾生諸惑業　三有相續無暫斷
此諸邊際尚可知　發心功德難思議

在有生死的當中，欲界色界無色界，相續不斷的造業，相續不斷的受生，相續不斷的起惑，起惑造業了，造了業又起惑，起惑了又造業，永遠相續的，沒有暫斷的時候，三界就是「三有」。

「此諸邊際尚可知」，不可知的也可以了知，但是發菩提心的功德跟這個來比，「發心功德難思議」，發菩提心的功德還是沒法清楚的說明白。爲什麼？因爲他直至成佛。發菩提心的功德，就說到他成了佛，成佛的功德更說不盡，因此才說發心的功德難思議。發了心，決定能成究竟佛果，因此他的功德難思議了。

發心能離業煩惱　供養一切諸如來
業惑既離相續斷　普於三世得解脫
一念供養無邊佛　亦供無數諸眾生
悉以香華及妙鬘　寶幢旛蓋上衣服

美食珍座經行處　種種宮殿悉嚴好

業是起惑造業，業都是指惑說的，心識所起的。煩惱呢？身口意所受的。發了菩提心，就把業和煩惱斷了，都能離開了。「供養一切諸如來，業惑既離相續斷。」業跟惑一離，就斷絕了。

「普於三世得解脫，一念供養無邊佛，亦供無數諸眾生，悉以香華及妙鬘，寶幢旛蓋上衣服，美食珍座經行處。」「美食」，就是好吃的東西；「珍座」，那個座都是珍寶所成的。「種種宮殿悉嚴好」，「宮殿」都是嚴好的、莊嚴的，不是人工修的，而是福德莊嚴的。

毗盧遮那妙寶珠　如意摩尼發光耀
念念如是持供養　經無量劫不可說
其人福聚雖復多　不及發心功德大

「毗盧遮那妙寶珠」是什麼呢？是心寶，「妙」，拿寶珠形容妙，就是毗盧遮那心，在密宗叫大日如來。「念念如是持供養，經無量劫不可說。」這個人福德大。「其人福聚雖復多，不及發心功德大。」福德是多，但是跟發菩提心的功德比，沒有發菩提心的功德大。

所說種種眾譬喻　無有能及菩提心

法慧菩薩最後說，我所說的種種比喻，都不能夠及上發菩提心。在法會的這些菩薩都發了菩提心，法慧菩薩跟他說，說的是讓他們教化一切眾生發菩提心。教化一切眾生要發菩提心，發菩提心的功德不可思議能夠得解脫，能夠得到佛的法身。

以諸三世人中尊　皆從發心而得生
發心無礙無齊限　欲求其量不可得

三世一切諸佛怎麼成就的？就是發菩提心成就的。「發心無礙無齊限，欲求其量不可得。」要想求菩提心的功德量，不可得。

一切智智誓必成　所有眾生皆永度

「一切智智」就是佛，發誓一定成就佛果。「所有眾生皆永度」，永遠度眾生，成了佛之後還是度眾生，現在就開始度眾生！發菩提心最大的行爲是什麼？度眾生。我們不要把度眾生看得好像很難，你自己就是個眾生。佛講到我們這個肉體是大眾蟲所成的，你在拜佛，所有寄生在你身上這些眾生，牠們都隨著你得度，你念佛號，你身上這些眾生都得度。另外，度眾生不是說深遠的廣大法，他能懂嗎？你只能勸他別作惡，作點好事。

因爲你現在身體常生病，得借個因由給他說，事情不如意，不論哪個眾生，不論多富有的，地位多高的，他一天都煩惱。財富越多，地位越高他煩惱越大，因爲知道的事情太多了，但是你接觸不到他。隨你力量能接觸得到的，換句話說，得有緣哪！沒緣度不了。他信你，你才能度，他根本看不起你，你還能跟他說話嗎！必須他求你的時候。

但是發菩提心，發願、願度，這個不同。自己在房門關著裡頭，你念著經發願，把念經功德都給他們。你認爲沒看見，也沒看見哪個眾生接受你這個發願，這是你肉眼見不到的。誦經念佛拜懺，總有那些有善根，跟你有緣的，在你身邊。你別不相信，讓你發廣大心，發心的量像虛空一樣的，生一切功德同法界，法界好大、功德有好大。

發心廣大等虛空　生諸功德同法界
所行普徧如無異　永離眾著佛平等
一切法門無不入　一切國土悉能往

你想住淨佛國土，淨佛國土多得很哪，不是只有一個西方極樂世界。你看三十五佛、八十八佛都是淨佛國土，每尊佛都有佛國土，都是淨佛國土。你發了菩提心，你見一切國土都清淨了。

我們這個世界，是五濁惡世。劫濁，我們生這個時候太不好了。見濁，個人有個人的看法，渾濁的很，不一樣的。煩惱不消說了，我們每個人都本具的，煩惱濁。命濁，濁是不清淨，也有十幾歲死的，也有生下來就死的，也有八九十歲還沒死的，這就是濁，不清淨，這個時候不大好。劫濁跟清淨濁，你度淨佛國度眾生，度十劫，不如在五濁惡世度上一百年，若是你活不到一百年，度十年，乃至度一年，就看跟你有緣沒緣。你要度他，得先把自己度了，才能度他們。

佛所說的法教化我們，把眾生看成平等，換句話說我們現在是人，把人家都當成人看。我們有很多人，很驕傲的，不把人當成人看。說那人下賤了，那人惡作的很多了，特別對那個罪惡重的人，六根不全的人，犯過法的人，或者住過監獄的人，不要輕視他們，不輕視任何人。對任何人平等，學佛發菩提心的人對任何都平等，才能一切法門無不入，「一切國土悉能往」，什麼國土都可以，有智慧的人，對一切境界，他能通達無障礙。

一切智境咸通達　一切功德皆成就

一切能捨恆相續　淨諸戒品無所著
具足無上大功德　常勤精進不退轉
入深禪定恆思惟　廣大智慧共相應

捨什麼？捨煩惱，捨業惑。你捨了這些才能得到菩提心、才能得清淨的國土，這樣一切功德都成就。「一切能捨恆相續，淨諸戒品無所著。」教你持清淨戒，可不要執著。「淨諸戒品無所著」，教你不要執著。換句話說，不讓你執著，不是讓你不持戒，是說你持戒而不執著。怎麼理解呢？我們有好多的道友，自己持清淨戒，看見別人都不持清淨戒，這叫執著。你管自己，你要想度他，他沒有持清淨戒，得用另一種方法勸說他，來資助他。你不認識他，你看著他是破戒，實際他在行菩薩道，你不執著就好了。

「淨諸戒品無所著」，不讓你去執著，就是這麼涵義，這樣子能「具足無上大功德，常勤精進不退轉，入深禪定恆思惟，廣大智慧共相應。」禪就是觀，觀就是思惟，在經上說禪定、三昧、觀就是思惟，思惟就是你心裡想，在想什麼？思惟什麼？我思惟的是智慧。「廣大智慧共相應」，這樣才與智慧相應。

此是菩薩最勝地　出生一切普賢道

三世一切諸如來　靡不護念初發心

還是說的發菩提心功德，過去現在未來諸佛都是護念初發菩提心的人。

悉以三昧陀羅尼　神通變化共莊嚴
十方眾生無有量　世界虛空亦如是
發心無量過於彼　是故能生一切佛

「三昧陀羅尼」就是總持，總一切法，持無量義。當你靜坐思惟，一切法都現前了，就是總持一切法。「神通變化共莊嚴，十方眾生無有量，世界虛空亦如是。」世界是境界相，虛空是什麼也沒有，境界相跟虛空平等平等，都是這樣子。「發心無量過於彼，是故能生一切佛。」發菩提心就能生一切菩提果，一切菩提果就是一切佛。

菩提心是十力本　亦為四辯無畏本
十八不共亦復然　莫不皆從發心得
諸佛色相莊嚴身　及以平等妙法身

智慧無著所應供　悉以發心而得有
一切獨覺聲聞乘　色界諸禪三昧樂
及無色界諸三昧　悉以發心作其本
一切人天自在樂　及以諸趣種種樂
進定根力等眾樂　靡不皆由初發心

佛佛都具足十力，什麼是十力的根本呢？菩提心。「亦為四辯無畏本，十八不共亦復然，莫不皆從發心得。」十八無畏、四種辯才、十八不共法，都是從發菩提心得到的。「諸佛色相莊嚴身，及以平等妙法身，智慧無著所應供，悉以發心而得有。」這些都是發菩提心得到的，「一切獨覺聲聞乘，色界諸禪三昧樂，及無色界諸三昧，悉以發心作其本。」不發心是得不到的，發什麼心就得到什麼。

「一切人天自在樂，及以諸趣種種樂，進定根力等眾樂。」進是精進，定是禪定，根是五根，力是十力。「靡不皆由初發心」，這些都是從最初發心得到的。我們出家，將來所成就的，就是出世俗家，入如來家，入如來家才發菩提心。

以因發起廣大心　則能修行六種度
勸諸眾生行正行　於三界中受安樂

住佛無礙實義智　所有妙業咸開闡
能令無量諸眾生　悉斷惑業向涅槃

你不發菩提心，怎麼能修行六度萬行呢！最根本的是什麼？發廣大心。行六度也好，度眾生也好，斷惑業、求涅槃，都是由最初發菩提心。

智慧光明如淨日　眾行具足猶滿月
功德常盈譬巨海　無垢無礙同虛空
普發無邊功德願　悉與一切眾生樂
盡未來際依願行　常勤修習度眾生
無量大願難思議　願令眾生悉清淨
空無相願無依處　以願力故皆明顯
了法自性如虛空　一切寂滅悉平等
法門無數不可說　為眾生說無所著

發菩提心，發菩提願。「了法自性如虛空，一切寂滅悉平等。」了一切法的體性跟虛空等，無障無礙，無不包容，無所不至。「法門無數不可說，爲眾生說無所著。」法門無量不可說，總說是什麼？不要起執著，爲諸眾生說無著。無著了，就解脫了。一切法無著，就是一切法解脫。

十方世界諸如來　悉共讚歎初發心
此身無量德所嚴　能到彼岸同於佛
如眾生數爾許劫　說其功德不可盡
以住如來廣大家　三界諸法無能喻

十方諸佛都讚歎初發菩提心，「此身（心）無量德所嚴，能到彼岸同於佛。」我們這個身體，現在是惑所嚴，諸佛功德是發菩提心所嚴，我們是善惡摻半，雖然是有惡，但是有善，善惡摻半，純善了就靠發菩提心，發了菩提心就純善了。

「如眾生數爾許劫，說其功德不可盡。」眾生有好多呢？說多少劫也說不清楚，說起功德，也不可盡，不能得知。「以住如來廣大家，三界諸法無能喻。」住到佛家，在世間上三界諸法找來個比喻，顯示住佛家的功德，說不出來。發了菩提心，就住在如來家。

欲知一切諸佛法　宜應速發菩提心

你要想把佛法都知道，想進入佛法，你應當發菩提心才能知道。

此心功德中最勝　必得如來無礙智
眾生心行可數知　國土微塵亦復然

發菩提心，在此心功德之中是最勝的。「必得如來無礙智」，發了菩提心一定得如來的一切智智。「眾生心行可數知」，一切眾生的心念可以知道，可以把它數出來。「國土微塵亦復然」，我們這個娑婆世界有好多微塵？發了菩提心，有了智慧都能知道。我們不行，我們就這個法堂，把它抹爲微塵，好多微塵？何況三千大千世界！

虛空邊際乍可量　發心功德無能測
出生三世一切佛　成就世間一切樂
增長一切勝功德　永斷一切諸疑惑
開示一切妙境界　盡除一切諸障礙

「虛空邊際乍可量」，虛空本來就沒有邊際，還量什麼呢？假使可量的話，跟發心的功德比，發心功德無能測，測量一下子，發心的功德有好大？測量不出來。

「出生三世一切佛，成就世間一切樂。」發了菩提心，這個菩提心能夠出生過去、現在、未來一切諸佛，世間一切快樂，如果發了菩提心，都能成就。

「增長一切勝功德，永斷一切諸疑惑。」你若有疑惑，發了菩提心疑惑都斷除了，說要想增長功德，讓你發菩提心。「開示一切妙境界，盡除一切諸障礙。」發了菩提心，那境界就妙了，不可思議，一切障礙都沒有了。

成就一切清淨剎　出生一切如來智
欲見十方一切佛　欲施無盡功德藏
欲滅眾生諸苦惱　宜應速發菩提心

法慧菩薩一再的勸，說了又說，說了又說，還是發菩提心！你要想見十方一切諸佛，欲施無盡功德藏，要想把眾生的苦難都滅除，那你趕快發菩提心。菩提是覺，就是發一個覺悟、明白的心。

法慧菩薩最後鼓勵大家發菩提心。我們現在發菩提心，初發菩提意，聲聞發菩提心不？聲聞也發菩提心。緣覺發菩提心不？緣覺也發菩提心。權教菩薩也發菩提心，一乘菩薩、大乘菩薩，他也發菩提心。但是，發菩提心的量，就不同了，各各的心量不同。什麼叫大菩提心呢？大菩提心就是利益眾生的心。聲聞緣覺的菩提心是不利益眾生，他自己明白就行了，不管人家了。權教的菩薩，發的菩提心不廣，他的心還沒入法界。一乘菩薩發的菩提心，那是廣大的。

我們讀誦大乘，就是發菩提心。有一班同學，天天讀誦華嚴，發菩提心。讀誦華嚴就是發菩提心，發菩提心才能讀誦華嚴。說我們念一句阿彌陀佛就好了，求生極樂世界，你得發菩提心。發了菩提心念的佛跟沒發菩提心念的佛，不一樣的。怎麼個不一樣法呢？效果不一樣，生處不一樣。你讀〈普賢行願品〉，普賢菩薩把你送極樂世界，華開見佛，頓悟無生，大菩薩了，你一生到就見佛，頓悟無生。像普通生在蓮華裡，蓮華還得經過一劫兩劫才開，開了才能見佛。不過他不退墮了，好處是這樣子。但是佛果的菩提，這是法身的大智、大慧、大悲、大慈，眞俗萬行一切融通，這也是發菩提心，這個菩提心不同了。總的說，發菩提心層次相當的多。法慧菩薩在這一段，說的都是發菩提心。

下一品是〈明法品〉，〈明法品〉就不同了，光發心還不行，還得去作。誰發起的呢？精進慧菩薩請法慧菩薩說。前面〈升須彌山頂品〉乃至於〈須彌頂上偈讚品〉、〈十住品〉、〈梵行品〉都說的是初發心的菩薩，五品法門，勸發菩提心能得廣大功德。〈明法品〉是精進慧菩薩請法慧菩薩說的，是六品經文的最後一品。把前五品所說的那個心，更加發明，「趣後勝進」，轉勝以前，還是發菩提心。精進慧問法慧菩薩，所有的大願都令滿足，發挖菩薩的廣大藏，菩薩藏，使他進一步說明，更不同了，深入。這六品經文，都是勸發菩提心。

以我們現在來說，我們發菩提心，怎麼樣發呢？先把菩提明白了，菩提是覺悟的覺，就是發個覺悟的心。現在我們是在不覺，不覺當中想要進入覺悟。我們從最初沒明白佛是什麼涵義，對佛教、佛法、佛果的涵義還不太清楚，佛所教導我們的一切法，要達到一個目的，要使我們都能明白，就是使我們都能覺悟。簡單說，發個覺悟之心，但是覺悟之心有層次的，有次第的，不是沒次第的。發心的心量、感受的果報上面，有大小的差別。

我們道友最初發心出家，爲什麼要出家？當初出家，是個覺悟的心哪？還是到了普壽寺一看見出家很好，最初來的時候不是想出家，這裡有很多道友是這樣的。看見普壽寺師父們，發心出家。發心出家是不是滿願了呢？不見得。收的不多，想出家的不少。出家還要開後門嗎？前門行不通，還要開後門！出家沒有後門，就看發心眞不眞。有的也出很多障礙，現在就有，年齡大了不收，我說：「妳去求求佛。」

在印度，那時候，有位大阿羅漢年齡大了，八九十了，不收，天天賴著不走，在精舍裡等著，他遇見佛了！佛看見了，佛收了，一給他說法化，馬上證了阿羅漢果，馬上得了阿羅漢果。舍利弗跟目犍連說，世尊這個事很奇怪，我們不收他，是看見他八萬大劫沒有一點善根。佛跟他們說八萬大劫之前，他們看不到了，他是八萬大劫之前的善根，現在成熟了，出家就聞法，聞法就證果。

這個話得兩方面說。現在我們這些道友不收，說：「找老和尚！找老法師！」「找我？我沒得權力，我把她收往哪兒收？她是個女眾，沒有辦法。」

這叫什麼呢？緣不具。因有，緣不成熟，障礙可多了，這是第一種。

出了家之後，有沒有罷道還俗的？我知道有。她因緣成熟了出了家，但是還有障礙。佛在世的時候，比丘尼有沒有還俗的？佛在戒上說，比丘可以反覆七次，出了家了還俗，還俗又出家，到第七次上不成了，不再收。比丘尼只能一次，還俗了再來不行了。佛在世就有，遇見佛了，因緣很殊勝了，怎麼還又回去了呢？佛也沒辦法，她業障發現，佛不能代眾生消業，個人的業個人了，你得把業障消了。

現在我們讀《華嚴經》，發菩提心的功德，佔了六品經文，《華嚴經》有三十九品，而且還明明告訴你，發菩提心跟最後成就佛果，這兩個心哪，如是二心初心難哪！現在我們也在發心，但不是菩提心，我們發的心不眞，因地不眞，果招迂曲，到果上那就曲曲彎彎的，達不到目的。

爲什麼經常跟大家說信心？文殊菩薩就引誘一切眾生，生起信心。信心不是我們這個欣樂心，十信位的菩薩，前面講信心，什麼樣才算有信心，什麼樣眞正信三寶的，我們是對三寶欣樂，而不是眞正信心。從欣樂能夠達到信心，還有一段很長的距離！百生千生萬生，一次一次的，有很長的距離！對三寶一有信心，眞正有信心了，覺知前念起惡，止其後念不起，這是初信。

大家看看十信位菩薩，這才算初信，這個我們能作到嗎？有些道友作得到的。他當時知道念頭不對，馬上就制止，絕不相續，絕不起第二念。如果大家老實說心裡話，你信佛的心、信三寶的心，有沒有反悔？反悔就是出了家後悔了，雖然後悔了，自己又能克服，克服就不至於發展到還俗。

有一個道友跟我說，不想當和尚，不想當比丘尼，但是不好意思，還是勉強再出家下去。這個信心，三心二意的，還能成道嗎？還能修行嗎？我們還不說那些在佛教裡頭混的，指佛穿衣，賴佛吃飯！

有人問過我這話，我答覆他，我說也不錯了，他不指著別的，專指佛，跟佛耍賴皮，佛是原諒的，耍耍的，他變眞實的。能在這裡頭指佛穿衣賴佛吃飯，他能賴到，能穿上衣服，能吃飯，慢慢他就漸漸信入了。

發菩提心的，對一切眾生從不輕視。還俗的比丘尼也好，和尚也好，我又收回來不少，我跟他們不斷絕關係，不厭棄他們。那是他一時的業障，訓練一下，他又好了。佛在世時說比丘尼只一次，多給她兩次機會，又有什麼關係？讓她再鍛練嘛！說這發菩提心很難。

現在人家批評我，這個批評我現在也在鬥爭，我的弟子就說我，說：「你太慈悲了！」我這個慈悲不是我，我沒慈悲，人家這樣讚歎我，我還不夠資格。我根本就慈悲不了，沒有發慈悲心！慈悲心是有標準的，不是說我們對人家作點好事，就叫慈悲！

看看佛菩薩的大慈大悲，慈悲到什麼地位，慈悲心的量，慈悲心的境，我們哪有？人家批評，我反倒很慚愧，我說我不夠資格，慈悲心眞能解決問題，解決不了人家問題，什麼慈悲？怎麼叫解決問題？他有痛苦，用大悲心把他拔除了，你有這個智慧嗎？大悲心得有智慧，沒智慧叫什麼悲？悲能拔苦。大慈呢？給人家快樂。彌勒菩薩給人家快樂，他大慈，叫慈氏菩薩。他的化身，布袋和尚，大家看我們齋堂，大肚彌勒佛，他能給眾生快樂，你要什麼他都有，布袋裡什麼都有。看是大布袋，大布袋裡什麼都有！衣食住行都在裡頭，福報、智慧，他那裡都拿得出來。我們拿什麼給人家？我們能拔除人家痛苦？能給人家快樂？

我們每位道友，發慈悲心，這是學菩薩這樣作。人家找你來，想求的心上安慰一下，說兩句安慰話，這不算慈悲。安慰安慰他，這是暫時的，不能解決他的痛苦，那叫什麼慈悲！你也不能給快樂。慈悲的涵義，既能拔除他的痛苦，又能給他快樂，這就叫慈悲。大悲觀世音菩薩是拔除眾生痛苦的，地藏菩薩是拔除眾生痛苦的。

我們只能夠當介紹所的介紹人，我們介紹什麼呢？介紹佛菩薩，不是介紹人家婚姻，也不介紹人家買賣。我們介紹什麼？把諸佛菩薩的法，介紹給一切眾生，就是給苦難的眾生，我們只能作到這一點，還介紹不完全，爲什麼？你介紹了，他修這一法不相應，修之後沒得到。這對佛法有傷害，佛法本來是介紹他了，他沒得到，沒得到他對佛法就生起謗毀。

你要介紹的很正確，得自己跟那些掛上線，沒掛上線，你的介紹不靈。你跟觀世音菩薩、地藏菩薩掛上，你先求，掛上線了，之後教人家也念，你這幫助，幫助介紹，效果好了，對地藏菩薩、對觀世音菩薩，信的不得了，對佛法信的不得了。你只能作這個，沾這麼一點光，中間當這麼個介紹人，也得到好處。

我們應當發慈悲心，我們學菩薩學的不像，不像就是作不到。每位道友都應當慈悲，不只比丘比丘尼、優婆塞優婆夷，只要自己認爲是佛弟子，應當給眾生快樂，這就叫菩提心。

菩提心還有什麼樣子嗎？慈悲喜捨。講經說的很深奧，菩提心就是覺悟，你把覺悟給給眾生，你作不到，作不到當介紹人，介紹他念地藏菩薩，介紹他念觀世音菩薩，他念靈了，介紹人也沾光了。

例如一個在家人介紹人家男女關係，介紹兩性結合，他給介紹好了，兩夫婦很親愛，很歡樂，一生很幸福，他們感激你這個介紹人。若介紹之後，兩夫婦到一塊堆就打架，一天鬧的，罵你這個介紹人，男方也罵，女方也罵，你這個介紹人，不倒楣嗎？本來是作好事，好事也變成壞事。爲什麼？沒智慧。我們作佛弟子得有智慧，你沒有，求佛菩薩！佛菩薩有，佛菩薩加持你，那就好了。

我們學發心功德，很深！而我們現在發心沒發心？聽了這麼久了怎麼樣發心？

怎麼樣才算發菩提心？我們能不能發菩提心？

聽見地震大海嘯死了這麼多人，如果你是發菩提心的人，怎麼樣感觸？什麼樣感受？「中國人只有幾位！」不要因爲是中國人才關心。發菩薩心的只要是人，只要是眾生，還有海裡那些眾生！那個數字沒人知道，那比人的數字多得多，十倍、百倍、千倍、萬倍都多，一個海嘯死好多眾生。原因是什麼？業。只一個字：業。看見是發大水、是海嘯、是地震，其實是業。那我們就消業，發菩提心，勸眾生別造業了，過去的業消還消不完，還造新業嗎？我們幫助別人，辦不到的時候，先消自己的業，大家多消業障，發菩提心。

初發心功德品 竟

明法品

○來意 釋名 宗趣

在梵本《華嚴經》，〈明法品〉叫〈法光明品〉，「統有四義，一法慧智慧」，第一義是法慧的智慧，「二明是能詮，以能顯行故」，第二義是明菩薩入住而後要行，就是十行。「法」也就是我們的心。一般地講，法者是規矩義，軌生物解，給眾生有所行，有個軌道。「三明是智用，法是理行及果」，第三義，明是智慧，是智慧的用。法就是理行，是果。「四所修行法，體離無明」，第四義，修行方法要依體修行，要明體。一般地說，法有四種，教法、理法、行法、果法，教理行果四種。你要循這個教，在教義上要明到理，學教悟理，悟得教的道理，之後修觀，觀理而起行。因爲修行成果了，行才能得果，這品的大義是已經住在如來家。

〈十住品〉住在如來家，你要精進修行，要起行了。怎麼樣修行？初發心時求一切智慧，這一品請問的人是精進慧菩薩，法主還是法慧菩薩，這六品經都是以法慧爲主的。前面已經說了五品，〈升須彌山頂品〉、〈須彌頂上偈讚品〉、〈十住品〉、〈梵行品〉、〈初發心功德品〉，發了菩提心，你一定得到廣大的功德，使你的心更明了，心明就是智慧增長。你所行的法是根據你所明白的法義去進修。這一品是精進慧菩薩問，法慧菩薩答。

○釋文

◎請說分

爾時精進慧菩薩。白法慧菩薩言。佛子。菩薩摩訶薩初發求一切智心。成就如是無量功德具大莊嚴。升一切智乘。入菩薩正位。捨諸世間法。得佛出世法。去來現在諸佛攝受。決定至於無上菩提究竟之處。

「佛子」是精進慧菩薩稱法慧菩薩，稱法慧菩薩爲佛子，說菩薩摩訶薩發起心求一切智心，就是求成佛，求得到大智慧心，得成就無量功德，得大莊嚴力，升一切智乘，入菩薩正位，要捨掉一切世間法，捨掉世間法就得到出世間法，去來現在就是三世諸佛。

發了這個心之後，爲三世諸佛所攝受的，決定能達到成就佛的究竟菩提。這個問號說，發心的菩薩已經住在佛家，生如來家，他要想具足一切功德，想生到佛位，必須得經過菩薩的正位，才能生到佛位，捨棄一切世間，得到三世諸佛的攝受，才能成就無上菩提。

彼諸菩薩於佛教中。云何修習。令諸如來皆生歡喜。入諸菩薩所住之處。一切大行皆得清淨。所有大願悉使滿足。獲諸菩薩廣大之藏。隨所應化常為說法。而恆不捨波羅蜜行。所念眾生。咸令得度。紹三寶種。使不斷絕。善根方便。皆悉不虛。

發心住的菩薩，他入了佛教、發了菩提心，怎麼樣修行？諸佛菩薩是看著你所行的，如果你行的好，依佛所教的去作，諸佛菩薩皆生歡喜了，這才能夠入住菩薩所住之處，以後就起大行，「大行」就是修行。

「大」是稱心而修，心如虛空，他這個行也徧虛空，所以稱爲大。想得到清淨，發大願，滿足他的大行大願，這時候才能得到菩薩的廣大之藏。「廣大之藏」是集菩薩所行，集菩薩所有的德，集菩薩所有修行成就的，順著佛法而入位，順行、順願、順位，也要順佛的德。自他兼利，自利就是自修，利益眾生就是度眾生。

這種大菩薩隨常說法，不捨自行，他自己的修行，絕不能捨棄的。常給眾生說法而不捨波羅蜜行，自己修到彼岸的法，這樣子自也得度、他也得度。所念的眾生，希望一切眾生都能得度。「紹三寶種」就是佛子，紹三寶種使三寶不斷故，這時候善根能成就，就不虛了。但是，這個得用什麼方便？假什麼方法去修才能達到這些願望？

佛子。彼諸菩薩。以何方便。能令此法當得圓滿。願垂哀愍。為我宣說。此諸大會靡不樂聞。

「佛子」，是精進慧菩薩向法慧菩薩請問，說諸菩薩用什麼方便法門，才能令以上所說的達到圓滿。

「願垂哀愍」，「垂哀愍」就是請法慧菩薩爲說法，「爲我宣說」，這是精進慧菩薩說的。

「此諸大會靡不樂聞」，現在法會的人都想聽你說一說，怎麼樣才能入到菩薩藏？怎麼樣才能修行大行？怎麼樣才能清淨？怎麼能才發起大願？令這些都讓他滿足，入菩薩之藏。問號含著這麼幾個，一個修行，一個順著自己所修行的入位。那麼所修行的法，依著法而修行，依著自己大願而修行。積累廣大的德才能入菩薩藏，就是自他兼利。光說不行，自己得修行。常自說法而不捨自行，邊說邊修。弘揚三寶的法，下化度眾一切有情。這是他請問的第一段。

復次如諸菩薩摩訶薩常勤修習。滅除一切無明黑闇。降伏魔怨制諸外道。永滌一切煩惱心垢。悉能成就一切善根。永出一切惡趣諸難。淨治一切大智境界。成就一切菩薩諸地。諸波羅蜜。總持三昧。六通三明。四無所畏清淨功德。莊嚴一切諸佛國土。及諸相好。身語心行。成就滿足。善知一切諸佛如來力無所畏。不共佛法。一切智智所行境界。為欲成熟一切眾生。隨其心樂而取佛土。隨根隨時。如應說法。種種無量廣大佛事。

佛國土是依報，諸相好是正報，這叫依正莊嚴。「身語心行，成就滿足，善知一切諸佛如來力無所畏，不共佛法，一切智智所行境界。」身，身體所作的，語，口裡所說的，心裡所想的，讓身口意成就圓滿。善知如來的十力、四無所畏、十八不共法、一切智智所行的境界，就是問佛的境界，使這些菩薩能善了解佛的力無所畏、十八不共法、一切智智，佛所行道的境界，爲什麼？

「爲欲成熟一切眾生，隨其心樂而取佛土，隨根隨時。」隨眾生的根，隨根隨時。「如應說法，種種無量廣大佛事。」「隨根」，就是順眾生的根機。「隨時」，得知道時，非時不說！什麼時呢？因緣成熟時，一切眾生發了心，想聞佛法，聞了就想修，修了就想證，這樣給他說，作種種的無量廣大佛事。我們經常說無明，無明沒有體的，假使說無明有體，什麼是他的用呢？黑闇，無明都是黑闇的，黑闇就是它的用。有了無明對理不明了，在理上愚昧，理愚昧了事也不清楚了，昧理昧事，所以叫黑闇。

菩薩要想行道，如何降魔？不能降魔，你一修道，魔就給你作障礙。如何制伏外道？因為心有垢染所知不明，心有垢染叫什麼呢？習氣，過去無量劫來所集（積）成的習氣，這樣子善根怎能成就？三惡八難又怎麼能出離？要把煩惱境界淨治了，智慧境界才現前。精進慧菩薩問這些問號，都是我們一切眾生界，一切修行道路上的障礙。

第一個先認識我們迷惑的體是什麼？依體而起的相，相要起作用，這得用到佛所教授的方法來對治。這些方法就請法慧菩薩答，解決修行道路的這些障礙，發了心要修行，修行有這些障礙，怎麼除掉？像我們戒定慧三學，慧就是看一些問題的看法，怎麼使他能清淨？戒淨，是持戒無所違犯，定呢？定淨，定中有些欲樂、有些境界相，怎麼使他能清淨？說看問題的看法，一點邪見沒有，都依著佛的教導，行六度的時候不是那麼簡單，裡頭有些障礙，怎麼能讓它清淨？在修行清淨道，大乘小乘都如是說。用智慧斷一切煩惱，這叫行的斷淨。

依你的三業，身口意三業莊嚴佛土，口裡讚歎三寶，身體所作的三寶事業，意念所緣念的三寶事業，是三業的功德，怎麼樣才能成就莊嚴滿足？我們經常提到修觀，觀就是觀力，觀力思惟，觀照的意思，觀照本身就是智慧，怎麼樣能知道佛的功德？觀照力，怎麼樣進入智慧的境界？用什麼方便的方法能夠救度眾生、成就眾生？這得作佛事。

及餘無量諸功德法。諸行諸道及諸境界。皆悉圓滿。疾與如來功德平等。於諸如來應正等覺。百千阿僧祇劫修菩薩行時。所集法藏。悉能守護。開示演說。諸魔外道無能沮壞。攝持正法無有窮盡。於一切世界演說法時。天王。龍王。夜叉王。乾闥婆王。阿脩羅王。迦樓羅王。緊那羅王。摩睺羅伽王。人王。梵王。如來法王。皆悉守護。一切世間恭敬供養。同灌其頂。常為諸佛之所護念。一切菩薩亦皆愛敬。得善根力。增長白法。開演如來甚深法藏。攝持正法以自莊嚴。一切菩薩所行次第願皆演說。

精進慧問的當中涵義，怎麼樣把一切諸功德法積聚起來，行一切菩薩道。自己身口意的行爲及諸境界，皆悉圓滿。「諸行諸道及諸境界，皆悉圓滿，疾與如來功德平等。」「疾」就是快一點，速疾成就如來功德，就是速疾成佛。「於諸如來應正等覺，百千阿僧祇劫。」十萬大劫，百千阿僧祇劫就是十萬阿僧祇劫。

「修菩薩行時，所集法藏，悉能守護。」前面所說的都是菩薩的法，含藏一切菩薩藏，藏者含藏義，含藏著菩薩身口意怎麼樣作。「開示演說」，精進慧菩薩就請法慧菩薩開示演說。

「諸魔外道無能沮壞，攝持正法無有窮盡。」在修道的時候，你想行菩薩道，想成就佛果，諸魔外道干擾，沮壞你！我們攝持正法，使他不能干擾，不能沮壞。魔法外道法是很多很多的，無窮無盡的。菩薩要行道的時候，用什麼方法來消除魔、來對治外道？

「於一切世界演說法時」，說法的時候，怎麼樣能得到？「天王、龍王、夜叉王、乾闥婆王、阿脩羅王、迦樓羅王、緊那羅王、摩睺羅伽王。」八王護法。「人王、梵王、如來法王，皆悉守護。」守護行菩薩道，行菩薩道的時候，得到八大王乃至人王、梵王、如來法王都來守護你。

「一切世間恭敬供養，同灌其頂，常爲諸佛之所護念。一切菩薩亦皆愛敬，得善根力，增長白法，開演如來甚深法藏，攝持正法以自莊嚴，一切菩薩所行次第願皆演說。」精進慧菩薩向法慧請教的問題太多了，在菩薩發菩提心，在修行的時候，行菩薩道。這裡頭最注重的是什麼？在行菩薩道的時候利益眾生，自己要修行，但是以利益眾生爲主，自己修行爲輔。如果自己不修，怎麼能說法利益眾生！菩薩爲利益眾生，不捨生命，但是他自己也得修，自他雙利，有時以自修爲主，利他爲輔，輔助自修的功德，有時候利他爲主，自修爲輔，這是大菩薩。

如果自己不作，教授別人，你對這個方法是不是正確的？教授方法是不是對的？自己得實習一下，自己得驗證一下。

爾時精進慧菩薩。欲重宣其義。而說頌言。

「重宣」，怕前面沒說清楚，再說一遍。「而說頌言」，前面長行這樣問了，底下用偈頌體裁再說一遍，再重頌一遍。

大名稱者善能演　菩薩所成功德法
深入無邊廣大行　具足清淨無師智

「大名稱」是指著法慧菩薩說的，說你的名稱善能演說，演說什麼呢？菩薩所成功德法，菩薩怎麼樣成就功德的？「深入無邊廣大行」，「廣大行」就是菩薩自己修行。「深入無邊」就是稱心所具足理，稱著理法而作的事，理成事。理是什麼呢？就是智慧體，就是智慧，有智慧指導作一切的利益眾生事。菩薩利益眾生的時候就是修行，他給眾生說一切法門，都是自己所修行的、所得的給眾生說，就是清淨無師智，「無師」是不以自己的思念爲主，「師」是指著心，「無師」，不以自己的心作老師。同時，本具理體的智慧，自己本具足的，不由他教，每位都有，等你開了悟，成了佛了，你才知道本具的智慧德相，這叫「無師智」，也就是大徹大悟。

若有菩薩初發心　成就福德智慧乘

入離生位超世間　普獲正等菩提法

前面問號，重覆再問。離眾生，超世間的，離六道輪迴，超出世間，超出世間法界，出世間了。怎麼樣入到超世間的位？想入超世間的位，必須得有菩提，發了菩提心，成就菩提法，獲得菩提法，說菩薩初發心，要想得智慧，福慧都具足，超出人間的，超出世間的。想再深入說，要成到正等正覺，菩提之法，要成佛。他一發心就想成佛，要成佛得成就福德智慧，那你得離開世間，超世間法。

如果我們想生極樂世界，得超世間，超離娑婆世界，娑婆世界你超不出，極樂世界去不到。想了生死，脫離三界，欲界、色界、無色界，那起碼得斷煩惱，證菩提。煩惱還是淺近的，見思二惑必須得斷，見有八十八種。你不斷見思惑，怎麼能超世間了生死呢？這是說聲聞緣覺乘。要想獲得正等菩提，起碼得行六波羅蜜，到後面的十地、十忍、十通，那就是證菩提法。

彼復云何佛教中　堅固勤修轉增勝
令諸如來悉歡喜　佛所住地速當入
所行清淨願皆滿　及得廣大智慧藏
常能說法度眾生　而心無依無所著

菩薩一切波羅蜜　悉善修行無缺減
所念眾生咸救度　常持佛種使不絕
所作堅固不唐捐　一切功成得出離
如諸勝者所修行　彼清淨道願宣說

初入佛門，學習佛教，堅固你的信心，這是指信心說的。「勤修」，發菩提心、行菩提道，一位一位展轉增勝，這樣子才能夠「令諸如來悉歡喜」，令一切諸佛歡喜。「佛所住地速當入」，這位菩薩很快就能成就佛果，「佛所住地」就是入如來家，就成就佛道了。

「所行清淨願皆滿」，最初發大願，就是發菩提心，菩提心就具足了，願行都具足了。使這種清淨願滿足，滿足就是成就。「及得廣大智慧藏」，廣大智慧藏就是佛智，藏是含藏義，含藏著都是智慧，都是大般若智。

「常能說法度眾生，而心無依無所著。」常呢？不間斷，說法利益眾生，說法的心無作無願無相，無所依、無所著。

「菩薩一切波羅蜜，悉善修行無缺減。」「波羅蜜」就是成佛的法，就是到彼岸的法就叫波羅蜜。一般的說布施、持戒、忍辱、精進、禪定、智慧，這是平常的六度。在《華嚴經》說的是十度，一切波羅蜜用十，十者圓滿數，具足一切波羅蜜，十波羅蜜就是把智慧開，開方便、開願、開力、開智。施、戒、忍、進、禪，慧、方、願、力、智，十度。這就是廣大度眾生的藏，你以十智力所住無依無所著，一切不執著，成就一切波羅蜜，善能修行，「悉」就是不缺少，無缺陷。

「所念眾生咸救度，常持佛種使不絕。」大菩薩發心的時候，念念不忘眾生，常念眾生，救度眾生，「咸救度」。常持佛種使不絕，持呢？支持，使佛種不斷，佛法不斷。佛種不斷，就是佛的種子不斷，說歸依三寶了，就是住持三寶，歸依佛就是使佛種不斷的意思，歸依法是法寶不斷，歸依僧是僧寶不斷，念念護持三寶，念念出生三寶。

「所作堅固不唐捐」，所作的一切佛教事業，「唐」就是唐棄的意思，棄捨的意思，「捐」是捐除的意思，「不唐捐」是指有功德的存在，不是白白浪費的。所作的堅固不動，不是隨時消滅的或者隨時就沒有了，那不可能，常時相續，成那個常使佛種不斷的意思。

「一切功成得出離」，「出離」是說的世間法，功成了，成就佛法了，三寶事業永遠不斷，世間法就出離了。「如諸勝者所修行」，大菩薩所修一切行，「彼清淨道願宣說」，那些成就諸佛，成就大事，他們修的清淨道，請你說一說，讓眾生照著去作。

永破一切無明闇　降伏眾魔及外道
所有垢穢悉滌除　得近如來大智慧
永離惡趣諸險難　淨治大智殊勝境
獲妙道力鄰上尊　一切功德皆成就
證得如來最勝智　住於無量諸國土
隨眾生心而說法　及作廣大諸佛事

破除黑闇是理，把無明破了，光明就顯現了，智慧就開了，「降伏眾魔及外道」呢？是事，在世間相上面，你要想作正業，邪魔外道他來破壞，擾亂你。

「所有垢穢悉滌除」，這些垢染是指你心裡頭妄想煩惱一切濁染的意思，這樣子才能夠「得近如來大智慧」，如果垢染滌除不掉，如來大智慧得不到。垢染是指什麼呢？是指著垢穢、煩惱、過去的習氣、貪瞋癡愛，把這些都除掉了。

「永離惡趣諸險難」，三惡道，險難的處所，很危險。「淨治大智殊勝境」，他換了一個環境，清淨的，大智提煉出來的！這才入了殊勝境界，殊勝境界是什麼境界？佛境界。

「獲妙道力鄰上尊」，跟諸佛作鄰，得到殊妙的道力。「一切功德皆成就，證得如來最勝智，住於無量諸國土，隨眾生心而說法。」成就佛果利益眾生，唯有度眾生而成就佛果，爲了利益眾生成就佛果，因爲利益眾生才能成就佛果。「及作廣大諸佛事」，「佛事」就是利益眾生的事業，凡是三寶的事都叫佛事。

云何而得諸妙道　開演如來正法藏
常能受持諸佛法　無能超勝無與等
云何無畏如師子　所行清淨如滿月
云何修習佛功德　猶如蓮華不著水

這兩個偈頌，成就了！因地成就果德，成就佛果的功德，精進慧菩薩向法慧菩薩請問，說了兩遍，長行說一遍，用偈頌體裁再重覆一遍。

◎正說分

爾時法慧菩薩。告精進慧菩薩言。善哉佛子。汝今為欲多所饒益。多所安樂。多所惠利。哀愍世間諸天及人。問於如是菩薩所修清淨之行。

精進慧菩薩請問，法慧菩薩就答覆他了，對他說，「善哉佛子。」法慧菩薩稱讚精進慧菩薩，說很好，「善哉」就是很好的意思。

「汝今為欲多所饒益。」你現在想利益一切眾生，「多所安樂，多所惠利。」讓一切眾生得大利益，得到安樂，得到惠利。「哀愍世間諸天及人」，說這些法都是給天人說的。

「問於如是菩薩所修清淨之行」，你所問的，如是菩薩所修清淨之行。他說的問號都是清淨的行。什麼叫清淨行？前面的菩薩已經發了菩提心，依著菩提心而起大願大行。「行」就是作，作裡頭就含著身口意清淨，照著清淨慧菩薩所請問的那樣，都叫清淨行。以清淨心修行清淨道，成就究竟的清淨佛果，說你發的菩薩心是哀愍世間，諸天及人，想救度天人，才問菩薩怎麼樣修清淨行。這是法慧菩薩讚歎精進慧菩薩。

佛子。汝住實法。發大精進。增長不退。已得解脫。能作是問。同於如來。諦聽諦聽。善思念之。我今承佛威神之力。為汝於中說其少分。

這一段，十行、十住、十迴向，都是十慧菩薩說的，互相酬答，給眾生作解說。「汝住實法」，「住實法」是他已經成就，「實」是指著心，法界理實叫「住實法」，這個跟我們所說的明心見性不同，這都是證得地上的大菩薩，都是十地以上的大菩薩。「發大精進，增長不退」，若不依著眞心起的眞行，不能入如來家，這個不只入如來家而行的如來行，「已得解脫」，已經成就了才能作是問，說你問的這些問題，非常深奧，非常廣。爲什麼？因爲你自己已經證得實法。所以，在〈地藏占察懺〉說一實境界，二種觀行。這個一實境界就是實法，證得實法。

「能作是問，同於如來。」「同於如來」，與佛相等，相同。「諦聽諦聽」，這是答覆。「諦」是實，你證得實道了，就如實的諦聽諦聽。這個諦，我們經常講二諦，二諦融通三昧印的二諦，眞諦和俗諦，「諦聽」是指著眞諦說的。

「善思念之」，好好的去想一想，這跟〈淨行品〉上，文殊師利菩薩說的一樣，「諦聽諦聽，善思念之」，就是「善用其心」。

「我今承佛威神之力，爲汝於中說其少分。」意思就說，你問的太廣了，我只能說其少分。大菩薩跟大菩薩也是謙虛，讚歎精進慧菩薩，如是問，具德之問，答應給他說，讓他如實的諦聽。說修行成就了，德成就了，行爲也就成就了，以下是答覆的話。

佛子。菩薩摩訶薩。已發一切智心。應離癡闇。精勤守護。無令放逸。

這些發大心的菩薩，發了一切智心，就是菩提心。發了菩提心，住到位上，住位發心，住在不退位發的菩提心，已經離開癡闇，離開無明闇，但是發了心，要守護這個心。發心容易，作起來難，守護更難。爲什麼如是說？大家都受了戒，比丘、比丘尼、優婆塞、優婆夷，有的受五戒的，有的就是受三歸的，你守護長養非常難。

從淺說，受了三歸五戒，怎麼樣使他長養善根？我問我們很多道友，受完戒，一離開，並沒有念念護持三寶，受了佛法僧三寶，你每天得念、得觀、得行，我是三寶弟子，應該作什麼事？當受三歸的時候，師父告訴我應該怎麼作。比丘、比丘尼兩眾，你守護了嗎？守護戒，如守護我們的眼珠子，別讓人把我們眼珠子給挖出去了，那之後看不見路。如果你受了戒了沒持、沒護，沒有離開癡闇。要精進勤守護，受容易，守護非常之難。

法慧菩薩對精進慧菩薩說，菩薩摩訶薩發一切智心，發菩提心，想成佛，菩提心是覺，發了覺悟的心，離開癡闇，離開無明，他要精勤守護，勿令放逸。精進慧菩薩是絕對不放逸的，他得精勤守護。發了菩提心的菩薩守護他那個智慧，守護智心，發了菩提心，得守菩提心。菩提是覺，發了覺心要成覺道，那得精勤，用智慧，沒有智慧的辦不到。守護你這個心，怎麼樣守護呢？對世間塵境，有情的境界相，永遠不犯，名不放逸。你說怎麼樣修行？「勤智守心，不犯塵境」，勤守攝心，守護你的心，不犯塵境，這就叫修行。怎麼樣修行？就這樣修行，已發一切智心，離開癡闇，精勤守護，無令放逸。很難！

我們都是三寶弟子，說現在在法堂裡都是三寶弟子，有兩種，說這還分嗎？要分，比丘、比丘尼，跟在家優婆塞、優婆夷不同。你的善根怎麼增長，身口意三業怎麼精進？我們出世間了，還沒有離開世間，沒離世間，你對世間相如何守護？說我們出家兩眾，出家要離俗家遠，俗家事情亂如麻，爲什麼叫出家呢？就是離開家了，離開家就是出家了，出了家，出的世俗家，離開癡闇了，入如來家，入佛家。

但是，出家不是說你的身體，而是說你的心。一般的環境來說，各個寺廟，很清修的了，很清淨修爲，修行自己。這就發了一切智心，離開癡闇沒有呢？應該向離開癡闇的道路走，精勤守護你發的初心，初心很難，發了讓它增長，不再退回去。爲什麼這樣說呢？上回放假，走了兩三百人，哪去了？回家去了！眞的假的，那你出家幹什麼？出家又想回家，三天兩頭想回家，那你不要出家，回到家裡放逸的事很多，恢復癡闇，不是離開癡闇。因爲這個非常之難，發心是一回事，離開癡闇又是一回事，說不放逸，精勤守護，這事情就多了，一事一事都不同。

在鼓山，我們那時同學的大約有五十個，相處了五年，沒有誰提過說回家看看去。再往以前，清末時候的八指頭陀，明末清初的紫柏老人、憨山老人，看看〈神尼傳〉，看看她們怎麼成道的。你要發了一切智心，想離開癡闇，不是容易事，了生死，趣涅槃果。無量劫來的根子一下要拔掉，不是容易事！我不是說，回家看看父母不對，我是說你的心是不是向道？你回家去了，給人家是說佛法嗎？是跟他們再回到世間法，是讓他們也離開癡闇嗎？是自己跟他們癡闇混到一塊堆。

現在我們好多道友，腦子裡根本沒有智慧，智慧很少，煩惱很多，好像滿腦殼都是煩惱，一說起來就是煩惱。學什麼呢？我們在這裡頭學的是智慧學，每天學智慧。我們學的是幹什麼的呢？學斷煩惱的，那不但煩惱沒斷，還增出來新煩惱，新煩惱在社會上沒有，到和尚裡頭有，又有新煩惱，這叫放逸，放逸怎麼還能成道呢？要精勤守護你這個心，不願觸犯六塵境界，不要放逸。你躲也躲不開，還往裡頭鑽，鑽什麼嗎？要守護根門，眼耳鼻舌身意你要看好，大家沒看到六賊鬧彌勒嗎？彌勒菩薩有六個小孩鬧他，那是表法的，眼耳鼻舌身意，一天把智慧、福德，都給你偷的散出去了，所以精勤守護，無令放逸。

佛子。菩薩摩訶薩住十種法。名不放逸。何者為十。一者護持眾戒。二者遠離愚癡。淨菩提心。三者心樂質直。離諸諂誑。四者勤修善根。無有退轉。五者恆善思惟。自所發心。六者不樂親近在家出家一切凡夫。七者修諸善業而不願求世間果報。八者永離二乘。行菩薩道。九者樂修眾善。令不斷絕。十者恆善觀察。自相續力。佛子。若諸菩薩。行此十法。是則名為住不放逸。

有十種法，才叫不放逸。「何者爲十？一者護持眾戒。」我們現在三壇大戒一起受的，菩薩戒，大家全是半月半月誦，都知道的了，那是護持心的，非常難持。菩薩戒有兩種，現在西藏受的都是彌勒菩薩說的，六重二十八輕；我們內地受的是十重四十八輕，盧舍那佛給千釋迦牟尼佛說的，那個千釋迦又給千百億釋迦說的，千百億釋迦給發菩提心的菩薩說的。你從三歸依起，三歸就是戒，你歸依佛了，不能再相信外道邪魔，歸依法，不能住於外道典籍，歸依僧，不能歸依外道邪眾，都是戒。

現在歸依三寶，這裡找個會道門，那裡找個大師，之後，眞的密宗上師？假的密宗上師？現在到大陸來的，普偏的都稱爲上師，傳密法。連三歸都守不住，還說五戒！菩薩戒是給地上菩薩說的，登了地的菩薩才能夠不犯。可能我們受過戒的道友都能體會得到，護持眾戒很難，那不是一般的情況！每人檢查檢查，照自己檢查，檢查身口意，有相的你還控制得住。你的心，當沒得到眞心，沒得到住心的時候，控制不住的，不由你的意念爲轉移！無始時來的業根，你能夠受持、能夠得到清淨嗎？十種法不放逸。《華嚴經》不是講圓融嗎？圓融是圓融，到這時候就不圓融嗎？是你圓融了之後，證得了才圓融，沒證得你要護持。這個說一切眾戒，我都沒犯，我能護持了，第二個就難了。

「二者遠離愚癡，淨菩提心。」發的菩提心，讓它清淨，你能把一切事物都看成了眞空絕相嗎？你能使你的心照見五蘊皆空嗎？如果作不到，愚癡煩惱你遠離不了的，你發菩提心、覺心，不清淨的。佛教說「放下屠刀，立地成佛」，不要把這句話當成眞的，「放下屠刀」是從現在開始，放下屠刀了，不作惡了，行善事了，那你還得修，遠得很呢！放下屠刀，就成佛了？遠離的愚癡，愚癡是什麼？沒智慧，沒智慧是什麼？煩惱。煩惱是什麼呢？無明。最根本的是無明，要使無明清淨了，沒有無明了，全變成大智慧光明，全變成菩提心。如果是把愚癡、煩惱清淨了，遠離了，這叫不放逸。

「三者心樂質直，離諸諂誑。」欺騙，假的，作假相，心質直的，直心正念眞如。〈大乘起信論〉講三心，直心就是正念眞如，能離開諂誑。

「四者勤修善根，無有退轉。」遇著什麼危難，遇著什麼挫折，不退心，簡單說，道心不退。

「五者恆善思惟，自所發心。」自己最初怎麼發心的？別人勸說的嗎？是自己發的嗎？

「六者不樂親近在家出家一切凡夫。」我們本身就是凡夫，我們所接觸的、所相處的全是凡夫，哪找個聖人去？辦不到了。這是發菩提心的菩薩。前面講十住位，住位菩薩能示現百界作佛，他還要守這個戒。法慧菩薩說，你不能長時親近在家出家的凡夫，這包括出家的凡夫。

「七者修諸善業而不願求世間果報。」出家四眾弟子供養三寶，乃至於施捨，乃至修道，所有的功德，他不是希望人間的福報，享榮華富貴，沒有這個念頭的。現在我們三寶弟子不是求發財，就是求作生意，就是消災免難，很少有求出世間果報的，都是求世間果報。我所接觸的，都是讓你給他迴向，使他災難免除了，身心健康，開公司時發財。都求這些，沒有求出世間，這叫南轅北轍。這是錯的。所有修的善業，點點滴滴迴向佛果，爲自己成佛，不求世間果報。

「八者永離二乘，行菩薩道。」要永遠度眾生，不爲自己求安樂，不爲自己證入涅槃，得清淨果，那是斷見思惑的，這個離我們還很遠。二乘的離苦得樂，究竟涅槃，斷見思惑，可是不行菩薩道，爲什麼？他恐怖，他沒有見到法性，不曉得眾生跟我一體的，不曉得眾生跟我平等的。二乘人當然比我們凡夫好。但是在行道的時候，成佛果的時候，大心的凡夫勝過小乘的聖人。在了生死、離苦得樂的方面，二乘人又勝過凡夫了，他不苦了，見思惑沒有，入了有餘涅槃。大心的凡夫在人間流浪，他要度眾生，不怕苦，常時度眾生，永遠修習善業，沒有疲倦的時候，沒有斷絕的時候。

「九者樂修眾善，令不斷絕。十者恆善觀察，自相續力。」怎麼叫恆善觀察、自相續力呢？發菩提心念念不斷、相續，發心救度眾生，念念不斷。大家常聽到兩句話，「但願眾生得離苦，不爲自己求安樂」，這是大菩薩。小乘人呢？我得了安樂，我證了涅槃，入了寂靜定。但是，又有個問題，無論學戒律也好，學經本也好，在印度這些阿羅漢，每天要吃飯，說他不度眾生，這是不確切的。爲什麼？他要跟著托鉢化食的時候，人家把食捨了，他要問人家：「所願？所求？」你想要求什麼呢？

得什麼呢？你供養我食了，我得給你迴向，也說個四言八句，勸人離苦得樂，這不是度眾生嗎？乞食本身就是在度眾生。

定性聲聞，他那個性定了，不化眾生，那是佛呵斥的，佛呵斥二乘人，不發大乘，不發大心。但是，凡夫你不能呵斥，那是聖人，你得在他身上求福，這看個人觀念。佛呵斥，佛是勸他們發大心，到一定的時候，一定的劫量，都發大心，菩薩也都要經過那麼個過程。所以永離二乘行菩薩道，說你最初發心的時候，那心不要為自己求安樂，不要得少為足，要發菩提心，行菩薩道，成就究竟佛果，這才是學佛目的，達到究竟。

觀察你的念，特別注重於念，你一天想什麼？思惟什麼？想求得什麼？觀察相續力，就是相續不斷的趣向佛果。觀觀自己相續力，要念念不斷的。

什麼叫精進慧？什麼叫住於不放逸？法慧菩薩跟精進慧菩薩說，「佛子，若諸菩薩」，一切菩薩，「行此十法」，能行上來我們舉的十法。「是則名為住不放逸」，才能跟你相等，叫精進慧，有智慧了。

我們這裡頭特別著重的是離開癡，你離開癡才能得到智慧。癡離不開，智慧沒有，你想不放逸，不可能。沒有智慧的，他都要放逸。放逸包括很多，第一個護持眾戒，放逸了就護持不了了，放逸就破戒。永離愚癡，淨菩提心，要放逸了他菩提心都發不出來。所以這就很難，你不離開愚癡，菩提心怎麼能清淨呢？菩提心清淨不了，這十種非常的重要。我們要勤修善根，你進進退退，善根能成就嗎？善根不退轉，讓它成根。讓它這根成到什麼樣程度？八級颱風、龍捲風都不能拔得動，吹不倒，那才有善根。人家說兩句話放不下了，給你個顏色看，你也放不下了，那還行？沒紮根。我們這信，遇著什麼事情，風吹草動，信心沒有了，退心了。乃至於不親近一切凡夫，這個我們就作不到了。

爲什麼？我們本身是凡夫。親近聖人，分辨不出來哪個是聖人？什麼樣算是聖人？我們所接觸的都是凡夫。我們看祖師列傳，寒山、拾得，我們知道他們是文殊、普賢嗎？我們有這個智慧嗎？我們就看見兩個老比丘而已。必須得有智慧眼，智慧眼才能識別好壞。

親近善友，親近善知識！不樂意親近在家出家的凡夫。菩薩要度的都是凡夫，不跟他交朋友能度他嗎？他能信他嗎？這是說的心，不要親近，你的心不要羨慕一切凡夫，要羨慕聖人。如果你看諸祖師列傳，看祖師行爲，你生起羨慕心，生起想學的心。如果你看〈劍仙列傳〉，看看〈封神榜〉，你羨慕他們神通廣大，那就麻煩了，那是凡夫，那是造業。

天人都是凡夫，別把天人當成聖人，八洞神仙，那些神仙都是凡夫，不是聖人，他在六道輪迴還在轉，還轉不出去。有智慧了，得認識了，你看一切凡夫，用什麼眼觀？觀一切凡夫都是聖人。大家讀《法華經》，常啼菩薩看見一切眾人都是佛，我不敢輕慢你，你是未來的諸佛。所以，學法要善於學，不要在語言上執著。因此，在任何時候，你點點滴滴所作的善事，乃至所作的三寶事，都迴向到佛果，不求人天的果報。但是人天的果報一定要來，你不求它也來，來了你不貪戀就是了，不貪戀人天果報。永遠把行菩薩道，發菩提心，成就佛果，念念的不失，把它擺到第一位。到了晚上要上床睡覺的時候，回想一下！今天我想的，哪些想的不對？不對就懺悔。哪些想的對，讓它增長，要發心鞏固，要迴向。文殊菩薩教授我們的，在〈淨行品〉「善用其心」，把心都用到利益眾生，上求佛道，這叫菩提心。這是覺悟的心，這叫明白。明白什麼呢？上求佛道，下化眾生。不要在文字上錯解。

不要親近在家出家凡夫，不是讓你不理在家出家的人。這個意思明白嗎？不要親近他們，不要羨慕他們那個生活，也不羨慕他們那個思想。你要度眾生，一切眾生都是凡夫，因此，在文字上不要發生錯解。「永離二乘」，讓你發心，斷見思惑你也得斷，你不斷見思惑，怎麼能夠行菩薩道，只是不中間停留，行菩薩道。

樂修諸善，不令斷絕，不論大善小善，把一切所作事業回歸佛果。一個是兩種，上求下化，下化眾生上求佛道。常時這樣，相續不斷，得產生有力量，你是想想沒得力量，想久了，成就了，力量出來了。現在我們辦不到，看見苦難眾生，我們想度他，障礙可多了。乃至於我們都是佛弟子，想作個善事，道友之間作障礙，沒辦法，你作不了，個人看法不同。爲什麼？發菩提心不是那麼容易，你發菩提心障礙多得很呢！你要發菩提心，就那麼順順當當的，發了菩提心，那不是很快就成佛了，障礙多得很呢！一個是外在，一個是內在。外在別人干擾你，內在心起了變化，菩提道難行，算了算了，免得出障礙，好好過日子，舒服一天算一天。

我最近自己思惟，《華嚴經》天天這樣講，耳朵有點聽不見了，過去大德到六十歲都罷講了，九十歲了，還一天還在講。這叫什麼？業障。誰給你起業障？自己心裡起。精進，不懈怠，好難，眞難。我曉得你們在修行當中，經常退心。自己勸自己，「佛不是一天成的，要多少劫，哪那麼容易！」這都是懈怠思想，遇著一點不順心的事了，總是往後退，不往前進，衝過去，衝過去就勝利了。

大心難發而易失，發起來很難，要退墮、要懈怠很容易，馬上就退了。但是，發這個心很難，發起來很容易退，要堅固這個信心。爲什麼常時讀誦大乘經典呢？增加信心，當你一退，看見經上佛所教授的，這個退的心又消失了，又精進了。遇著挫折了，因緣不順了，業障發現了，道心馬上就往下退，因爲我們還沒成就，心是不定的了，還沒有悟得理，因此大家要精進，這是精進慧問法慧菩薩的。

心裡不舒服，你學一學，好好聽一聽，今天我們就對治這些。我天天站玻璃外看我們來的這些道友們，有的笑容滿面，有的眼睛跟眉毛鎖到一塊堆，心裡不知道想些什麼？很煩惱。誠於中，形於外，我們都是佛弟子，不管你們在家出家，有什麼煩惱？把心放開，能容納一切，包容一切。思想有煩惱，就是放逸，就不清淨了。

一天把眼眉跟眼睛，愁眉苦臉的。這是解脫的地方，對不對？學解脫，不要很煩惱，煩惱是最障道的，說明心裡頭有好多事，想不開，放不下，所以就清淨不了，那叫心放逸。

佛子。菩薩摩訶薩住不放逸。得十種清淨。何者為十。一者如說而行。二者念智成就。三者住於深定不沉不舉。四者樂求佛法無有懈息。五者隨所聞法如理觀察。具足出生巧妙智慧。六者入深禪定得佛神通。七者其心平等無有高下。八者於諸眾生上中下類。心無障礙。猶如大地。等作利益。九者若見眾生乃至一發菩提之心。尊重承事猶如和尚。十者於授戒和尚及阿闍梨。一切菩薩。諸善知識法師之所。常生尊重承事供養。佛子。是名菩薩住不放逸十種清淨。

「行清淨」，心要清淨，看破放下自在，不讓煩惱侵入我們的身心，讓我們心裡頭常時歡樂，樂欲佛法。一天聞著佛法，佛者是覺悟，覺悟的方法，讓我們解脫，看破，放下，不要愁眉苦臉的，要行清淨行。由於不放逸，才能不違背教授，不論聞法也好，一天的生活當中也好，這叫清淨。不放逸就是心裡常住正念，沒有什麼貪求的，也沒有什麼看不開的，有什麼放不下的，反正是一百年都要死的。想到死也放得下，反正我要死的，管它去呢！你也看的破，放的下。佛教授我們的，不違教示，佛所教導我們的話，不要失掉，不要違背。心裡常時沒有什麼貪欲的，沒有什麼所求的，心裡就清淨了。

「念智清淨」，這種觀念叫念頭，念頭很清淨的，這就是智慧起了，明明白白的照了。要想智成就，念成就，念頭很清淨的，無罣無礙。你念頭清淨了，智慧有了，所以念智清淨。念使它明，什麼都明白，有智慧就能決斷。念三寶，有智慧，明明白白的。說我這個念也不要，念即無念，無念而念，就是思惟，這叫有智慧。使智慧常時現前，這叫念智清淨。行爲清淨了，「念智清淨」。

「等持清淨」，不昏沉，不掉舉，我雖然沒怎麼大精進，但是我不放逸，不懈怠，叫等持。不昏沉、不掉舉、不懈怠。不昏沉就是不落無明，不掉舉不落於放逸散慢。

初始學佛法的，入了佛門，總有些惡作。惡作就是不合法的動作，這主要指心說的，心裡念頭常時有些惡作。我剛才說那個，就是心意識惡作。說性體不定了，不自然了，放逸掉舉，那叫離開智慧照了。昏沉呢？定力不夠。定力夠的，常時明了，不落於沉寂。

「勤聞清淨、思修清淨」，聞就是聽法，不是說有講法的你去聽法，自己對著經本，或者打開《金剛經》，打開《彌陀經》，佛給你說《彌陀經》！你看經文，這就是聽法哪。之後把這個觀想到思想，思惟，思是尋思（伺）了，這話是什麼意思？

這是思。思裡頭，一天盡想這個，依著佛的教導，經書思惟，心裡就清淨了。

「等引清淨」，有些經所說的話並沒有懂，沒有照著去作，爲什麼？缺乏思惟。你思惟思惟，每句話都思惟，這樣才能引發清淨的信心哪。

「妙慧清淨」，信心清淨了，慧解就現前了，在心裡上面一切法平等平等的，在理上說。事上不平等的，理上完全平等的，我們觀理觀心平等平等的。這樣子你的妙智現前，妙的智慧現前，那個時候「攝受清淨」，心裡常時清淨。等利一切，平等利益一切眾生。給人現相，給他利益，使他見到三寶清淨相。

舉個例子，《勝鬘夫人經》上說，心就像大地一樣。大地是什麼樣子呢？大地荷負四種，承受四種壓力。大海在地上面，是大地承受大海。還有諸山，你打開世界地圖看，我們這世界，好多是山。整個地球，三山六水一分田，三分是屬於山，六分屬於水，我們人生的田地，只佔一分。還有大地所生長的草木，大地的一切動物，我們說這個大海，諸山草木是無情的！還有人，一切畜生，一切動物，大地負擔好重。發菩提心了，菩薩就像大地一樣的，負擔眾生，孕（蘊）育眾生。

只要入佛門，你是佛弟子，比丘、比丘尼、優婆塞、優婆夷，都有責任負擔一切眾生。先以善惡因果教授他，能夠入人天。因爲好多畜生、飛禽、走獸、魚類，那比人多多少倍，先以人天的因果，成熟到人天，之後在人天當中再給他說法，讓他清淨。善財童子參彌勒菩薩，彌勒菩薩給他說的很多，這叫「同行清淨」，讓他清淨。面對雜亂的思想，「承事清淨」，不要胡思亂想。就這十種，才能夠使心清淨。

法慧菩薩又說：

佛子。菩薩摩訶薩住不放逸。發大精進。起於正念。生勝欲樂。所行不息。於一切法。心無依處。於甚深法。能勤修習。入無諍門。增廣大心。佛法無邊。能順了知。令諸如來。皆悉歡喜。

前面講十種清淨，現在又把十種清淨，深一層說，說菩薩心裡常時精進不放逸。我們在身體上講精進，在心裡頭很少講精進。《華嚴經》講的是心精進，住不放逸，是指著心說的。於佛法無邊甚深廣大，發誓發願，誓願明知，我都要明白，都要了知。以這個心去求佛法，參善知識，或者讀經，或者修行，這就是菩薩摩訶薩住不放逸。發起大精進心來，使思想念頭永遠起於正念。「生勝欲樂」，一天遇到佛法，三寶加持，所以生起殊勝的快樂，這樣所行不息，心念常時這樣觀，從沒有止息的時候。在一切法無依處，就是不著，一切都不著，沒有依處。不著不貪戀，沒有取捨，這樣在你的心法上，能勤修習，不失正念，這就叫「能勤修習」。

「深法」是指心，成就是成就這個心，這叫明心。「入無諍門」，佛法無邊，能順了知，不能全悟入，隨順佛所教導的法，一層一層，了了分明，知就是明，就叫智慧。這樣一切諸佛皆歡喜，諸佛都來加持你，諸佛生歡喜心，說你是佛子，眞正佛子，能紹隆佛位。

佛子。菩薩摩訶薩復有十法。能令一切諸佛歡喜。何等為十。一者精進不退。二者不惜身命。三者於諸利養無有希求。四者知一切法皆如虛空。五者善能觀察普入法界。六者知諸法印心無倚著。七者常發大願。八者成就清淨忍智光明。九者觀自善法心無增減。十者依無作門修諸淨行。佛子。是為菩薩住十種法。能令一切如來歡喜。

「一者精進不退」，這個大家都懂，懂是懂，常退，不是不退。精進修習得不夠，是指心，不是指行爲。因爲心是主者，在華嚴講的多數是心，一成一切成，說你心成了，一切法都成了，萬法唯心生，萬法也唯心滅，所以說精進不退。

「二者不惜身命」。我們在人生當中最尊貴的就是身命，學佛的弟子們換了，換什麼呢？佛所說的法最尊貴，比身命尊貴得多。爲了法，爲了讓一切眾生覺悟，把自己的身命看得很輕。

「三者於諸利養無有希求。」凡是有利益的事，我們不去求它。爲什麼？有利必有害，你求的時候用種種手段，想種種辦法，求到了是禍害。那人家供養，在家的弟子求福報，供養三寶，你把他轉出去就是了，給他福報增長，越轉越大，不必貪求利養。我跟好多道友說，求是求不到的，化緣，沒有緣你化什麼？有緣不用你化，他會送來的。普壽寺大米白麵，吃不愁，穿不愁，我們化去了？人家送來的哪。但是你要曉得，常住一粒米，重如須彌山，也不要說那麼重，吃起來怪害怕的，哪有那麼重的，於心受之無愧，起碼你供養的，讓你得福。

我們自己沒力量，誰有力量？佛菩薩有力量，你求三寶加持那福德，轉供養給他們，他們供養你的衣食，我們供養他們的是什麼呢？福報。讓他身心健康，所作事業順利。但是一切發菩提心的人，於利養無所希求，求什麼？求法。有法了，就滿足了。

「四者知一切法皆如虛空。」但我們所求的法，不是在相上執著。一切法皆如虛空，佛教授我們的法，如虛空，不是虛空，你觀想像虛空，而我們這個是眞空，眞空不空。

「五者善能觀察普入法界。」每一法都是法界，從理上觀，從我們心裡觀，我們的心是徧的。

「六者知諸法印心無倚著。」「法印」，翻過來，印證諸法。佛教授我們，怎麼樣印證呢？有一法印，二法印，三法印，四法印，五法印，用法來印證我們的心，用我們的心來印證法，說我們的心哪，跟法相結合了。爲什麼講印證呢？佛所說的法來印證我們的心對不對。我們不知道對不對，拿佛教授的法印一印證就對了。例如，我們怎麼樣觀想？說一切法無常，無常怎麼樣無常的？要是這件事，符合佛所說的，那就是眞實的，若違背這個，就是不眞實的。一切法空，沒有眞實的，如夢幻泡影。一切法苦，你要一執著，一貪求，苦就來了。一切諸法無我，你觀想，哪一法是我。一切法寂靜，法本身是寂靜的，是你的妄念心使它不寂靜。這就是法印，印證你的心，以法印心。你有沒有貪愛？說沒有，我能觀無常了，無常就沒貪愛，有什麼貪愛的，都是無常的，以此來印證。

「七者常發大願」。常時發大願，願成佛，願度眾生，願莊嚴佛國土。眾生度盡，方證菩提，都是大願哪。這樣能成就你的清淨忍智光明。

「八者成就清淨忍智光明」。我們說忍，沒有智慧是忍不了的。你看不破，沒有智慧。看不空，沒有智慧。不能觀照無我，沒有智慧。怎麼能發起大願來，怎麼能夠有清淨忍？忍，有多種解釋。說甚深的法義，你認可，這也叫忍，承認，不錯的。佛說的無常，我認可了，確實是無常。我們有一法能夠進入、深入的話，成道了。知道無常的，你還貪愛嗎？什麼也不貪愛了。知道無常的都放得下了，看得破了。看得破才放得下，這個得靠忍力。這個講清淨忍，對於佛所教授的法，我們確確實實認知它了，是智慧的，是光明的。

「九者觀自善法心無增減。」同時觀我們所作的好事，就是善法，所作的一切善業，觀自己所作的善法。對心體上說，我們的清淨心，就是《華嚴經》的法界心，大方廣的大，我們的本體那個心。我們作了很多的好事，發菩提心成就佛道，成就最後了，沒增加一點，還是原來本具的。我們墮落到地獄，墮落到眾生經過無量劫無量劫，也沒減少，還是你的心，無增無減的。

「十者依無作門修諸淨行。佛子，是爲菩薩住十種法，能令一切如來歡喜。」修了一切善法，修三大阿僧祇劫，清淨道業，無作，作了沒有作。這才叫清淨梵行，令諸佛歡喜。

我剛才講「法印」，只說個五法印，一法印是什麼呢？是心，用你的心來印證。四法印，就是空、無我、無相、無作。這件事你作之後，用四法印印，你是這個心裡跟佛教的相合，印證是不錯的了。一切法，萬法歸心，心生萬法，你把一切法用心來印證。

三法印，苦、無常、涅槃寂靜。如果這件事作了，認識到是苦的，是無常的，涅槃寂靜，拿這個來印證。凡是所說的一切法，知道他說的對不對，你不能判斷，看看他說這個法，是不是增長眾生貪心，是不是能夠寂靜了，能夠涅槃寂靜了，那就對了。涅槃寂靜其實就是一法印，就是實相印。這種教理都是讓你精勤的發願，護持你這個心。現在你這個心很小，發願護持，讓它增成廣大，跟佛心一樣的。度眾生的時候，知道眾生心量很小，要用智慧隨順一切凡夫的見解，隨順他，才能把他引誘，進入佛法。

不要一上來就給他講大法，給他說什麼，盡是責備他，說他非下地獄不可，他聽見苦惱得不得了，他還隨順你？要善於攝受，不要說嚇人的話。我剛才講苦空無我，這個世界都是苦的，那他聽見麻煩了，有苦有樂，要隨順眾生。請師父加持，人家兩個要結婚，「你倆可下地獄，因爲結婚是下地獄！」那麻煩了，你怎麼度他？隨順他，結婚是好事，在人間是好事，傳宗接代了，讚歎一番。但是這個可夾雜很多苦，你倆能夠永遠保持你們的愛情嗎？別過了三年、五年、八年、十年打架了，又離婚了。漸漸的引誘，之後讓他放棄，得善於引導，不是一下子就解決的。對哪一類眾生，愛發脾氣的人，你就勸他，不要發火，傷害人家不說了，之後自己坐下來，氣又喘，面又紅，血又跳，心臟緊張了，自己先受其害，你要善於使眾生歡喜，能夠進入佛法，不是說粗暴語。

若見著人就給人說，世間苦！把他嚇走了。不要這樣子，有苦有樂，怎麼樣慢慢的轉，怎麼樣轉苦爲樂，這才使佛歡喜。讓你度眾生去，把眾生都得罪了，眾生都不信你的。本來眾生對佛法也沒什麼了解，也沒什麼憎恨，讓你一說，他對佛法怕了，怕了他不敢進入了。一學佛，就鬧得妻離子散，家庭破裂，這還行嗎？這不行的，佛法是隨順世間，這叫善於說法。

這樣能令諸佛歡喜，又令眾生得入門，漸漸來的，不是一步的。一步登天，成了佛，那可能嗎？不可能。「先以欲鉤牽，漸令入佛道」。先以五欲境界勾引他，慢慢就信了，他得到好處了，想發財，佛菩薩就加被他發財，發了財了，告訴他，這是靠不住的，這是無常的，怎麼樣你的財才保得住，他漸漸深入，這樣才行，漸令入佛道。

佛子。復有十法。能令一切諸佛歡喜。何者為十。所謂安住不放逸。安住無生忍。安住大慈。安住大悲。安住滿足諸波羅蜜。安住諸行。安住大願。安住巧方便。安住勇猛力。安住智慧。觀一切法皆無所住。猶如虛空。佛子。若諸菩薩住此十法。能令一切諸佛歡喜。

「安住不放逸」是不容易的。「安住不放逸」，安住到什麼上面才能不放逸？修行的時候，行行門的時候能夠成熟了，安住了。我們出家了，都想找間好道場，所謂好道場，就是嚴格一點。依著佛所教授的方法去作，很嚴肅的。但是你剛入佛門，怎麼能忍受得了呢？漸漸來的。你發心落髮，之後受戒，像我們在普壽寺，小班的到這來還得先勞動一兩年。你看小孩十一歲出家了，現在十五六了，這五六年，她那日子，本來兒童都要遊戲，她什麼遊戲都沒有了，要跟大人一樣的。這叫安住，安住得使他心裡頭能夠忍受得了，這是就淺近說。

這個逐漸地深入，十法十法十法，都是十。第一個先安住不放逸，是指心，心不要胡思亂想，全指著心說的。佛法進入成熟階段，才叫安住。自己安住了，就要度眾生。無生法忍，入了大菩薩位。發了菩提心，行菩薩道，承認認可，智慧明了，一切法無生，這是無生法忍。爲什麼？一切法無生，一切法也無有滅，沒有生滅，生滅是幻妄。諸法不自生，亦不從他生，不共生，不無因生，因此說諸法無生，就是中道義，這就是佛心。

「安住大慈」，大慈不是一般的慈，加個「大」是指心說的，我的心跟眾生的心是一體。因此，慈平等，給眾生快樂。爲什麼加個「大」？一般的慈悲喜捨沒有加「大」，在《華嚴經》，「大」就是大方廣的大，法身。大慈大悲不是一般的慈悲，度一切眾生都讓他們成佛，這才叫慈悲，同一體故。不是他困難了，給他點錢，現在受危難了，給他念念佛，或者佛菩薩加持把他救脫了，這不是大慈的。大慈大悲是讓一切眾生都成佛，跟佛無二無別，這才叫大慈，達到這個才叫大慈。那些大菩薩安住大慈大悲，就是住在心體上，讓一切眾生回歸心體。

「安住滿足諸波羅蜜」，「波羅蜜」是到彼岸。十度，施戒忍進禪，慧方願力智，十度波羅蜜。我們一般講的，沒有慧方願力智；施戒忍進禪，加個智慧波羅蜜，這叫六度。方願力智，是《華嚴經》獨特的，從般若開出來的四度，滿足了，都成就了。

「安住諸行，安住大願，安住巧方便」。「諸行」，從發菩提心到成佛，中間所作的修道。有大慈有大悲，沒有大願不行的，大願促成你大慈大悲，能夠作得究竟。還得有善巧方便，當你行大慈大悲，行大願，沒有巧方便是作不到的。只走直路，不走彎路，沒有這個道。從發菩提心到成佛，要經過很多善巧方便。例如善財童子五十三參，這五十三參都是大菩薩的善巧方便，也是自心的善巧方便智。龍女即身（生）成佛，沒有文殊菩薩的教化，她能即身（生）成佛嗎？這都是善巧方便。

還得安住勇猛力，勇猛就是精進哪！安住智慧，總說得有智慧。觀一切法皆無所住，猶如虛空，一切無著，一切無住。若諸菩薩住此十法，才能令一切諸佛歡喜。

佛子。有十種法。令諸菩薩速入諸地。何等為十。一者善巧圓滿福智二行。二者能大莊嚴波羅蜜道。三者智慧明達不隨他語。四者承事善友恆不捨離。五者常行精進無有懈怠。六者善能安住如來神力。七者修諸善根不生疲倦。八者深心利智。以大乘法而自莊嚴。九者於地地法門心無所住。十者與三世佛善根方便同一體性。佛子。此十種法。令諸菩薩速入諸地。

「一者善巧圓滿福智二行。」想成佛，要福足慧足，福是利益眾生，智慧是自修，自他兩利，都達到究竟了。

「二者能大莊嚴波羅蜜道。」莊嚴淨佛國土，達到了究竟，波羅蜜就是究竟到彼岸的意思。正報有了，成就了，還得依報，度眾生得處所，在什麼地方度眾生。莊嚴有兩種，一個智慧莊嚴，一個福德莊嚴。福德莊嚴是你所處的世界，所待的處所莊嚴，智慧就是度一切眾生得有善巧方便。

「三者智慧明達不隨他語。」智契實相，學來的，還得自己證得的證實，自己證得的。檀波羅蜜，布施話，你必須十個都具足，施戒忍進禪慧方願力智，十度都圓滿了，才能成爲大莊嚴，一度兩度不行。智慧明達了，明達到什麼程度，不隨他語。悟得佛性了，叫不隨他語。佛佛道同，我們經常懂得這個道理，這是理，理就是在體上說，是同的；但是阿彌陀佛在極樂世界化導眾生，跟在娑婆世界釋迦牟尼佛化導眾生不同。同嗎？同何必再生極樂世界？你在娑婆世界就成了，不同！爲什麼不同呢？隨他語。不隨他語就能悟得自性，因他語，佛教授啓發你的自心；而你自己悟得了證得了，究竟證得了，那是你的自性自體。下面接著說，不隨他語，不是你不親近諸佛，不親近善知識，那是不能悟道的。

「四者承事善友恆不捨離。」「承事善友」，包括所有的老師，都叫善友，使你成就的。

「五者常行精進無有懈怠。」精進不是一下子，要常行，不是短暫的，直至成佛。

「六者善能安住如來神力。」發菩提心，住在如來家，都是假如來神力安住的，你的心跟佛的心是一個神力，稱你大的本體而起的相就是方，而起的用就是廣，自體本具的大方廣，這是安住如來神力。

「七者修諸善根不生疲倦。」精進不懈的，永遠不生疲倦，善根是無窮無盡的，達到成佛。

「八者深心利智，以大乘法而自莊嚴。」稱體而生起利益眾生的智慧，以大乘法自莊嚴，以大乘法莊嚴一切眾生。以大乘法莊嚴一切眾生才能使自莊嚴成就，因爲自莊嚴成就了才能利益一切眾生。這兩者是一個，一個是體，一個是用。

「九者於地地法門心無所住。」地地法門，從初發菩提心，到十地究竟，法雲地。這是四十位，每一地的法門，無所著，無所住。初發菩提心就無所住，一直到圓滿究竟，在此《華嚴經》是講十一地，無住。無住故才能夠無所不住，這個道理要經常的觀想。你住於此，就失於彼，就不會精進前進了。無住故才無所不住，心徧一切法。

「十者與三世佛善根方便同一體性。」「三世佛」就是過去現在未來，你在種佛的方便善根，本來具足的，但是沒有啓發，必須得假方便善巧。體性是一，現相就不一了。十法界即是一法界，地獄跟諸佛體性是一，相可就差別了。說業是一，有善業有惡業，這就是二。善又有無量的善，惡又有無量的惡，但是同一體性。我們跟六道眾生，六道眾生也是同一體性，天跟地獄有差別沒有？因爲我們不是天，也沒住過地獄，我們不理解。人跟畜生有差別沒有？這個我們能理解。

我們爲什麼討厭老鼠？老鼠沒有智慧，牠就搞破壞，你當然討厭牠。你怎麼觀想跟牠是一個體性？牠有沒有感情？老鼠，你觀察牠，牠也貪生怕死，牠不讓你逮到，牠見到人就跑。牠爲什麼要跑？牠知道牠是對的嗎？牠知道牠不對，沒給牠吃。要善於觀察。

也有老鼠見人不跑的，這些老鼠是特殊因緣哪。西藏有座財神殿，大昭寺財神殿裡頭沒別的，全是白老鼠。穀子、青稞，但是那些老鼠吃酒，還有一大桶酒，酒吃下去了，沒添哪！怎麼辦呢？這隻老鼠叼著那隻老鼠，那隻老鼠叼著這隻老鼠，牠用那尾巴，把那酒往上吸吸吸，一隻老鼠一隻老鼠喝著差不多了，都跑了。

我經常觀察老鼠，說善根力的平等。但是老鼠不怕我們和尙，有時候牠知道我們出家人不傷害牠。前幾天，一隻老鼠鑽到我這裡來，牠用尾巴偷我的燈油。我在那念經就瞅著牠，牠也瞅著我！偷偷牠不偷了，一會牠又拿那尾巴打那油吃。

觀一切眾生是平等的，同一體性的，但是差別相上面，那就差別太大了。我們現在能跟諸佛說是同一體性，跟觀音、地藏、彌勒都一樣的，但是我們自己感覺著呢？不一樣的。因爲我們現在既沒悟得體性，也沒證得體性，我們心有所住，我們沒解脫。所以平等不了，原來是平等，平等不了。

根據這個意思，你觀現實所處的社會，現實人生，能平等嗎？理上是平等的，事上簡直不平等。我們現在所修的，就是修事，讓事也平等，把事都回歸於理，讓我們的心理能成就一切事，開佛的智慧。有了智慧，那就平等了，沒有智慧，平等不了。

現在我們這個世界上，喊口號是可以的，事實上是辦不到的。大總統、總理，自稱是公僕，人民的僕人。我看他對待底下的公務人員就不平等，他是公僕，僕人對待主人應當怎麼樣子。不論縣長、省委書記，都自稱是公僕，不要相信這些話。相信佛的話，人人平等。我們佛教裡頭該給人作榜樣，人人平等，平等嗎？你感覺到平等嗎？要想達到眞正平等，人人都可以成佛，這是平等的。理上平等，事上絕對不能平等。事上要平等，社會的次序就亂了，沒辦法了。土匪、強盜把東西拿走，你讓拿嗎？平等，你的就是我的，辦不到。必須要用心理成就了，要能達到心無所住，人人都能心無所住，當然到佛國土，諸佛與佛平等平等。

往往教義的名詞、語言，得經過你的智慧思惟，觀察。說我們這個幻化身，人人都具足法身，幻化空身即法身，我們現在自己的心跟自己平等不了，你的心跟你的身就在那打戰，天天在打戰，念念在打戰。你的眼根看到了，眼識跟身識也在打戰，爲什麼？六根並不和合。懂得這個道理了，知道同一體性，還得要善巧方便，你得修。是不錯，平等，但是他起了變化。說這個金子鑄成佛像，人人給他磕頭禮拜。金子作成各種器皿，金子的本體是一樣的。

武則天皇帝請問賢首國師，如何是平等性？如何人人平等？這個道理，用語言沒法跟她說，賢首國師就指著大殿前的獅子，叫金獅子，金獅子的汗毛都是金的，這是本體，金子的本體。大家讀讀〈金獅子章〉，這是賢首國師用善巧方便給她解釋，一切眾生心跟佛心平等的。但是獅子的爪跟獅子的心一樣嗎？獅子身上的毛跟獅子的心一樣嗎？這樣大家經常參悟，參，思惟，平等是理，不平等是事，把理變成事，那就平等了。悟得了理了，以理成事，平等的，這是眞正平等的。怎麼樣才算平等呢？如果到齋堂，那個供養師，你吃幾碗飯都給你添，你吃三碗也可以，吃一碗也可以，吃兩碗也可以。若說不行，都得平等，每個人只能吃兩碗。吃一碗的他吃兩碗吃不下去，非讓他吃兩碗不可，他不得把肚子脹痛了。吃三碗的吃兩碗，他還欠一碗，不飽。吃兩碗正好，他算平等了，這能平等嗎？平等建立在什麼上呢？該吃一碗的吃一碗，該吃兩碗的吃兩碗，吃三碗的吃三碗，這叫平等，隨你的量，能得到好多就得到好多，這叫平等。

例如學校，學生說老師考試不平等，我就跟學生講，怎樣算平等？五十個人一班，都考第一，誰當第二第三，一直到五十，總有個第一的，有個第五十的，這是平等。根據能力的大小，根據考試的課程，該記好多就記好多，這不是平等嗎？很平等。說不行，都得拉到一般，這才叫平等。一米八的不行，都拉到一米五六，我們都定一米六爲標準，一米八的把他砍掉，那腦殼沒有了，那還叫人嗎？一米五的把他拔到，非拔到一米六，都是一米六，這不叫平等。

眾生與佛平等，好多人問，爲什麼不給他磕頭？「因爲你還不是佛。」理上，說那個理，眾生所具足的性跟佛性，這樣說平等平等。過去現在未來三世平等。今天是三十一號，昨天是三十號，不行，天天都得三十號，這樣才平等，這就亂了，沒辦法計算了。懂得這個道理，一切諸菩薩，乃至現在初發意的菩薩，在理上你將來證得了，跟諸佛平等平等，現在具足的平等，一個沒有使用權，你還沒有達到使用權，平等不了。你是這個國家的國民，有資格也能當總統，那得選上，沒人選你，你不是總統，你想要行使總統的權利，辦不到。人民銀行，每個人民都是股東，你能拿得到嗎？菩薩與佛、眾生與佛，都要這樣理解。你具備有這種資糧，能夠成道，你本具的，所以能成。

「佛子，此十種法，令諸菩薩速入諸地。」在修法的時候，佛教授我們，祖師告訴我們，有加行位、行道位、發心位、成就位，一位一位的，要你的智慧契合實體，得這樣的，都有秩序的。所以說有十種法，菩薩修行，能已達到入佛地，能夠成就成佛，這是不錯的。就怕觀想的時候，進入不了。幹什麼事都有個規矩，沒有規矩不成方圓。因此，佛說的種種法是隨機的，不是固定的。佛是隨時、隨處、隨人，人就是機，而給他說法，不是一成不變的，是要變化的。怎麼叫善巧方便呢？這就叫善巧方便。像各各民族，各各種類，各各不同，各各知見，有喜歡修定的，有喜歡修慧的，有喜歡讀經的，有喜歡坐禪的，有喜歡禮拜的，還有喜歡作佛事的。

從初發心，漸漸的學，學了徧知諸法。十住，從初住到十住，之後還有十行，十行之後再有十迴向，十迴向到十地，法門無量誓願學，佛道無上誓願成，等到成了，一即一切，因即是果，叫因該果海，果又回來變成因，叫果徹因源。所以善財童子參到彌勒菩薩，彌勒菩薩叫他回頭去參文殊師利，什麼意思？明因果不異也不離，這個果是從你最初那個因地來的，還回去照顧原來的因，所以一念中而能成就。這個成就是你那個念，理上成佛了，事上還得漸修。

在《華嚴經》說圓，一成一切成，但是善財童子還經過五十三參。理雖頓悟，事須漸除，事就不同了。現在我們都是父母生身，分段身，看你的因緣。有了分段身，發了信心，入了住位，捨了分段身就證得變異身，逐漸的回歸所住的法身。這個道理，要大家思索修。

復次佛子。諸菩薩。初住地時。應善觀察隨其所有一切法門。隨其所有甚深智慧。隨所修因。隨所得果。隨其境界。隨其力用。隨其示現。隨其分別。隨其所得。悉善觀察。知一切法。皆是自心而無所著。如是知已。入菩薩地能善安住。

解釋一切法門，諸地有諸地的法，初地不知二地的事，初地的菩薩，所化度的眾生，所有的智慧，就不能理解，爲什麼？地地不同。每個修行，沒有起修之前，先得修加行，像四加行，使你的修行能夠得到成就。修加行是因，等你證得加行，一地一地是一地的果。必須知道分齊（際），而知道所有化的境。每一位的德跟他所修的業不同，斷他的障礙，所有他成就的力用，都不同。爲什麼發那麼多願呢？一個願的成就不同，有願才有成就，沒有願沒有成就，這樣子來觀。

這觀是諸法之相，觀諸法之體，一地有一地的體。首先要明白自己，明白自己什麼？明白自己的心，生起的智慧跟理相契合。你的心哪，生起的智慧，智慧能契理。現在我們這妄想心不大契理，等你的心跟理能夠相契合了。因，是由你的心學習，因爲你這個心來學習，成就了，這叫果，成就了就是果德。一切境界是心現的，境由心現，心現一切境，產生的力度、力量，神通妙用，那都是心的抉擇。心造詣很深，造詣深了達到了，曉得心外無得，離開心什麼也沒有，只要一切不執著。不要執著外境，外境一切都沒有，唯心識現，都是自己心識所現的境，都是幻妄不實的，這是《華嚴經》的修行。

佛子。彼諸菩薩作是思惟。我等宜應速入諸地。何以故。我等若於地地中住。成就如是廣大功德。具功德已。漸入佛地。住佛地已。能作無邊廣大佛事。是故宜應常勤修習。無有休息。無有疲厭。以大功德而自莊嚴。入菩薩地。

佛子。有十種法。令諸菩薩所行清淨。何等為十。一者悉捨資財滿眾生意。二者持戒清淨無所毀犯。三者柔和忍辱無有窮盡。四者勤修諸行永不退轉。五者以正念力心無迷亂。六者分別了知無量諸法。七者修一切行而無所著。八者其心不動猶如山王。九者廣度眾生猶如橋梁。十者知一切眾生與諸如來同一體性。佛子。是為十法。令諸菩薩所行清淨。

要想清淨行，要修行，修行才能進入清淨的法門。「何等爲十？」這都是境界相。

「一者悉捨資財滿眾生意。」這叫無畏施，什麼都施，又叫竭盡施，捨資財，滿眾生願，盡自己所有。這個施又分三種，內施、外施、內外施，外施的是財物。內施，身體髮膚，乃至自己妻子兒女，都要布施的，有人來求者都給他。乃至自身，他求去給他當奴才，你就捨了，供養他給他當奴才，這好像不近人情，這是法情。佛往昔修因的時候，這個歷史很多，大家看看《賢愚因緣經》，裡頭有很多這種故事。

「二者持戒清淨無所毀犯。」一小戒都不犯，但是菩薩戒很難哪，心清淨，持戒清淨，大家道友都學戒的，這裡頭問題很多的，什麼算持戒清淨？菩薩有兩種戒，一個是作持，一個是止持。我們大部分所學的，我們所作的，都是止持。作持，我們全犯，爲什麼全犯呢？你沒作。像我們剛才講的，精進不懈怠，你作了嗎？你作的好多是懈怠。菩薩就不行，我們只知道殺人是犯殺戒，菩薩的作持，這個人該殺，你非要殺了他才能救度那些人，那是菩薩作持。

我在浙江，人家問我說：「爲什麼道濟禪師總示現破戒？」我說：「沒有。」「爲什麼沒有？喝酒，你們佛教許嗎？」我說：「我們喝酒是犯戒，他喝酒是持戒。」他說：「你這個怪了，怎麼這樣說？」我說：「他喝了酒去度人哪。瘋癲濟世，以酒度人，你喝酒是犯戒，他喝酒是持戒。這是他的作持，菩薩有止持有作持，這你不懂。」

但是，我們沒有到那個地位，你裝著到那個地位，那就犯戒了。不但犯，還更重。說滿眾生願，大菩薩利益眾生，滿眾生願，他犯戒了，我說，墮不墮地獄？墮，他不怕，滿眾生願。這種深入，你得到那個地位！就像我剛才說，你到那個地位你去作去，不犯。沒到那個地位你去作去，犯。不但犯，還要受報的。止持作持，我們只講止持清淨，沒講作持清淨。菩薩如果不行菩薩道，還叫菩薩嗎？大慈大悲怎麼講？不作了，犯了。這個得自己衡量。你自己知道到了什麼地位，無所毀犯，不論止作二持都不犯。

「三者柔和忍辱無有窮盡。」忍辱沒有盡的，那是無生法忍。那個忍，忍可無生，諸法無生，如果沒有這個力量，你認爲諸法有生，那你犯了，犯了忍辱，沒有作到，無生法忍，忍可成忍，沒有窮盡的。

「四者勤修諸行永不退轉。五者以正念力心無迷亂。六者分別了知無量諸法。」這就是布施、持戒、忍辱、禪定、智慧，叫六波羅蜜。

「七者修一切行而無所著。八者其心不動猶如山王。九者廣度眾生猶如橋梁。十者知一切眾生與諸如來同一體性。」這是《華嚴經》的十波羅蜜。

「有十種法，令諸菩薩所行清淨。何等爲十？一者悉捨資財滿眾生意。」法慧菩薩對精進慧菩薩說，有十種法，修行的方法，說你要修行，依著這十種法去修行，就能得十果，十種是因，因能得果。

一般要是聽到，好像我們化緣了，不化緣的，佛教導說，不是讓你捨給我。「悉捨資財」，這是菩薩的布施度，第一度就是菩薩布施度。布施，要想使眾生歡喜，滿眾生的願望，就是對眾生布施。一般的都想發財，佛教授我們發財的方法，你要想發財嗎？先得捨。捨了之後才能得，我們說離苦得樂，離了苦才能得到樂。想離苦你得先受苦，懂得這個涵義。恰恰是相對照的，你要想發財，就要捨資財。這有內施外施，外施是事物，內施是身體。十種法就是十度，這是布施度，布施能度你什麼呢？度你慳貪，讓你捨。

「二者持戒清淨無所毀犯。」大家經常學戒律，就知道了。但是，持戒清淨，在我們一般的比丘、比丘尼，二百五、三百四十八，是按每條說的，這裡包含一個菩薩法，菩薩戒是說心裡。我們所學的都是戒相，還有個戒心。無所毀犯就是清淨的意思，心裡沒有污染，有個清淨心。依大乘戒教授，心一動念，看見這個東西你很喜歡，一起貪心，犯戒了。比丘比丘尼戒得舉離本處，把它拿出來，一起心，一看這個東西很好想得到，一拿起來犯戒了，再放下也不行了，還是得懺悔，舉離本處。但是，這個說的是心，菩薩的心哪，心清淨。

「三者柔和忍辱無有窮盡。」前面我們講到止持和作持，柔和忍辱，就是忍辱。布施、持戒、忍辱，忍到什麼程度？無有窮盡。舉一個例子，《金剛經》上講，佛在往昔行菩薩道的時候，歌利王看見了就對他生煩惱，一條一條割，不殺死他，而是肢解身體！他能忍辱，那不但是羞辱，而且是痛苦。

一條一條割他的身體，這個能忍受，這是菩薩。要學到這樣子，經常柔和，言語柔和，身行柔和，心裡頭永遠柔和。當你一憤怒就不柔和，一發脾氣也不柔和。說聲音語言不要粗暴，粗暴也不柔和了，三業都柔和。不因爲你柔和，人家就不欺負你了，你越柔和，人家越欺負你。非理相加，別人對你沒有道理的來傷害你，這叫非理相加，這叫忍辱。如果你惹人家跟人打架發脾氣了，互相鬥毆，那不叫忍辱，那叫互相鬥毆，你打我一拳頭，我踢你一腳，那不叫忍辱。無緣無故的別人傷害你，別人看不起你、輕賤你，或者往你身上吐吐沫，往你撒髒東西，你不理不睬，這也是忍辱。

以前清朝大學士張英，權威很大。他在朝中作官，他兒子張廷玉在家裡跟鄰居鬧了意見。鄰居把他們家的土地佔了。他就給他父親寫封信，說鄰居無理，把我們的土地佔了一些，他們修個圍牆，把我們土地給圈進去了。因爲他兒子感覺父親是大學士，權很大的，鄰居無理相加，把我們土地給圈進去了。

他父親給他寫個什麼呢？「千里修書只爲牆」，這麼老遠，你給我寫封信就是爲了鄰居佔我們的土地，修了一道牆，「讓他幾尺又何妨」，爭什麼，讓他就是了。這兩句教他忍辱，下兩句教他作觀想，思一切法無常的，三十年河東，四十年河西。「萬里長城今猶在」，萬里長城現在還在，不過不完全了，斷斷續續的。秦始皇那時候修的萬里長城現在還在，形容著一切都無常的，爭什麼？「不見當年秦始皇」，修長城的人，骨頭都化成微塵了。

誰的土地？誰的財產？今天姓張的，明天賣給姓李的就姓李。黃河經常改道，一改道土地誰的？是讓你會想，會觀照，沒有觀照你忍不了的，很多事你忍不了。這是在事上，人間的往還；修道得有很大的忍辱，這個沒有辱就是忍。中國的造字，「忍」，在你的心上插把刀，就叫「忍」。再說到法，佛所說的甚深教法，你能忍可，忍受。資財往外捨，你能忍得。你的生活習慣起居，得按佛的規範去作，你也得忍。這要付出很大的忍力，這是第三度。

「四者勤修諸行永不退轉。」要精進哪，懈懈怠怠的，了不了生死，也斷不了煩惱，必須得勇猛精進。而且不是一時的，長時間的，不要進進退退，要一直作下去。

「五者以正念力心無迷亂。」修定，心胡思亂想的，迷亂，爲什麼？沒有正念力。若有正念，就是禪定，要修成三昧。

「六者分別了知無量諸法。」不但了佛諸法的相，了知諸法的性。這叫智慧，清清楚楚，明明白白了了，我們就是迷惑，沒有智慧，我們今天不知道明天的事。這個我們現在說，有智慧、有精進。

今天是二○○五年一月一日，今天是第一次元旦還上課，我們道友元旦還來聽課，這是很少的。各各寺廟都要放假的，爲什麼寺廟放假呢？人家要來燒香，我們在山裡頭沒有燒香的，這叫精進！這智慧能了別一切世間境界相，世間境界相就如是。什麼樣子呢？就是現在我們身所受的世間境界相，把它轉成正知、正見、正定。以這種的正念能了知無量諸法！這個我們還作不到，得大菩薩。講初住菩薩，發了菩提心，住了正定聚，有了智慧，正定聚就是定，定了生了智慧。

修一切法是不起執著，在智慧又開成十度，這是《華嚴經》的特點。一般的大乘教義，布施、持戒、忍辱、禪定，忍辱、智慧就夠了，六波羅蜜，施戒忍進禪，加個般若智。從般若智開了四個，慧方願力智，慧就是方便，方便智、方便善巧，成就根本智。

對一切法，不但不起貪，不要起執著。不是說惡法不起執著，就是現在所作這些，布施千萬不要執著，執著功德就小了。對一切行爲、一切行，所修行的法門不要起執著。你無著的時候，所行一切法，功德無量。一起執著了，功德就變小了。在行道的時候，修道的時候，你一執著就前進不了，執著本身就是障礙。不管修持誦禮拜，例如說我們朝山，朝聖地，這也是修行。凡是行住坐臥，一切的行爲，都要靠你主導的思想去指揮，在一切世間相上，不要分別，不要執著。這個不執著很難，或者貪求功德，也是執著，我們拜佛、念佛，起執著。能夠功夫用到的，沒有我能念的，也沒有所念的法，也沒有所希求的，這叫三輪體空。例如布施，把自己作爲能布施者，能布施者還有個受布施者，施者受者，你施什麼東西，或者財，或者物質，這叫三輪，一切不執著，就是三輪體空，作了就作了。

我們若作一點好事，心裡高興，生起執著。有了功德，幫助別人，這個常有的。但是這個幫助別人的功德，就小了。行菩薩道，作好事，過去了就過去了，不起執著。這個很難哪，作個好夢，你都歡喜好幾天。若作個壞夢，心裡就嘀咕了，是不要倒楣了，是不是要出什麼事，這都叫執著。一切現相都是虛妄不實的，想求眞實的實性不可得，所以作一切行，不要去執著。

我們誦一部經，誦了幾十年了，每天沒斷，這個功德不得了。假使你有這麼一個心哪，功德就小了很多。誦了就誦了，今天誦了今天就了了，明天再說明天的。

無所著就是說你的心，不要起執著，若說我拜佛了，念經了，我得到好多功德，這叫貪。雖然是善，念經禮拜了，這是善法，是修行法，但是也叫執著，若加一個心念，這就叫執著。我們經常看那修行幾十年的，這是他的資本，經常對人家說：「我修行好多年了！」這就叫執著。一切看破，看破沒有，空的、假的、放下。看破了，沒有實體的，看破了放下了就自在了。一切行無所著，這些行都是方便善巧利生事業，沒有可以執著的。常時使自己的心念不動，行菩薩行的時候，會遇著很多逆境惱害你，加害你，心不傾動，意不顛倒。

你修菩薩行，會有很多惡眾生，或者是諸天鬼神、魔王，他會傷害你，你不但不生煩惱，而且發願化度他。《金剛經》上，釋迦牟尼佛在因地，歌利大王殺他的時候，他發什麼願呢？他說：「我成佛先度你。」佛成道第一個度的是憍陳如，五比丘之首憍陳如，他的無量生前就是歌利王。不但不起瞋恨心，而且發願要去度化他。這是行菩薩道，要度惡人，好人自己會修的。經常聽見道友講，那人太壞了，不度他，跟他無緣。這樣的怨聲經常有！你一發菩薩願，要行菩薩道，度的就是惡人，惡人都度了，都變成好人了，世界上就平安了，沒有惡人，這叫願，十度的願度。

「七者修一切行而無所著。八者其心不動猶如山王。九者廣度眾生猶如橋梁。」這有力量了，修一座橋一天度好多人哪，一年算下來，十年算下來，廣度眾生就像橋梁（樑）一生。橋梁是比喻。慧方願力智，方便善巧你得有力量。佛的十力智，就是力，就是力度。還得有智慧，這個智慧不是前面那個智慧。

「十者知一切眾生與諸如來同一體性。」根本大智叫一切智智，佛的智。一切智，聲聞緣覺都具足了，一切智智就不行了，佛佛證得的，這叫十度。

「佛子，是爲十法，令諸菩薩所行清淨。」以這十度利益眾生，所有的行都清淨了，這是指心說的。心淨所作皆淨，國土淨一切皆淨。菩薩發了菩提心，你得作事。作什麼事呢？就是這個廣大菩薩行，這樣子才能速入佛地。發了菩提心的菩薩，他就思惟：「我怎麼能成就菩薩道？」就作這十度，能成就菩薩道。

菩薩既得行清淨已。復獲十種增勝法。何等為十。一者他方諸佛皆悉護念。二者善根增勝超諸等列。三者善能領受佛加持力。四者常得善人為所依怙。五者安住精進恒不放逸。六者知一切法平等無異。七者心恆安住無上大悲。八者如實觀法出生妙慧。九者能善修行巧妙方便。十者能知如來方便之力。佛子。是為菩薩十種增勝法。

「行」，行爲、修行，修行成就了。「復獲十種增勝法。」行這十度，就能得到十種增勝法，在道業上更增進了。智慧增長了，定力充足了。度眾生的力量有了，還得得到諸佛的加持呢！這是說，除了自力之外，還得有他力，十方諸佛都在加行你。菩薩得了這個清淨行，獲得十種增勝法，使道業更增長。十業永遠繼續的，不是停歇的，得到十種增勝法，就是你所行菩薩道的事業，更加增大，更加增勝。哪十種呢？

「何等爲十？一者他方諸佛皆悉護念。」除了本佛，還有他方世界的諸佛。像我們都生在娑婆世界，釋迦牟尼佛是教化我們的，我們第一個先稱「南無本師」，這叫本師，十方諸佛加持，都來護念這位發心菩薩，行菩薩道的菩薩，使你的善根比以前更加增勝。這十種都叫增勝。

「二者善根增勝超諸等列。三者善能領受佛加持力。」「善根」，根深才葉茂，根子越紮越深的，這個時候你才領受到佛的加持力。每位道友都得到佛加持，都得到善根增長，但是你不認識，因爲還不能相通，還得善根增勝了，才能得到領受佛加持力。十方諸佛加持你，你還不知道呢！必須智慧增長，能夠認識到了，就是覺悟到諸佛加持力。

我經常跟道友說，學淨土的道友一定得具足這麼個信心，你決定能生，只要發願要生極樂世界，決定能生。每天念的《彌陀經》，《彌陀經》上怎麼說的？那就是感受領受諸佛的加持。我問我們很多學淨土的道友，他也念《彌陀經》，《彌陀經》說的話，他就沒有注意了，天天念，就是念字。《彌陀經》告訴你，說的很清楚，你發了願，想生極樂世界，不是靠自己的力量，十方諸佛加持你，經上舉的是六方，六方代表十方。

諸佛加持你，只一發願，就把你送去了。我們好多道友都念〈普賢行願品〉，〈普賢行願品〉沒說叫你念阿彌陀佛，不是你的力量，你念〈普賢行願品〉，普賢菩薩把你送去的。一去了就見到文殊，普賢、觀音、彌勒都在。而且是念〈普賢行願品〉生極樂世界的，普賢送去的，頓超的，頓悟無生的。這就是他力，諸佛加持力。凡是修道者都有諸佛加持力，每位道友，當你發心出家之後，說破了戒，小事一件，你的行爲上，生活上那些不影響你的願力。不要因一點小事就執著起來，就懊惱了，「我生極樂世界不行了，我犯了戒！」不要生起這個想法。一念，「我決定能生」，有這麼個信念，十方諸佛護念加持。本師釋迦牟尼佛給你說《彌陀經》，他就護念你，他就送你去。再加上十方諸佛讚歎，文殊、普賢、觀音、彌勒，大多菩薩都讚歎，都送你去。你有這麼樣個信心，堅定不移的。如果我這個生命斷了，決定能生極樂世界，領受佛加持力。

我們缺乏什麼呢？缺乏領受佛的加持。我們非得看見佛現個相，放個光，那就加持了。不是這個意思，不要執著，這叫善能領受。我們就缺乏「善能」。這樣子發菩提心，行菩薩行，他能領受到佛的加持力。就我們現在這一品，法慧菩薩承諸佛加持力，才說這個法門，十方法慧諸佛加持他。你自己得領會。受加持者就是我們，領會佛的加持。《華嚴經》教法甚深廣大無量，沒有佛的加持你能聽嗎？能說嗎？佛的加持力。而且在這末法，刀兵水火饑饉，最煩亂的時候，你能聞著甚深法要，當然有諸佛的加持力！一定要信。

「四者常得善人爲所依怙。」這很普徧，「善人」是指菩薩說的。就我們普壽寺，護法善人，衣食住行。如瑞、妙音她們住持這麼一個道場，這是大家的力量，沒有這麼幾百人，人家來護持她嗎？有這麼幾百人，是大家的共德，這叫共德，給我們作護持，給我們作依怙，讓我們在這兒修道。

「五者安住精進恆不放逸。」別認爲自己了不得，不要滿足。我們的精進力是不夠的。在順境當中，一天一天的還能這樣修行，正常的運轉。稍微遇到點逆境，就退了，生起愧悔之心。像這些發菩提心的大菩薩了，他們的心都安住無上大悲。

「六者知一切法平等無異。七者心恆安住無上大悲。」「無上大悲」，我們的悲心是有，不稱「無上」，悲心也不稱爲大。有悲心，若動了自己的根本利益，把自己這個利益給眾生，誰也不幹了。若有這樣的，才是大菩薩，把自己的身命都捨了，換取眾生的安樂，這樣才叫大悲。我們學大悲觀世音菩薩，我們只是學，距離很遠很遠哪！乃至有智慧的大悲，知道一切眾生無量劫的事，我們不知道。能知道一切諸法平等沒有兩樣，能知道諸法平等，這樣才能生起大悲心的安住。我們的心不平等，不但沒證得，了解的還不深刻。爲什麼？不能夠明白是同體大悲，我們跟眾生的體是一個，同體大悲。我們是自他，我是我，他是他，不知道在體上，根本的心體上是平等平等的，這樣的安住大悲心。怎麼樣才能平等？怎麼樣才能同等？

「八者如實觀法出生妙慧。」「如實觀」就是稱你的實相，我們講的實相，我們講「大方廣」的「大」，「大」就是實相。觀一切法，依實相而起的，有的迷，有的悟。迷的程度不同，悟的程度也不同，這裡頭有種種差別。實際上要如實觀，平等平等。從第六句平等，一切法都是平等沒有差異的，因此在平等法上，生起大悲心，這叫如實觀。隨時念念，觀自己的心地本源。一切諸法的生起本源，這樣才產生不可思議的妙智慧。

「九者能善修行巧妙方便。」文殊大智的妙慧，大慧是根本，度眾生要有方便善巧。從大智慧根本智而生起的善巧方便慧，度眾生還有種種方法。換句話說，我們說通俗一點，還得假些手段，眾生不是好度的。還能夠修行善巧方便，還得能知道如來方便之力。

「十者能知如來方便之力。」我們向佛學習，巧妙的方便產生力用，你度眾生也得有力量，度他，能解決他的問題。我們作不到，眾生在修道的時候遇到障礙，天魔擾亂，或者宿業發現。特別是病苦，病苦就干擾你修行，你很痛苦，還能修行嗎？說個最簡單的腿痛，骨質增生，或者筋骨萎縮，你連腿都盤不上，坐也坐不成，走也走不成，還能磕頭禮拜嗎？這個時候還能修行嗎？有善巧方便智，幫他除這些痛苦的厄難，這叫如來有方便的力量。我們說「求加持！求加持！」就是這個意思，加持你度過病苦的災難，還能去修道。他還可以有自己力量，克服力量，人家說忍苦耐勞，我們是忍苦修道。在病苦當中修道，成就的快。如果把病苦克服過去，你就勝利了，向前進了一步。

這是菩薩在前面行十度，得了這些力量，這些力量主要是仗著「他力勝」，「他力勝」就是佛的加持力。佛加持你，得自己的善根深厚，就是「自善勝」。還得要有定力，定才能生慧，「深定勝」。共同修道的，「同行勝」。還得需要有些助道因緣，助道因緣，衣食住行你不要擔心了，吃飯穿衣不擔心了，你才能修道，這麼冷的天氣，連一件棉衣服沒有，你還修道！凍得光抖了，還能修道？修不到道了，「助道勝」。「眞智勝」，還得自己有智慧，這十種增勝增加你的眞智。

還得有「意樂勝」，還得有「觀慧勝」，觀察一切事物，增長你的智慧。還得有「修行勝」，修行不斷的增進，「增進勝」。剛才講的十種，叫增勝法。增是增長你修行，往前進的勝利。那十種說「由行淨因，得勝法果」，感到諸佛的力量勝，自己的善根勝，自己的定力夠了，「深定勝」！同行修道者勝，「同行勝」。助道法都勝，「助道勝」。自己眞智慧，依著一實境界而起的觀行，這才能夠增進。

佛子。菩薩。有十種清淨願。何等為十。一願成熟眾生無有疲倦。二願具行眾善淨諸世界。三願承事如來常生尊重。四願護持正法不惜軀命。五願以智觀察入諸佛土。六願與諸菩薩同一體性。七願入如來門了一切法。八願見者生信無不獲益。九願神力住世盡未來劫。十願具普賢行。淨治一切種智之門。佛子。是為菩薩十種清淨願。

法慧菩薩又對精進慧菩薩說，菩薩有十種清淨願，天天都要發願。哪十種清淨願呢？如果我們不會發願的，就念這位菩薩的發願，我們自己也發願了。

「何等爲十？一願成熟眾生無有疲倦。」度眾生，都能夠成熟，成熟這個就是斷煩惱，得解脫了。度眾生的時候挫折很多，所以菩薩道不是空的，不是如夢幻泡影，菩薩道要事實的。成熟眾生沒有疲倦，你會遇到很多的困難。我們現在當然是了，我們也不是菩薩，也不敢發那個大願。

例如說現在很多的事，大菩薩知道你最捨不得的，或者有一個寶物，他向你來化緣，要這個東西。你剛想行菩薩道，他就來要你這個最心愛的，你給他不給他？這是捨的一方面。還有那些行菩薩道的，爲了要成熟眾生，沒有疲倦，不是一件事兩件事，無窮無盡的度眾生。看看〈觀世音菩薩感應錄〉，看看〈地藏菩薩感應錄〉，看看〈聖德大觀〉，看看祖師過去們怎麼行菩薩道的，有例可循哪。過去歷史上，從漢朝到清朝有很多神尼，都是行菩薩道的大菩薩。

還要發願具行一切眾善，「眾善」是什麼呢？莊嚴佛國土，清淨世界，把這個世界清淨了。現在要是大菩薩，現在這世界上應該清淨的事太多了，讓它沒有戰爭，別出災害。我們只是坐在屋裡頭對著菩薩發願，我們沒有力量，不能變成現實。

「二願具行眾善淨諸世界。三願承事如來常生尊重。」我們這個可以作，佛像就是如來，我們對佛像就像對佛一樣的。

「四願護持正法不惜軀命。」這個我們就作不到了，不愛惜自己的身命，不愛惜不是隨便亂來的不愛惜。爲了法，捨身命。這不是捨一次兩次，而是無量生這麼捨。

「五願以智觀察入諸佛土。」用智慧觀察，哪個佛國土與你相應，就到那個佛國土去行菩薩道，受佛的教化。這個我們作不到，沒有這個智慧。我們只是聽到佛說，生到極樂世界，還聽到生到藥師琉璃光如來世界，法慧菩薩這些世界，現在讀《華嚴經》才聽到，讀《華嚴經》聽到無量無量的世界。要以智觀察，入諸佛國土。

「六願與諸菩薩同一體性。」這是本具的，不是修行得的，要以行得，本具的還得假修練，現在返本還源。這得要智慧，要般若智，要根本智。

「七願入如來門了一切法。」到如來家，入佛的智慧門，以佛的智力來知一切法，這是知一切法的本源，知一切法的法性。

「八願見者生信無不獲益。」誰見到我讓他生起信心，信三寶，信三寶從我起，這是發願，見著佛人都恭敬。文殊菩薩發這個願，凡是見我者，求我者，與我有緣者，讓他們都得到利益。見我對三寶就生起信心，見我就能得到大利益，所求皆得。觀世音菩薩、地藏菩薩、文殊師利菩薩、彌勒菩薩這些大菩薩就作到了，我們學大菩薩，願見者生信無不獲益。

「九願神力住世盡未來劫。」永遠不死，長久住世，盡未來劫。「十願具普賢行。」普賢行門，這是指法門。「淨治一切種智之門。」普賢菩薩是具足一切智的。

「佛子，是爲菩薩十種清淨願。」法慧菩薩勸這些大眾發如是願，具足七種清淨大願，這種大願到十地菩薩就成熟了。成熟眾生願，淨諸佛國土願，能夠供養一切諸如來，能夠護持正法，能夠承事，能夠與一切眾生同一善根，能夠攝受一切法。以一切法度一切眾生，身口意三業常時如是行。菩薩示現度一切眾生，不能講空，眾生都是有，三業隨順眾生，這叫不空如來藏。菩薩還得具修一切行，這是十地菩薩所作的事，來現成正覺。十地菩薩法雲地再前進，成就如來果德。

佛子。菩薩住十種法。令諸大願皆得圓滿。何等為十。一者心無疲厭。二者具大莊嚴。三者念諸菩薩殊勝願力。四者聞諸佛土悉願往生。五者深心長久盡未來劫。六者願悉成就一切眾生。七者住一切劫不以為勞。八者受一切苦不生厭離。九者於一切樂心無貪著。十者常勤守護無上法門。

光發願是空的，讓這些願都成熟，成就十種圓滿，還得發十種心，以行塡你的願。我們想生極樂世界，你想行是個願，我願生極樂世界是個願哪，念佛、或者拜懺、或者讀經，這得行，要達到目的。你發了這麼大的願，修行才能滿願，不然，願是空的。我們也都發願，「願消三障諸煩惱，願得智慧眞明了。普願罪障悉消除，世世常行菩薩道。」天天在發嗎？發願了還得起行，把這個願塡上，讓它變成事實，願不是事實。能作好多，隨自己的力量，盡心盡力，不要把它看成難不可及。難不可及，法慧菩薩就不會說，你作不到給你說也沒用。發願之後，你如果作，能作到。隨時觀照你的心，把你的心看好。一起個念頭，就讓它念佛念法念僧念眾生，念眾生的苦難，念世間相，念世間相幹什麼？行菩薩道不念世間相，菩薩道怎麼行？心無疲厭，我們的心經常生厭煩，有疲厭的，不是精進。

「何等爲十？一者心無疲厭。二者具大莊嚴。」怎麼樣才具大莊嚴？是說你的心哪！你拿這麼一支小花，就具足大莊嚴，用普賢行願把它擴大變成無量，供養十方一切世界諸佛，那就大了。莊嚴一切佛國土，莊嚴一切有情世間，這是大莊嚴、心莊嚴，心徧故，一切莊嚴。

「三者念諸菩薩殊勝願力。」不知道怎麼發願？你讀〈普賢行願品〉，讀〈普門品〉觀世音菩薩的十二大願。再看看地藏菩薩怎麼發願度地獄眾生！你緣念不到，想不到，就向諸菩薩學。他們怎麼說的，他們怎麼作的，之後去作。聽到淨佛國土，發願往生。心呢？念念不離。這念頭，要把它看住不容易。《阿彌陀經》說，要想生極樂世界，「若一日、若二日、若三日、若四日、若五日、若六日、若七日，一心不亂」，多簡單，一心不亂！一心不亂，每位道友回憶一下，你這心亂不亂？求生極樂世界，阿彌陀佛眞的來接你了，你說：「我媽媽還捨不得，得看看我媽媽，我再走！」必須得這個世界放下，那個世界才去得了，你這個看不破放不下，那一邊你怎麼去得了？念一切諸佛菩薩殊勝願力，諸佛菩薩怎麼作的？心的力量最強最大，要用我們心的力量。口裡說的、身體所作的，都受心的支配。常時念念，經常有個「念」字，念就是思惟，包括你的修行、思惟修。

「四者聞諸佛土悉願往生。」這樣子你才聞到諸佛國，光羨慕不行。羨慕不能達到，得身體去作，作才得到了。同時，不是一次兩次，要深心！深心樂集一切諸善法，深心把一切好事都集中到一起，這叫深心，不是作一件兩件事，那不行的。舉個例子說，要生極樂世界，你勸別人，不是我一個人去就之後，勸我六親眷屬，勸好多道友，大家共同發心生極樂世界，大家幫助你，你啓發大家，這個力量就大了，共同生極樂世界，這種叫深心。盡未來劫，時間不限制。劫是「劫波」，這未來劫，不限制時間。

「五者深心長久盡未來劫。六者願悉成就一切眾生。七者住一切劫不以爲勞。」願一切眾生都成佛，在這個世界上生存一萬年、十萬年、一百萬年，永遠不認爲勞累，天天如是度眾生。

「八者受一切苦不生厭離。」我有個同學跟我一樣，也是學華嚴、講華嚴，他也講法華、講四教。建國初期，最初不讓當和尚的時候，他跟一個徒弟去當工人。後來恢復了，可以講佛法。我就勸他：「還回來當法師，我請你講經。」「不作了。」我說：「那跟你徒弟幹什麼？」「打工吃飯。」他在北京石景山住，怎麼勸他都不講經。口才、辯才，都很好。一不發心了，之後都沒有了。甚至於有些人，不但不深入，還隨著別人謗毀，過去是隨著別人讚歎，現在是隨著別人謗毀，謗毀佛教。同時還有個怨心，不是發願的願，是怨恨的怨。怨誰？怨佛菩薩在災難的時候，佛菩薩不保護他，「我不信了！」你不信就不信。這叫什麼呢？不能夠深心。以前是很淺的，遇著挫折了，就退了，遇著勞累了，就退了。勞力容易，勞心非常難。

過去古來評論功德，說兩位大將，各守一城，一個疆場上戰死了，人都死了，城當然也就破了。一個想種種方法把城守住，不讓它破。說死的功勞大？沒死的功勞大？人大概是同情死的，沒死的，他日子過得很好的，生活很好的，功勞不大。但是，有很多人看法不一樣，我的觀點是這樣看的，「慷慨赴死易，從容守土難」，這兩者的難處，我盡一切智力，用一切智慧守住這個城。那個城沒守住，生命搭上了。這個城能守住，他的功大，那個城沒守住，功小。

我們修道、發菩提心度眾生，不論遇到什麼挫折，堅固菩提心，堅固行菩薩道。

在行菩薩道的時候，遇著佛難，或者是法難，或者是僧難，犧牲了，隨著走了。你用智慧，堅定的毅力，這就難了。百折而不退，不論遇著多大挫折，這就難了，「住一切劫不以爲勞」，就是這個涵義。「受一切苦不生厭離」，堅照自己的信願，一直作下去。世間，還爲了功名富貴，修道者不是，遇著什麼享樂，不貪求也無罣礙，兩者是對照的。受一切苦，不厭離，不因爲苦的挫折而退離佛所教授的方法，這就不行了。

「九者於一切樂心無貪著。十者常勤守護無上法門。」「無上法門」，就是常時守護你的心。這個心哪常時發願，常時不疲勞，常不退悔，永遠利益眾生。永遠沒厭疲，沒有厭勞了。這裡頭包含很多，以前有很多學法的法師，不分男眾女眾，平等平等的。你學法，學了不能到你這就止住！你要去宣揚，要轉化。明明有能力，可以給人家解說，聽著好像自謙，自己謙虛，實際上是不發菩提心，很簡單。有很多法師，以前很能講的，突然消失了。現在不論男眾的女眾的，解說的法師，不多。法師不是說是很尊貴的，是以法爲師。自己是以佛的教法，說戒法也好，定法也好，慧法也好，以這個自己學習，還得傳授，轉授給人。不能在你這裡斷了，你學來作什麼呢？這就是不發菩提心的表現。發菩提心的，要心無疲厭，具大莊嚴。常時懷念諸佛菩薩的殊勝不思議妙力。聞一切佛土皆願往生，護持正法學法護法。要有這種深心，長久的，盡未來際不變。發願成就一切眾生，讓一切眾皆得度，都能了生死。

這樣子，不生疲倦的思想，並不是大家都讚歎恭維了，你高興了，才去弘法。有的人，遇見罵你的，乃至受到挫折了，那就不幹了，道心退了。這個不一定的，爲什麼不一定？一切眾生的業，還有自己的業障。要經得起磨練，以現在社會上說的話，經得起考驗！你得經得起磨練。不受磨（魔）不成佛，要成佛得經過好多的磨練，不是那麼容易的。受一切苦，在苦難當中成長起來，不因爲受了苦就厭離，不因爲那個貪欲，讓人家一勾就勾引了，就還俗了，兩種都不行。對一切樂沒有貪著，對一切苦不厭離，這才能守護佛的無上法門，若沒有歷代大德這麼守護，我們現在能學到《華嚴經》嗎？雖然現在普壽寺好像是我們自己創的，實際諸佛菩薩早就創好了的。我們是隨緣度眾生，隨緣建這一切事業。不要認爲這是我們的功勞，沒有，那就對了。常時如是，作佛弟子都要這樣子作。

佛子。菩薩滿足如是願時。即得十種無盡藏。何等為十。所謂普見諸佛無盡藏。總持不忘無盡藏。決了諸法無盡藏。大悲救護無盡藏。種種三昧無盡藏。滿眾生心廣大福德無盡藏。演一切法甚深智慧無盡藏。報得神通無盡藏。住無量劫無盡藏。入無邊世界無盡藏。佛子。是為菩薩十無盡藏。

十種大願滿了，得到十種無盡藏。公元二〇〇五年，大家發願，使《華嚴經》能相續不斷，能如是學習，別出什麼障緣。

前者是講這些菩薩行菩薩道的時候，積聚很多功德，這功德稱爲「藏」。藏者就是含藏一切。普見諸佛，佛無窮無盡的，世界無窮無盡故，說明前面所有立的行，發菩提心，行菩提行，發很多大願，把它蘊集了，集了很久了，就稱「藏」。就像我們說藏經樓，藏經樓裡頭都是經書，含藏著無盡，就是這個涵義。菩薩總持不忘，總是總一切法，一切法含著有無量義，持就是受持。覺了諸法，就是所有一切諸法覺了它的性體，換句話說無所不知，無所不曉。但是這句話有個問題。在理上你能夠無所不知，無所不了，在事上就不行了。

我們經常講依理成事，現在每一個眾生都具足全部的理，就是法界性，理就是法界性。理雖然悟得了，但是事不成了，事須漸除。總持就是總一切法，持是任持一切法的自性，體！這個持的涵義就是軌道的意思，一般是說「軌生物解，任持自性」，能認識自己的體性，依這體性的理，對一切事物各有各的涵義，就叫總持。

好比說每個人是二三十歲，經過十幾年學習，學過忘了，不能任持。這些菩薩發了利生大願，發菩提心，行菩薩道。他在行菩薩道的時候，佛所教授的理性，能夠總持不忘，這叫總持慧。「決了諸法無盡藏」，對一切法能給下定義，決定不失不誤。大悲救護眾生，「大悲救護無盡藏，種種三昧無盡藏，滿眾生心廣大福德無盡藏。」滿眾生心，眾生的心有要求，都能使他滿足，使他們的福德、慧德都能夠具足。能夠演一切法甚深的智慧，這個甚深的智慧不是一般的智慧，是一切智智，也就是具足佛的智慧。「報得神通無盡藏」，「報得」是因爲行菩薩業而感得的。我們沒達到無盡藏，每個人都有他報得的。因爲沒有開宿命智，不知道過去生所積聚的福德，因爲這個福德感你的神通，神通就是業用。在業用的時候，隨心所欲，能現神通力。「入無邊世界無盡藏」，能夠入一切世界。佛子是爲菩薩十無盡藏。這十種從哪得來的呢？前面所講的行和願，發了菩提心，開始依著這個心，行菩薩道，得到這十種無盡藏。

菩薩得是十種藏已。福德具足。智慧清淨。於諸眾生隨其所應而為說法。

菩薩得到這十種藏，福德具足，智慧清淨。菩薩能夠如機說法，以這個行願積聚福德智慧，滿足給眾生說法的要求。說法，法就是方便善巧，法有兩種意義，第一種如理，顯一切眾生本來具足的與佛無二無別的福德智慧德相。但是他已經迷了，久沉寂於眾生道中，而能夠以種種的方法，善巧攝受他，使他回歸本具的眞心，但是，怎麼能夠隨應而說法呢？

佛子。菩薩云何於諸眾生隨其所應而為說法。

「隨其所應」，是眾生有聞法的器、聞法的機，能夠滿足他。但是機不同，所以，佛說八萬四千法門都是應機而說的，不止八萬四千，在《華嚴經》講無窮無盡的法門，眾生無盡，法門無盡。「知器授法」，知道他是什麼根機，就給他傳授什麼法。大家看「授」字，一個提手加領受的「受」，攝受的受，好像用手遞給別人的物件一樣的；但是這個是心，不是手，而是以心傳給他。知什麼根機就給他說什麼法，就是隨其所應，而爲說法。以下就說，「隨其所應」。

所謂知其所作。知其因緣。知其心行。知其欲樂。貪欲多者為說不淨。瞋恚多者為說大慈。愚癡多者教勤觀察。三毒等者為說成就勝智法門。樂生死者為說三苦。若著處所說處空寂。心懈怠者說大精進。懷我慢者說法平等。多諂誑者為說菩薩。其心質直。樂寂靜者。廣為說法令其成就。菩薩如是隨其所應而為說法。

「知其所作」，「所作」就是過去現在所作的業，他以什麼因緣現在能夠見到佛，遇著法，能夠聞到法，能夠得度出家，乃至歸依三寶。知道他心裡所想的，所有的欲，所有的望，欲樂，他心裡的運動。「心行」就是心的運動，他在想什麼，我們每個人可以觀照一下自己，觀照你現在在想什麼，如觀照深的，我這個想從哪裡生起來的？突然間生起一念，想什麼？如果你以智慧觀察，就是覺悟、智照，以智慧照了而生的，我們叫什麼呢？妄想，妄想是自己心裡頭起的虛妄分別，突然間飛了，心飛了。過去好多年的事，突然間來了，想起來了，人不在了，許久許久以前的事情了，那個時間不是現在了。就是因緣、心行、欲樂，如果貪欲多的，給他說不淨法，貪戀身體，貪戀自己的身體，貪不同性的身體，說不淨觀，觀想身體是虛妄的，假的，不淨。

「瞋恚」，「瞋」是發爲現行，「恚」是心裡恚怒、嫉恨，這個得說大慈，要慈悲！對任何事，能忍受不發火，遇著任何事不冒火，也不會嫉恨在心裡。有時這兩個字聯繫在一起，有時不連到一起，「恚」就是我們說的敢怒而不敢言，地位低下，或者勢力不能抵人家，嫉恨在心裡。「瞋」就不是了，發爲現行。這說大慈大悲，說慈悲觀。愚癡，愚癡就沒有智慧，但你要多思惟，思惟要觀察，就叫他勤修觀察。多思出智慧，什麼事情經過三思，這跟你莽撞處事，不同了！想了又想，想了又想，這個事該怎麼作，就是多思。

「三毒等者爲說成就勝智法門。」貪瞋癡三個都差不多，沒有突出的，三個都平等，這就讓他修智慧，說勝智。

「樂生死者為說三苦。」貪戀世間，乃至在這願意受苦，願意在這生死流轉，給他說三苦，有時候說八苦。我們經常說「八苦交煎總不妨」，八樣苦一起來，這個只說三苦，貪戀生死而不求出離，給他講生死的苦難，生死本來就苦，無常的。但你快樂的時候不苦了，任何環境都會壞的，不會常的，這個環境一壞了，苦了，這叫壞苦。

要是在他正快樂的時候給他講苦，例如年輕人到晚上，他的精神來了，到遊藝場所，玩得快樂，他不知道苦。這個時間過了，他的苦就來了。生苦、壞苦，還有死，死之後快樂境界都沒有了。若執著房屋、執著建設、執著所處的環境，給他說空寂法門。說這個地方要壞了，空了，這次海嘯，一家人在海灘涼亭底下，玩得很快樂，那個海水突然長出多少丈來高，大家說這是妙境，都爭著往海邊上跑看。一下子大水來了，都捲進去了，跑來不及了。海嘯有很多特殊境界，在海裡頭往前流動的時候不怎麼樣，比平常高那麼一兩尺，但是一到岸一阻礙它，它升高好多丈，之後垮壓下來了，什麼都沒有了，那種力量是不可思議的。

「若著處所說處空寂。心懈怠者說大精進。」給他說空寂，觀想空寂，心裡懈怠，不求精進，我們可以感覺自己，總是推諉責任，怎麼推諉？別那麼緊張了，今天辦不完還有明天，明天推到後天，了生死不是一天的事，自己找些理由，不精進、懈怠，懈怠人就是散漫，散漫就生懈怠，心裡頭不精進。

「懷我慢者說法平等。」總認爲自己比別人強，這是「我慢」。還有「慢過慢」，自己本來不如人家，智力不如人家，或者生的相貌不如人家，還感覺自己比別人強，這叫「慢過慢」，這給他說一切法平等。或是社會的地位高，或是在創作時間他的福報好，乃至作事業能賺了很多錢，他就「我慢」，認爲自己好像很能幹。他不知道過去的因果，給他說法平等。在國家作總理，或者作總統，他認爲他是一國之尊，認爲比一切人都強；但是這是暫時的，跟最卑賤的討口子，平等平等，這樣觀。

這種「慢」，我在美國遇到過，他不是沒有本事的討口，他的思想很怪癖，我們說這人有怪癖，不要家庭，不要地位，也不要財富。本來他在大學當教授，文化知識也很高的，他不願意幹！他有一部小車，推個大紙箱子，全部財富在這紙箱子裡，一年四季都如是，有時候他中午吃一頓飯，市政府中午供給一頓齋，都是討口子的，吃這一頓飯，吃飽了，他沒事了。他推個小車，或者在銀行建築的外頭，或走廊裡頭，他晚上把紙箱子拿個毯子往地下一鋪，睡覺了；起來早晨再推車子，到市政府門口等著那頓飯。

這是什麼思想呢？眾生心無量的，跟他談話，他沒有任何責任，任何事找不著他，也沒有看得起他，他走到哪去沒誰注意他。這種高級的知識份子，他不偷、不搶，不平白得人家的，你掉下地下東西不是給他的，他不會揀你的，你給他，他也不會說謝謝你、感激你，沒有這回事，願意給就給，不願意給就算了。他對他的六親眷屬、乃至朋友，一律不理，他這心裡是什麼呢？這是最慢的人。他這不是卑劣慢，他感覺著比任何人都強，但是什麼事都沒作。他可不是像我們佛教徒，說看破了，放下了，我們要利益眾生的。這類人不會幫助任何人作任何事情，他認為家庭是負擔，他也不要子女，不要家庭，這是什麼思想？在佛教劃歸為「慢過慢」。

「多諂誑者為說菩薩。其心質直，樂寂靜者，廣為說法令其成就。菩薩如是隨其所應而為說法。」「諂誑」，「諂」是諂曲，比他地位高的、比他有錢的、有勢力的，他卑躬屈膝。要是不如他的，他就趾高氣揚。這類人很多，社會上，特別到單位，或者是處級幹部，見著部長級、市級幹部了，他恭敬得不得了！等他下來對小職員們，那可驕傲了，這叫「諂誑」。菩薩教授眾生，眾生有多種多樣，各個的愛欲不同，貪求不同，這都是心地不眞。盡是虛假，菩薩就給他說法，說人生要質直，直心是道場，說你的品格，你的質量要直爽，不要上諂下驕（憍），也不要欺誑。佛教講對機說法是不是上諂下驕？不是的，而是質地清淨的。社會上的人說，見什麼人說什麼話，見鬼就說鬼話，見人就說人話。

佛教對機說法不是對現生，而是無量劫來的，因為這些大菩薩能知根，知他的因緣，知道他的心行，知道他的欲樂，是這樣對機的，不是上諂下驕。每個人生活都有個習氣，這個習氣是無量劫熏習來的，〈大乘起信論〉講二種熏習，一個從染熏淨，把淨法變成染法，那就墮落了，一種以淨法熏染法，染法漸漸都變成淨法，這就是我們現在所作的。現在用佛所教授我們的清淨法門、功德法門、智慧法門，熏習我們那些煩惱、習氣、垢染，什麼是習氣？什麼是染緣？要知它的因緣。每個人心裡所作的不同，我們只看現相，有些人認爲自己心裡想的你們該不知道，心有所想，他的面目、行動、表情就告訴人家。有智慧的人一看他，他現在想什麼，知道了。心裡所想的外頭必定表現，表現在身口意上！你要看他的心，就看他的面，他也不說，自己還不見得感覺出來。假使你經常觀察，觀察久了你就知道了，這就是十地習性。

我們講十心，十心所有的習氣！這樣子知道他的心，能夠使聞法發心，聽到佛教授的方法而發心。拿這個作爲因，這聞久了，隨他的因習性久了，就成了性，這個不是眞心那個性，不是性體那個性，這叫習種性！眞心叫性種性，習種性跟性種性有差別的，性種性是本具有的，習種性是外邊熏來的。

自己的發善心所，這叫因。慢慢的習了善種性，遇著佛法的思，聞法爲緣，這個因緣隨緣成了種性，這是善種性，學法的種性！自己知道心裡害什麼毛病，特別說假話，隨便說什麼都是假的，順口就說出來了，都是假的。他自己知道是假的，不會說眞話的，對誰都不會說眞話的。知道自己見什麼物質都貪愛，總想據爲己有。心裡愛，愛就想據爲己有。這是貪，要知病，知道自己的病來下藥。前面講懈怠眾生你給他說精進，他就精進了？這裡頭得加種種調御的方法。

說調御，貪欲心勇猛的，不是一天兩天就能調御過來，你說不淨觀，他就聽了？得慢慢的來。佛在譬喻的時候，說這麼一個故事。過去國王的車乘，有的騎著是象，國王坐到大象上面，象在發情的時候，牠見著山林裡母象，追母象，就把國王摔了。

國王就責備調御的象師說：「你怎麼沒調御好，讓牠把我摔了！」象師跟國王表示說：「這個我永遠也調御不好，我沒有這種道德也沒有這種力量。我能讓牠死，但我不能讓牠改變性、改變不貪。」國王不信，象師說：「我可以給國王表示一下子！」他燒紅了一個鐵球，他說：「我能使這隻象吞這個火球，但不能制止牠發情去追求異性。」他當場試驗，燒個火紅的鐵球，象師拿著鐵球夾著給那隻象，象就掉眼淚了，還是把這火球吞了。火球在象腸胃一滾，當時就死了。

國王非常驚異，他就給國王說法，一切眾生你可以讓他死，當他的貪欲心重了，你讓他改變辦不到！所以你看現在社會上爲情愛自殺的很多。爲什麼？自己控制不了自己，懈怠成性的讓他改成精進也得慢慢來。學佛的人懂得這個道理，要自己下苦功夫，用勇猛心、精進心斷除，斷一切貪瞋癡。

佛教授我們的道理，成道一說都是多少劫、多少生，爲什麼？貪欲無始時來的，貪瞋癡的根不容易斷。《華嚴經》對二乘人持批評的態度，就說他不發大心，不救度眾生。但是斷貪欲，菩薩是潤惑受生，二乘人發了生死的人，他就斷淨，不是潤惑。

斷淨，不會再來人間，再來人家還得重新受生。大乘菩薩得修成就了，利益眾生無所畏懼。二乘人呢？他不發大心！他認為利益眾生，生生世世得受生，一受生就迷了，他怕在迷的時候不得度，發大心的菩薩不怕的，沒有這種恐怖。大小就在心地上分別，法沒什麼大小，法是平等的。

觀苦，我們觀苦，要斷這個苦，不受這個苦，大菩薩看見苦，願意代眾生受苦，願一切眾生都能離苦，不是為自己求安樂，但願眾生得離苦。二乘大小之分就在這。二乘人看見苦他斷，苦是因招感來的，知道了要斷集，不招感，你得幫助眾生也斷集，他沒有這個心。若有這個心是大菩薩，大乘菩薩就在這一點。一個是為求救自己清淨，大道心的眾生不怕麻煩，願一切眾生解決問題，但還得看緣。

地藏菩薩跟觀世音菩薩發願，不怕麻煩，眾生有千百萬億願，千百萬億事，只要一念地藏菩薩、念觀世音菩薩幫你解決。因為他跟這個世界的眾生有緣，有緣才能得度，無緣就難度。我們經常說發菩薩心，發菩提心，不是那麼簡單的，那不是一句話，他要你實際去作。你害菩薩害他多少次，他不會厭惡你的，他跟你有緣，一定度你。你得罪一百個善人並不多，善人不會找你報復的。你得罪一個惡人，一個也不少了，他非要報復你不可。常時如是觀想，使你這個心願、行為跟佛所教授的法相合，相合就是能夠聽佛的教化，照佛所教化的去作。

我們因為作的時候很困難，作不到！心裡頭還知道、很清楚，佛教授我們應當怎麼樣怎麼樣作，你作不到的因緣，一種是你所對的機，機有障礙，他有業障，自己想行菩薩道也有障礙，你也作不到，不是我想怎麼樣作就能作得到，辦不到。想是一回事，作的時候又是一回事，而且障緣出來了，你作不到。不只是我們，大菩薩無緣難度，地藏菩薩本來是想把地獄眾生都度出去的，辦不到！《地藏經》第八品，閻羅天子問佛說地藏菩薩那麼大神通，那麼大力量，他把眾生剛度出去，離開地獄沒好久又回來了，這是什麼道理？業！業得自己消。

為說法時。文相連屬。義無舛謬。觀法先後。以智分別。是非審定不違法印。次第建立無邊行門。令諸眾生斷一切疑。善知諸根。入如來教。證真實際。知法平等。斷諸法愛。除一切執。常念諸佛。心無暫捨。了知音聲。體性平等。於諸言說。心無所著。巧說譬喻。無相違反。悉令得悟一切諸佛。隨應普現平等智身。

講經說法的時候，佛說的教義、法的涵義很多也很深，如果你深入了，你說這個話跟佛義不相違背，沒有乖錯，把這個法對著眾生得要契合，經上的文字是連貫的，「連屬」就是連貫的意思。佛經初入中國，在譯場翻譯的時候有種種的困難，文和義容易不連屬，因此有「三不易、五不翻」。三種很不容易，五種不能把它翻過來，這是翻經的難處。爲什麼在古來的譯場，幾千人翻，就把印度文字跟中國文字連屬的翻過來，但是文字表達義理，義理不能謬誤，翻經很難，所以叫「三不易」。「五不翻」，一個文理跟義理連說無有錯謬，沒有乖錯的，這很難。

觀一切法有先有後，對待每個機說的，爲什麼一部經有好多本翻譯？《無量壽經》傳到中國來有六種版本，我們經常誦的《無量壽經》，晉朝時候康僧鎧翻譯的比較好。那個時候在譯場裡參與翻譯的大德，不是三個五個。有筆受潤文的，有把梵文宣讀譯成中文的，還有證義的，還有依中國人的生活、思想狀況校勘的。佛說法對當時說的時候是對著這些人，他有感情的，這感情含到義理頭。法有先後的次第，這個非常的難，爲什麼我們現在所講的經，所誦持的經大多是鳩摩羅什法師翻譯的？鳩摩羅什法師翻譯是用意譯，先把文句義理通達了，玄奘法師翻的是直譯，按照印度梵文翻成中文，我們讀起來就很彆扭。鳩摩羅什法師翻的讓你讀起來很順當，很容易進入。古德譯經的時候，文相連屬，義無乖謬，那很難了。

還有，法的次第先後，我們現在有很多經，前後次第不連貫，這要是用智分別，得有智慧。我跟道友說，古德三千多人有開悟的，有修道證道的，這些人集體翻譯，還怕有錯謬。我們現代人，一個人坐屋子裡頭就把印度梵文翻成漢文，藏文翻成漢文，漢文翻成藏文。發心是可取，義容易乖謬，容易錯誤。

但是如何是對？如何是非？用我們講的一法印、三法印、五法印，用佛所教授的來印證一下看是對不對，次第建立無邊的行門。門是通達義，我們這一修就進入佛門，跟佛相同，容易入，容易斷疑惑，否則疑惑不容易斷。

「令諸眾生斷一切疑。」令一切眾生斷一切疑。「善知諸根，入如來教。證眞實際，知法平等。」對一切眾生的根機，根機，就說過去所修練的知根不知根，這才能入如來教，如來的教誨、如來所教導的能相適應，證到眞實實際，成道了。發菩提心，成就菩提道果了，明了一切諸法平等平等，法法皆平等。

「斷諸法愛，除一切執。」這就是執著，我喜歡我的根性，讀《法華經》，我的根性是讀《般若經》的，《般若經》的謗毀《法華經》，《法華經》的謗毀《般若經》，互相謗毀，這就叫法礙（愛）。他愛這門，就批評別的門，有大乘小乘，賢首、天臺、法相、三論，我們現在沒有這個資歷，不能普徧學習。在印度的大德們都有神通有智慧的，互相諍論，三論宗的說空假中三觀，就排斥別宗，唯識宗就是法相宗，排斥法性。法性宗是圓融的，不排斥別法的，華嚴是圓融的，任何宗派都在法界之內，圓融的觀點在這。佛說一切法讓一切眾生不執著，看破！放下！除一切執著。

「常念諸佛，心無暫捨。」讓一切眾生心裡頭常時思念諸佛，心無暫捨，沒有一念時間捨離。念阿彌陀佛生極樂世界，若心達到心無暫捨，決定能生。我們是念念忘了，在念佛的時候還可以想著阿彌陀佛，念一下。不念的時候，如果今天飲食好一點，忘了阿彌陀佛，就光注重那口味，等睡覺的時候忘了，不能晝夜二十四時心心繫念，繫念佛。

「了知音聲，體性平等。於諸言說，心無所著。」「音聲」，音聲有大小，有美妙，有不美妙的，有說法的時候，有些人聲音你聽著很悅耳，你高興聽，有的你聽起來非常煩惱。要能夠心無所著，心無暫捨，音聲的體性是平等平等的，凡有言說，都無實義，心無所著，聞法不起執著。

「巧說譬喻，無相違反。悉令得悟一切諸佛，隨應普現平等智身。」巧說譬喻，人家給他說正法，他不容易懂，假個比方、假世間相形容這個法，叫巧說比喻，因緣譬喻，讓人家明白！把那個理拿事上顯得很清楚。我們講故事，《賢愚因緣經》上都是故事，在故事中就告訴你去貪、去瞋、去癡，故事就是講法，令一切眾生都能悟得一切諸佛，隨應普現平等智身。法和智沒有差別的，因爲說法達到證得平等智身，平等智身就是智慧身，就是法性身。

古來學法的時候，「依法不依人，依義不依語」，我依的是佛所教授的法，誰說都可以，不能說哪個人就好，哪個人說不好，平等平等，叫「依法不依人」。還有「依智不依識，依了義不依不了義」，智就是智慧智，不是我們現在這個識心，「依智不依識」，依的智慧，依的心，可不是依這個識。我們經常說「耳聽爲虛」，耳朵聽見的不一定是可靠的，「眼見爲實」，眼睛看的才是實在的，這是世間的說法。

眼睛看見的是假相，不是實在的。心要契理，心跟理契合到一起，聞法要離開言語、音聲、觀它的道理，叫心契於法。「依法不依人」，依著是佛所教的法，不是哪個法師，說你出家了，依著剃度師。剃度師只是接引，代表佛，你的師父是誰呢？我們的師父是釋迦牟尼佛，其他的都是代表的。這叫四依法。

菩薩如是為諸眾生而演說法。則自修習增長義利。不捨諸度。具足莊嚴波羅蜜道。

菩薩爲眾生說法的時候，「依法不依人，依義不依語，依智不依識，依了義不依不了義」，依的是智慧，現在我們所用的都是識不是智，要這樣子來利益眾生。菩薩如是爲眾生而演說法，他說的時候也就是行的時候，也就是學的時候，說即是學。我們共同來學，「我是老師，你們是學生」，我沒有這個想法，平等平等的，這增長什麼呢？增長道理，這個道理就是一個是了義，一個不了義，「依法不依人，依義不依語，依智不依識，依了義不依不了義」，懂得這個道理，才能具足諸法，不捨諸度，才具足莊嚴般若波羅蜜，波羅蜜就是到彼岸，莊嚴智慧，莊嚴佛國土，莊嚴自他。以下講十度。

是時菩薩為令眾生心滿足故。內外悉捨而無所著。是則能淨檀波羅蜜。

第一是檀。我們平常說就是布施，怎樣布施呢？外捨財物，乃至妻子兒女都叫外施，都拿來布施。布施自身叫內施，現在有換心臟的，我把心臟布施給他，或者把眼睛布施給他，或者哪一根布施給眾生，內施。外施是財物，包括房舍，這都叫外施。內外具施，內施外施同時都施，這叫淨檀波羅蜜。這樣的布施是究竟的，這叫竭盡施，把所有的全部都布施了。這種布施很難的，一個是心，一個是物，心是能捨，物是你所捨，還有受施者都不起執著，這叫平等捨，平等的布施。

具持眾戒而無所著。永離我慢。是則能淨尸波羅蜜。

第二是戒。持戒的主要意思是無著，任何不執著。「持眾戒」，包括受三歸五戒，八戒十戒，二百五十戒，三百四十八戒，十重四十八輕，六重二十八輕，這都能捨，捨的時候永離我慢，達到這麼一個就可以了，永離我慢，沒有能持，也沒有所持，這是大乘的。持戒不要起執著，特別記住不要拿所受的戒來看別的道友，看別人這樣犯了，那樣犯了，不是這樣來校量的。這叫執著。

悉能忍受一切諸惡。於諸眾生其心平等。無有動搖。譬如大地能持一切。是則能淨忍波羅蜜。

第三是忍。主要是忍一切諸惡，非理相加給我的忍受，忍得有個方法，看眾生跟我平等平等。就像大地能持著一切，以這個心能夠忍受一切。現在大地受的傷害非常嚴重，所以才發生地震、海嘯，是大地受傷害受的，它承受不了就發生了。

我們的衣食住行都是從大地出來的，眾生不報大地的恩，還要傷害它，破壞它！大自然就對人類報復，現在這就是報復。這才是小的，等到大的時候，地水火風山災，那是眞正的大報復，不是某一部分。忍，一切眾生非理相加的，惡人、惡事都能忍受，自己內心、身心世界，在理上要平等故！說忍受，這叫忍波羅蜜。

普發眾業常修靡懈。諸有所作恆不退轉。勇猛勢力無能制伏。於諸功德不取不捨。而能滿足一切智門。是則能淨精進波羅蜜。

第四是精進。當你作些什麼事，不要半途而廢。不要像俗話說的三天打魚，兩天曬網，一曝十寒。善根發現了，又磕頭，又禮拜，又念經，過陣子又睡大覺了，就作壞事了，這不叫精進。精進是不退轉，像住地菩薩，他一悟得心性平等，悟得平等的道理，精進不懈，發了菩提心，勇猛向前，直至成佛。有勇猛的力量，能制伏一切，克服一切困難，不被環境、不被客觀的現實所屈服。這叫精進。對於求功德，你得有智慧，有智慧來作好事，不取不捨，這叫不執著。這叫精進。滿足一切智門的成就，這叫精進波羅蜜。

於五欲境無所貪著。諸次第定悉能成就。常正思惟不住不出。而能銷滅一切煩惱。出生無量諸三昧門。成就無邊大神通力。逆順次第入諸三昧。於一三昧門。入無邊三昧門。悉知一切三昧境界。與一切三昧三摩鉢底智印。不相違背。能速入於一切智地。是則能淨禪波羅蜜。

第五是禪定。於五欲境界，財色名食睡，不起任何貪著的思念，就是你不會去作這些事，沒有貪著，沒有思念你去求五欲嗎？不會的。去求智慧，其實想問題，思想起心動念就是思惟，思惟是正思惟，正思惟才能消滅一切煩惱，正思惟就是你念頭念，但是我們這個念頭是不住的，我們的心性常時住於無住、無著、無相，一切事物無相的，住即無住，不住色生心，不住聲香味觸法生心，應無所住，這樣的思惟叫正思惟。一切煩惱不生了，消滅一切煩惱，能出生無量三昧，沒有住定，也沒有出定，這叫不住不出，心常如是，這才叫精進三昧。以這個三昧能入到無邊一切三昧。這三昧叫三摩地，不相違背，一即是一體的，這樣才能入一切智地，定能生慧，能淨諸禪三昧，能入禪波羅蜜。

定裡頭包含著很多，大定不同了，在你一天歷事的時候，作一切事在定中了，佛說是法，度眾生，他在定中。我們看見佛降生、入滅，好像有這些變化，實際上這些他在定中而現的境界。禪定不是有個什麼實在東西，隨緣作一切事業的時候沒離開定，這才叫定。換句話說在五塵境界，在三界，三有的世界，本體、定體湛然，就是我們說禮拜、持誦、觀想佛像，這叫攀緣聖境。

攀緣聖境不是智，是情，是妄情，入禪定的功夫這些都沒有了，沒有六塵境界相，這才叫定。禪呢？極簡單的，心常如是，眞心常如是。比如說，在五欲境界越貪越捨離不了，越不厭棄，想要火熄滅，你還要往裡頭加柴火，火能熄滅嗎？讓你的心靜下來，不讓裡頭有五欲境界，不要有五欲的思想，這叫禪定。

以下說智慧門就多了。這個禪定，清涼國師講的很多，乃至於四禪四定，凡夫的禪、聖人的禪、二乘禪都包括的，乃至大乘禪定次第講的很多。但是《華嚴經》只講心念，觀心，講究一多自在無礙，小大相融，一多，一即是多，多即是一。在禪定裡頭，一入一切，一切即一，這是定，一切的事物都入於禪定。外邊的境界相，一個是你所緣的，定所緣的，二是所緣的分齊，或者定的用，定的作用，悉能清清楚楚，明明白白，這叫大定。在一切動的時候，動無定境，沒有定的境，都在定中，佛從八相成道到入涅槃，都在定中。定是體，體上所起的用，所有的用都在定中，用即是體。

這叫什麼呢？等持，平等持誦，這叫「三摩鉢底」，翻「等至」，心即無心，乃至於所有作用，都沒離開定體，所有功德，我們所作的一切事業，因定而起，定體不動故。拿智慧來印證，這就叫一實境界，一實境界是沒境界的境界。這種定就深了，這叫什麼定呢？叫智定，是就定的果德上說，這是華嚴境界的定。

於諸佛所聞法受持。近善知識承事不倦。常樂聞法心無厭足。隨所聽受如理思惟。入真三昧離諸僻見。善觀諸法得實相印。了知如來無功用道。乘普門慧。入於一切智智之門。永得休息。是則能淨般若波羅蜜。

第六是般若，是智慧。聽到佛所教授的就去作，這樣就能開智慧，開出本來智。「近善知識承事不倦，常樂聞法心無厭足，隨所聽受如理思惟。」這是般若智慧，說在諸佛所，聽法就要作，受持就是持執，要常時親近善友，親近善知識，一聞法就生起法喜充滿，生起歡樂，心無厭足。隨所聽授的法，從文字到語言，如理思惟，都歸之於心，從心上起，如理思惟能入大定的。

「入眞三昧離諸僻見，善觀諸法得實相印。」智慧入定的是眞三昧，沒有邪見、偏見、僻見，上觀諸法的實相印，用一心來印證實相印，就是觀一切法的法性，觀一切法的法體。

「了知如來無功用道」，無功用道並不是不去作，作也沒個得，無得，這叫入三昧，沒有其他的一切的偏見、僻見，邪見更沒有了！善觀一切諸法的實相，這叫普門智慧，才能入於一切智智之門。經常這樣觀，初觀還生疏的，觀久了不生疏了！觀就是思惟修，思惟修了在法上得到自在，觀自在，觀就是思惟修，在一切法上得到自在，這才入於一切智智之門，這叫眞正清淨的般若波羅蜜。

示現一切世間作業。教化眾生而不厭倦。隨其心樂而為現身。一切所行皆無染著。或現凡夫。或現聖人。所行之行。或現生死。或現涅槃。善能觀察一切所作。示現一切諸莊嚴事而不貪著。徧入諸趣度脫眾生。是則能淨方便波羅蜜。

第七是方便。入圓教，光智慧不行，這是根本智，還得達到有方便善巧，之後就方便智。《華嚴經》跟其他的經不同，智慧底下開了方便、願、力、智，成爲十度。在世間一切作業到這種境界，利益眾生才永遠不疲倦。一個成就者，利益眾生永遠沒有疲倦的時候，思想裡沒有什麼叫利益眾生，沒有什麼不利益眾生，若有利益眾生想，還沒有成就。眾生有所求他就現，但是他所行的一切沒有染著，心裡沒有染著的思惟，他也現凡夫身跟凡夫一樣的，生活起居跟凡夫一樣的，但他現聖人身跟聖人是一樣的。

圓滿之行，他所作的都是圓滿的，他有時候現生死，釋迦牟尼佛也現生死，他的生死不是生死，只是現，也能現涅槃，也能現生死，觀察一切所作，示現一切莊嚴事而不貪著，就是他的方便善巧，這叫方便智。「徧入諸趣度脫眾生，是則能淨方便波羅蜜。」地獄、餓鬼、畜生都去，「徧入諸趣」，這叫淨方便波羅蜜，清淨的方便波羅蜜。這叫巧智，智慧當中的巧智，度世方便，叫方便慧，從體而起的大用。

盡成就一切眾生。盡莊嚴一切世界。盡供養一切諸佛。盡通達無障礙法。盡修行徧法界行。身恆住盡未來劫智。盡知一切心念。盡覺悟流轉還滅。盡示現一切國土。盡證得如來智慧。是則能淨願波羅蜜。

第八是願。願是什麼呢？發願，成就一切眾生，莊嚴一切世界，供養一切諸佛，通達無障礙法，就是佛，佛究竟，他所修行的徧法界行。「身恆住盡未來劫智，盡知一切心念，盡覺悟流轉還滅，盡示現一切國土。」身體常住的，不入滅的，但是身相現的不同，這個身消失了、現那個身，那個身消失了、現那個身，流轉的！盡現一切國土，不只現有情，還現國土，「盡證得如來智慧，是則能淨願波羅蜜。」證得佛的智慧，這能得到清淨的願波羅蜜。

具深心力。無有雜染故。具深信力。無能摧伏故。具大悲力。不生疲

厭故。具大慈力。所行平等故。具總持力。能以方便持一切義故。具辯才力。令一切眾生歡喜滿足故。具波羅蜜力。莊嚴大乘故。具大願力。永不斷絕故。具神通力。出生無量故。具加持力。令信解領受故。是則能淨力波羅蜜。

第九是力。這個力是「深心力」，沒有雜染。「深信力」，摧毀一切不信者。「大悲力」，大悲就是利益眾生，不生疲厭，永遠不生。如果觀自在菩薩不是大悲力，觀世音菩薩不是大悲力，不會從極樂世界到娑婆世界來，這是他的大悲力。「大慈力」，所行的平等平等。「總持力」就是「總一切法，持無量義」，方便、善巧都含在裡頭了。「辯才力」，使一切眾生歡喜，滿一切眾生的願，他喜歡聽的，這是無礙的，無障礙就是隨眾生心。「波羅蜜力」，波羅蜜力到彼岸，莊嚴一切大乘法，依正二報，都得到莊嚴。「大願力」，永不斷絕，像地藏菩薩的願力永遠無斷絕。「神通力」，這個神通力就產生無量無邊利益眾生的力量，隨眾生所欲，隨眾生所樂。「加持力」，我們經常求加持，眾生求的太多了，滿一切眾生願，這是大菩薩乃至於諸佛，「是則能淨力波羅蜜」，這叫力。

知貪欲行者。知瞋恚行者。知愚癡行者。知等分行者。知修學地行者。

一念中知無邊眾生行。知無邊眾生心。知一切法真實。知一切如來力。普覺悟法界門。是則能淨智波羅蜜。

第十是智慧。十度的前六度是大家經常聽到的，布施、持戒、忍辱、精進、禪定、智慧，般若就是智慧，我們在智慧當中開了方便、願、力、智，方便、願、力、智都是六度的作用，大菩薩行菩薩道的作用，這是從根本智，從智度開出來的智，它的作用就是知道什麼是貪欲？什麼是瞋恚？什麼是愚癡？乃至於貪瞋癡三個等分，「等分」就是沒有偏重的，都有，但是不是特別重。

知道貪欲，知就是智慧認識的識，說我們的病，這個病是指法說的，不是頭疼腦熱發高燒的那個病，貪欲的病，知道它的病根。眾生無量劫來眼耳鼻舌身意六根，耳貪聞好聲音，舌貪圖好味道，身體愛接觸好觸，身是好觸。同時，智慧度還能分別是理是事，智的作用就知道這些。根本智，般若波羅蜜那個智，那個智是直接照，照根本的，破根本的！這個智是作用，能分別，這是屬於實行，乃至向別人學習的時候能起分辨作用。在教化眾生的方便當中也得有智慧，要知道眾生的根器如何，知道他過去什麼習氣最重，那一說法他就開悟了。如果不知道，摸索的時候，那就不容易了。

這個智是知道他的貪欲，知道他的瞋恚，知道他的愚癡，知道他的等分，知道他的地行，一念中能知無邊眾生的行。這些問題，都靠智慧的分別力用，智慧有力量，在用上有力量。知道這個修行者貪欲非常重，你給說對治貪欲的法，瞋恚特別重，你給他說不要發脾氣，不要瞋恚，瞋恚能把你一切的善根都燒毀掉。這是說他特別突出的地方，愚癡重的就像傻子，比一般人的都重。學習的時候，修行者，你得給他分辨，他過去的根機，學什麼法好，好能知道眾生所作所爲的，不止他心想，而且他身體所作，口裡所說的；這是菩薩智慧當中善於分別眾生的根，知眾生的心。應該以什麼法使他能得度，知法的眞實，知道如來的力。知道如來的法門，知道淨智波羅蜜。

舉例來說，我們說貪瞋癡平等的時候，等分的時候，爲什麼有特別重的呢？這個人煩惱重，是說他根本的欲念特別重，他爲了欲念什麼都忍受，什麼都捨得。這人瞋恚心特別重，他一發脾氣，什麼都不管，什麼都忘了，那就瞋心特別重。「等分」，在他身上來說，都差不多，沒有偏重的，貪瞋癡遇緣了就發作，也不特別重，貪瞋癡都有。菩薩度他的時候，應該根據他這種的行爲，給他說等分的法門。

懺悔三業，包括身口意三業！特別是大菩薩知道很多眾生，或者十萬八萬，一百萬兩百萬，經上都是上億。大菩薩一念中，知道億萬眾生心裡想什麼，哪一會應該說什麼法！順著理體、順著自性給他說法，或者給他講四攝法，或者給他講慈悲喜捨，對病下藥，知道他的病輕和重。就像中醫有四種，望聞問切。望就是看你的氣色，看你的相貌。問就是你自己說，感覺哪地方不好。聞，有的醫生就聞聞你的頭髮，聞聞你的手，現在很多中醫聞不出來了。還有切，就把把脈。

菩薩利益眾生的時候，像醫生下藥似的。中國的醫生，講究君臣佐使，哪個是主要的，你三焦火太盛了，容易冒火，三焦太盛了。不是三焦太盛，你下瀉藥，那完蛋了。菩薩度眾生也是這樣的，菩薩不用望聞問切，看你所行的，看你所作的，他用智慧觀察，就知道你的宿根。他不一下子下猛藥，說貪眾生一下把你貪斷了，那斷得了，斷不了的。給你說一種法，讓你自己去修，得知道病，知道藥力。有一個醫生本來瀉藥下一點點，他就給人家下了很多，本來下二兩，他給人下一斤，那藥鋪就不給他抓，說這樣抓了，不把人家瀉死了。他說不會的，我這邊泄，那邊就補，這樣兩個調和。一補一泄兩個這樣調和，少了不行，少了動不了他那熱病。這個是用來比喻佛菩薩說法，知道貪很重，不是一下就把你的貪斷了。

爲什麼觀世音菩薩示現女人身呢？很多示現不一樣的。爲什麼在大陸觀世音菩薩示現女人身，很慈悲，笑容滿面的，誰人見了都歡喜。在西藏不是哪！馬頭金剛，我們放燄口，現餓鬼，這叫隨緣化現。他必須得知道病根，知道眾生貪欲，知道眾生瞋恚，知道眾生愚癡，哪個偏重，這樣給他說法的。沒有菩薩，我們自己學法、自己閱藏的時候，你看著這部經，非常生歡喜，那就對你的病，過去宿習學過這部經。爲什麼勸人閱藏，你聽一部經兩部經三部經五部經，找不到自己的宿習，閱藏就知道了，有好多經的名字聽都沒聽過的。佛所說的法有主有兼，你瞋恚心很重，主的是什麼呢？忍辱。除了忍辱外，你得學般若，沒有智慧你能忍得到嗎？有了智慧，從利害關係想，從自己的需要想，從現在自己當前所處的環境，先得認識你的環境，從環境想。所以這樣才能識病、順理、知根、受法，這就叫以智慧度眾生。《華嚴經》是什麼都包羅的，讓我們自己讀聽，你自己取，感覺有受用，能夠領納，能夠接受。布施度，你好捨，我跟一位在家道友說：「你供養點財捨容易，讓你捨煩惱不容易。」他說：「捨煩惱還不容易？」我說：「你說這個話的時候就是煩惱了，要你捨就是捨這個。」有時候煩惱偏重，乃至你跟他說好話，他就冒火，該你說的不對，實際上這個就是他的病。要知道他現在是什麼位置，知道他現在是什麼工作，他心裡想什麼。你不能把鬍子當成眉毛，把眉毛當成鬍子，鬍子眉毛一把抓。

人家女道友沒有鬍子，她剃什麼呢？她不用剃，根本就沒有。她沒有這個病，你給她藥吃，那不是找病嗎？有的醫生給人治病，「醫生，你這藥不對，我沒有這個病。」「你吃了我這藥不就有病了嗎？」本來他對這個法不學也可以，你讓他去學，一學不就成了病了嗎？這叫什麼呢？所知障，一學就障住了，他就進不了了。你要知道什麼是理法？什麼是果法？理就是心，果就是你作任何事得到效果了，不一定往大的因果上講。好比你讀這部經，心裡生歡喜，這就對了。這部經對你來說你能得度。不知道各位道友有沒有這個感覺？當你剛發心，或者讀《華嚴經》也好，讀《法華經》也好，讀《金剛經》也好，沒讀經的時候，事情很少，一發心讀經的時候事情非常多，沒有時間讀。

這就叫業障，要認得業障就這樣來認。你不入佛門，好像無所謂，離開家到外頭打工，或者到美國，或者到其他那些國家，他從來沒想到爸爸媽媽。等到出了家了，妄想來了，一天想回家了，想爸爸媽媽了，這叫業障，你知道嗎？有了智慧的，你用什麼方便都是解脫的，自在的。沒了智慧，沒了那個德的，那就煩惱、不自在。這個人很聰明，人人都喜歡，他假使要出家修道，是障礙。好多沒智慧看問題，問題反倒多。因此必須得學，學之後深入，深入了能知道眾生的心。這是講十住菩薩在修道的時候，在度眾生的時候，這些法都得具足。覺悟諸法，明白它的理，明白它的事，應該用什麼法得度者就給他說什麼法，這樣才能達到清淨智慧波羅蜜。

佛子。菩薩如是。清淨諸波羅蜜時。圓滿諸波羅蜜時。不捨諸波羅蜜時。住大莊嚴菩薩乘中。隨其所念一切眾生。皆為說法令增淨業而得度脫。

法慧菩薩跟在會的大眾說，菩薩若能夠這樣子修，十清淨諸波羅蜜，爲什麼加個「諸」字？八萬四千法門都能夠到彼岸，都能夠成佛，能把這些波羅蜜圓滿的時候，到了成佛了。利益眾生要不捨波羅蜜，以波羅蜜來度眾生，住大莊嚴乘中。這是念法，還要隨念一切眾生，用這些法門度一切眾生，知法知根。既不失時，也不錯謬。隨你所度的眾生，就用你所證得的清淨諸波羅蜜給他們說，就說這些波羅蜜，令他們淨業增長，惡業消失，就能得到度脫了。菩薩是自己證得這些波羅蜜，給一切眾生說這些波羅蜜，讓一切眾生離開障礙，事理都具足了，圓滿諸波羅蜜。

印度瑜伽，在大陸聽得少，在美國、在國際上都講究瑜伽。「相應」，佛法也用，在家外道也用，很普徧。「瑜伽」就是「相應」，學習的時候跟外面相應，跟法相應了。因為「瑜伽」的翻譯跟「相應」，大致有點不相應，「瑜伽」的涵義還很多。從反面顯智慧，從正面講智慧，怎麼用？墮惡道的使他發心，那得大菩薩哪。現在我們對待狗、對待貓，墮畜生道的，乃至對待地獄對待餓鬼，墮惡道的，墮了惡道的受苦無間，這個我們理解不到。以前墮地獄，現在忘了，一來了隔世就忘了，迷了。畜生道，我們看到很多畜生道，比如說用人的語言跟牠說，讓牠發心，牠能懂嗎？那些大菩薩發心，示現牛馬羊，墮畜生道，也算惡道。

我們也有讓惡道眾生發心的，大家可能跟畜生道不大接近，如果你接近多了，也有讓牠發心的。畜生就是一樣，貪。馬牛，雞犬，身上其他享受沒有，貪吃。如果你跟畜生道多接觸，你能讓牠發心，讓牠發善心。如果最初給牠念佛，不管什麼畜生，哪怕是螞蟻，蹲那兒給牠念，讓牠歸依三寶，你不要認爲牠不懂，牠的神識上能進入。馬愛吃，拿饃饃、豆餅給牠。你給牠一回兩回，三回四回，你叫牠作什麼牠作什麼。大菩薩發心能夠使眾生轉化的，叫牠斷惡道。養的貓狗，你教牠天天拜佛，狗貓牠也跟著拜。但是在菩薩戒，不准長養驢貓豬狗，不許我們養寵物，這個涵義很深，因爲容易犯殺盜淫妄。

墮惡道者。教使發心。在難中者。令勤精進。多貪眾生。示無貪法。多瞋眾生。令行平等。著見眾生。為說緣起。欲界眾生。教離欲恚惡不善法。色界眾生。為其宣說毗鉢舍那。無色界眾生。為其宣說微妙智慧。二乘之人。教寂靜行。樂大乘者。為說十力廣大莊嚴。

墮惡道者，有的現世使他發心，有的發未來心。「在難中者，令勤精進。」在好的時候勸他發心很不容易，很懈怠。當遇到困難的時候，他生病了，醫生說不能治了，你叫他拜懺，叫他念觀音菩薩、地藏菩薩，他可誠懇了，眞作了。爲什麼？因爲他在難中。我們這些道友生病了，醫生說他治不好了，勸他拜懺，這時他很精進。我個人在外面很懈怠，在監獄裡精進修行，想脫苦難哪，念佛很誠心了，但是環境不行，想拜懺念經辦不到，只能稱聖號，其他的不行了。人在難中思想想得很多，想他的好朋友、想他的父母來救他，辦不到了，唯有求佛菩薩，因此能精進。

「多貪眾生，示無貪法。」多貪的眾生給他講不要貪，貪不到。你付出很多精神，之後還是貪不到。作生意，起早貪黑的，飛來飛去，作國際貿易的，之後，還是賠錢。你跟他講不要貪，是你的，絕對會得到、會來的。不是你的，怎麼求也不行，這是佛的教導。示現無貪法，不要貪。

「多瞋眾生，令行平等。」多瞋恨的眾生，你講不要發脾氣，不要瞋恨，冤家宜解不宜結，用善意化除，勸他不要起瞋恨心。

「著見眾生，爲說緣起。」邪知邪見，見什麼執著什麼，這類眾生不好度。給他說諸法因緣生，諸法因緣滅。說看問題，這緣起諸法沒有眞實的，不要執著。

「欲界眾生，教離欲恚惡不善法。」欲界眾生，叫他離開貪欲、離瞋恚、離罪惡，一切不善法都要離開，離開就是不要貪念，不要去沾染。

「色界眾生，爲其宣說毗鉢舍那。」色界眾生讓他多修定多修觀，妙奢摩他毗鉢舍那，止觀雙修。

「無色界眾生，爲其宣說微妙智慧。」無色界的眾生要學智慧，不能沉寂，無色界的眾生大多數都住在定中的，不能沉寂。無色界的眾生多讓他修觀。六欲諸天跟人間一樣的。

「二乘之人，教寂靜行。」二乘人，叫他多度眾生，發菩提心，二乘人很少發菩提心，也讓他增長智力。他自己知道，若不度眾生，沒有成佛者。沉寂是沉寂滯礙，到了一定時間，經過三大阿僧衹劫他動了，他知道這個不長的，不度眾生是不可以的。

「樂大乘者，爲說十力廣大莊嚴。」說十度法十智力，來莊嚴佛國土。

如其往昔初發心時。見無量眾生墮諸惡道。大師子吼。作如是言。我當以種種法門。隨其所應而度脫之。菩薩具足如是智慧。廣能度脫一切眾生。

發願，眞度，眞實的來度，度一個算一個，度一個也不少，一即一切，度一億人也不多，一多平等。這類菩薩沒有事相上的分別。回到十住菩薩初發菩提心，看見無量眾生墮到惡道，「大師子吼」就是說法的音聲。作如是言，發願了，「我當以種種法門」，眾生那麼多，哪一法合適就對他說哪一法，「隨其所應而度脫之」。但是得有智慧，上面說十度，發了菩提心，有智慧了，廣度一切眾生。法慧菩薩勸一切大眾，使一切眾生都發菩提心。

佛子。菩薩具足如是智慧。令三寶種永不斷絕。所以者何。菩薩摩訶

薩教諸眾生發菩提心。是故能令佛種不斷。常為眾生開闡法藏。是故能令法種不斷。善持教法。無所乖違。是故能令僧種不斷。

菩薩發了菩提心，具足了智慧，想使佛法僧的種子代代相傳，永遠不斷。相續就是不斷，怎樣能不斷呢？不斷的方法就是菩薩摩訶薩教一切眾生發菩提心，發菩提心就是菩提種子，發菩提心一定能成就菩提果，這個才能令佛種不斷哪，不然怎麼能令佛種不斷呢？

「常為眾生開闡法藏，是故能令法種不斷。」若在人天當中沒有說法的，法種就斷了，佛種就斷了。哪一法沒人說，哪一法就斷了，一切法沒人說，一切法都斷了。要發菩提心哪，發菩提心的表現是什麼呢？說法度眾生。一個是令佛種不斷，一個是報佛恩，我們經常說報佛恩，報佛恩就是說法，令佛種不斷。經常開闡法藏，常說佛的一切教授，能令法種不斷，哪一法沒人說，哪一法就斷了。

「善持教法，無所乖違，是故能令僧種不斷。」所有教授的法，常時善持，不乖錯，不違背佛意，這個能令僧種不斷。

復次悉能稱讚一切大願。是故能令佛種不斷。分別演說因緣之門。是故能令法種不斷。常勤修習六和敬法。是故能令僧種不斷。

以下十大願，讚歎發願者畢竟能成就。因緣法主要說十二因緣次第，因能生起，緣能助成。無一事沒有因緣的，佛所說的一切教法是性空的，體性是空的，所以說一切法如夢幻泡影，是建立在性的體上，純理，是空的。但是要有緣來促成，使得空理能夠眞正的成立。若沒有因緣法，空理不能成立，眾生不能得知。「因緣所生法，我說即是空」，但是這個空，「亦名中道義，亦名爲假名」。因緣所生法不是眞實的，如夢幻泡影，但是它能顯眞實，能成立眞實。緣起諸法的體性是性空的，因爲性空的才能成就緣起，這樣演說才能令法種不斷，三寶種子，法的種子永遠不斷。「緣起性空，性空緣起」，這把佛所說的一切教法都包括了，就用四個字形容。

我到新加坡，他們請講「性空緣起」。在這裡可以引證，從他的生活，從他所處國土的環境，這就是緣起。之後進入佛所教授的法門，佛門，這就是性空。從緣起法入到性空，漸漸入道，就是成就了，你求道的過程中，求師、拜友、讀經，這都叫緣起，這個也叫修。修緣起法呢？認得緣起是性空的。緣起諸法無自性，是假的，假的能顯眞的，沒有假的怎麼能顯眞的呢！這是相對法。有緣起才能顯性空，性空才能成就緣起。你常時這樣修行，修六和，大家相處的時候，說話、身體所作、心裡所想要和合。所說的戒，所說的法，分配僧物的時候，不要起爭執，這樣子大家才能使僧種不斷。常時這樣修習才能得到成就，不是一下子就這樣成了。這個善根還沒有，有這個善根，一聞法就開悟，開悟就修道，修道就成道。像善財童子似的，一生成就了。

復次於眾生田中。下佛種子。是故能令佛種不斷。護持正法不惜身命。是故能令法種不斷。統理大眾無有疲倦。是故能令僧種不斷。

現在我們都在眾生田中，下佛種子。我們讀〈普賢行願品〉，灌溉菩提種子，菩提因。菩提樹是菩提的因，你灌溉培育，讓它結菩提果，就成佛了。「護持正法不惜身命，是故能令法種不斷。」護持正法，不惜身命，爲法忘軀。「統理大眾無有疲倦，是故能令僧種不斷。」建寺安僧，沒有廟、沒有修行道場，大家怎麼能安住共修呢？建寺安僧，之後「統理大眾無有疲倦」，這才能令僧種不斷。

復次於去來今佛所說之法。所制之戒。皆悉奉持心不捨離。是故能令佛法僧種永不斷絕。

現在處於末世，佛佛都發這個大願，令三寶種子不斷。但是又說正法像法末法，怎麼叫末法呢？現在成佛的沒有，我們這世界沒有，佛種就斷了，說法的很少。我記得一首詩，在三武滅佛的時候，「三千佛子下江南，八百羅漢吼秦川」，看著很盛的，下兩句，「若得佛法重相見，但等彌勒再現前」。在集會的大道場中，長安的和尚將近三十萬，有人進言：「和尚無家無業，什麼都沒顧慮，他要造起反來，你非失敗不可。」皇上就嚇著了，把和尚都攆了，因此有這麼一首詩。

佛種不斷，大乘教法當中不是現相。佛種有斷的時候？沒有斷的時候，在地獄也沒有斷的時候。現在你不信三寶，不恭敬三寶，在你分中就斷了。那就叫斷。從你發心起，要去那麼樣作，那就不斷。法，從事相分別，正法像法末法，佛在世的時候，正法，有證果的，有成道的。像法時候，有學法的，沒有成道的，少了。末法呢？都沒有了，沒有說者，沒有學者，也沒有證得者，那不就斷絕了嗎？

講到佛法斷絕的時候，佛的預言，什麼經論都沒有了，你打開經本，沒有文字，這就斷了。斷的時候，彌勒菩薩又來了，所以斷不斷，這是約世間法說的。我們法性，每個眾生所具足的佛的種性，你具足佛的種性，墮落到什麼時候，墮落到多少億年，你這個佛種永遠不會斷，你若發挖出來，這一發心又活了。說菩提樹不死，這是形容詞，這是希望，可能嗎？佛也示現入涅槃，「涅槃」翻「不生不滅」，所以說釋迦牟尼佛還在世，法在佛就在，還有像，還有僧伽，佛法僧三寶還是在世。人間沒有了，天上還有，天上沒有了，他方世界還有，永遠不斷。就每個人的發心，你現前發願修善，乃至願一切眾生都行善，沒有惡，這叫順善的大願。我們發菩提心，這叫大願，願一切眾生都成佛，這得有智慧。

智慧顯示的是妙理，妙理就是心性，就是金剛種子。現在我們讀華嚴、誦華嚴、學華嚴，這個種子要生現行的，一定能成佛。發菩提心，大願大悲大智，這三種永遠離不開的。之後要分別教理行果，有分成教理行證，這些你經常使它不斷，發菩提心要利益眾生，就具足了大願大悲大智，有智慧的才發菩提心，我要行大願大悲，這個就是你的金剛種子，成佛種子。經常學教義，以法供養，教令它不斷。凡是教理都是講因緣的，因緣義使教理不斷。

六和義，「戒和同修」，現在大家共同學習，都持戒。菩薩證得實相理了，他知道沒什麼犯戒沒什麼持戒，罪不可得。但是爲了安立眾生，這是實相理，事相上不行的。使他進步快點成就，戒是方便，戒不是究竟。以戒的方便，大家共住到一起，都得持戒，不持戒大家不能共住，所以大家共同來行這個善業，持戒。大家共同的學戒持戒，互相尊敬，以戒爲師。佛不在世了，就以戒爲師，戒就是佛。你認識問題看問題，就你知見的見，都有知見，每個人都有知見，但是知見一定安立在實相上，安立在性體上，這叫正知正見，以佛的教授、以佛的知見爲知見，大家納入一個知見，沒有乖諍，就不吵鬧了。分別境界，看一切問題，以佛的智慧，我們講般若智，十智圓明。「見和同解」，一樣的解釋，一樣的看法。

「身和同住」，好比我們上殿一起上殿，過堂一起過堂，這是佛所教授的正行。我們要慈悲，無緣大慈，同體大悲，同修身，以慈悲爲我們的善根力。身和，大家同在一起住。「口和無諍」，大家在一起不要吵嘴，不要鬧架。「意和同悅」、「利和同均」。因爲大家住到一起，沒有規矩是不行的。現在的時代，不是印度的時代，也不是唐宋元明那時代，現在是現實的生活。現在國家的法律，世界的秩序都不同了，隨順世間，不違世間，要隨順世間法。如果佛制的戒律跟國家的法律相違背、有抵觸，佛說的隨順世間法，不算犯戒。

菩薩如是紹隆三寶。一切所行無有過失。隨有所作。皆以迴向一切智門。是故三業皆無瑕玷。無瑕玷故。所作眾善。所行諸行。教化眾生隨應說法。乃至一念無有錯謬。皆與方便智慧相應。悉以向於一切智智無空過者。

這樣來紹隆三寶就沒有過失。把你所作的任何事迴向，所作的善舉迴向，迴向什麼呢？開智慧。有了智慧，你就得到解脫，解脫的人才有智慧，束縛的人就沒有智慧，自己束縛自己。使身口意三業沒有過患，所作的一切行爲都是善業。教化眾生的時候，隨其所應，隨機說法，不要有錯誤，依佛的教導轉化眾生，所以一念都沒有錯謬，若不依著佛法就有錯謬了。

皆與十度當中的方便慧相應，方便慧，達到一切智，無空過者。我們說空，爲什麼說那麼多智慧？智慧就是空，智慧就是光明，大家想想智慧還有什麼實體嗎？

智慧是什麼樣子？佛都用光明來形容，智慧就表示光明，光明就破除黑暗，沒有智慧就有無明束縛。無明就是不明，有了智慧就示現光明，破除黑暗。

菩薩如是修習善法。念念具足十種莊嚴。何者為十。所謂身莊嚴。隨諸眾生所應調伏而為示現故。語莊嚴。斷一切疑皆令歡喜故。心莊嚴。於一念中入諸三昧故。佛剎莊嚴。一切清淨離諸煩惱故。光明莊嚴。放無邊光普照眾生故。眾會莊嚴。普攝眾會皆令歡喜故。神通莊嚴。隨眾生心自在示現故。正教莊嚴。能攝一切聰慧人故。涅槃地莊嚴。於一處成道周徧十方悉無餘故。巧說莊嚴。隨處隨時。隨其根器。為說法故。菩薩成就如是莊嚴。於念念中。身語意業皆無空過。悉以迴向一切智門。

什麼叫「身莊嚴」呢？調伏我們的身口意，我們說持戒很嚴謹，很規矩。不是掛瓔珞、珠寶就是莊嚴，以戒爲師，以調伏一切煩惱，這叫「身莊嚴」，不是相貌長的好醜，也不是戴些珠寶。

「語莊嚴，斷一切疑皆令歡喜故。」從不懷疑，隨順一眞法界而生起的一切念，念念皆莊嚴，意思就是歡喜，歡喜就是莊嚴。有些道友愁眉苦臉的，那就不莊嚴了，好像好多事解不開的樣子。誠於中形於外，沒有什麼放不下的。出了家以後還有什麼放不下的？身體都是假的，死就讓它死，死了就解脫了。你經常修這樣的觀想，要死，死了就好了。要活著很不舒服，那個死可能死得自然哪，作得主。這是「身莊嚴」。「語莊嚴」，所有的語言都使人歡喜，不要說讓人煩惱的話，斷一切疑，對什麼都不要產生懷疑，這個疑它很惹事生非，本來沒事，你一懷疑，麻煩了，事就多了。一屋住個三四個道友，那三個人說話去了，就不跟你說，你就懷疑了，他們要整我，他們要害我，想法要報復。根本不懷疑，沒事。看見任何事不要生懷疑，疑惑疑惑，疑就是惑，惑就是不明白，不明白就是不解脫。貪瞋癡慢疑，慢疑跟貪瞋癡一樣的。

「心莊嚴，於一念中入諸三昧故。佛剎莊嚴，一切清淨離諸煩惱故。」心，這說的是妄心，我們說妄成眞，一念中入正定。佛剎就是佛的剎土，覺悟剎土的莊嚴，清淨離煩惱。不是佛剎不莊嚴，而是我們的煩惱使佛剎不莊嚴。

「光明莊嚴，放無邊光普照眾生故。眾會莊嚴，普攝眾會皆令歡喜故。神通莊嚴，隨眾生心自在示現故。」你發了菩提心，你的菩提心光照耀著，這國土就是莊嚴的。「神通莊嚴」，隨著眾生心所示現的神通。這個神通，我們每個人都具足的，都有很多神通。你一懈怠了，生了毛病了，就不莊嚴了，神通沒有了，失掉了。當你身心健康的時候，感覺很自在的，手能拿東西，能作一些事。現在你造這個、造那個，各種的技術，那就是他的神通，你作不出來，沒有神通。「神」就是你的心，「通」就是你的慧，你的心產生一種智慧，就叫「神通」。「神名天心」，就是自然的心，「通名慧性」，就是開了悟了，心性所起的作用，就叫神通。隨眾生心應以何身得度者就示現何身，這是神通自在。

「正教莊嚴，能攝一切聰慧人故。」「正教」就是教授的方法，能使眾生悟解，能開他的智慧，這叫正教。「涅槃地莊嚴，於一處成道周徧十方悉無餘故。」「涅槃地莊嚴」，這就不容易了，得成道，你成了佛，才能莊嚴。「巧說莊嚴，隨處隨時，隨其根器，爲說法故。」「巧說莊嚴」，隨時隨地隨著眾生種種根機給他說法。

「菩薩成就如是莊嚴，於念念中，身語意業皆無空過，悉以迴向一切智門。」菩薩的身體所表現，口裡所說的，心裡所作的意念都是成就眾生，念念都在度眾生，念念迴向一切佛的法門。如果是你一天，現在能夠用十次，念什麼？念〈普賢行願品〉十大願，「一者禮敬諸佛，乃至十者普皆迴向」，佛法僧三寶。一者禮敬諸佛，二者稱讚如來，三者廣修供養，這是佛寶。禮讚，禮佛讚佛供養佛，不是你去作，心裡念。四者懺悔業障，五者隨喜功德，隨喜人家作好事有功德。六者請轉法輪，請佛說法。七者請佛住世、八者常隨佛學、九者恆順眾生、十者普皆迴向，這都是你心裡的作業。供養三寶之後，就懺悔自己的業障，懺悔業障之後就隨喜別人的功德。請佛常轉法輪，請佛長久住世。轉法輪住世作什麼？度眾生，恆順眾生，之後發大願迴向，大悲度眾生。

一天如果念不到十次，三次也可以。恆順眾生之後，要一切眾生都成佛。迴向的時候，隨時隨地都要迴向。你常時念十大願王，等到臨命終的時候，普賢菩薩現前了，引你到極樂世界，這叫智慧。這跟智慧有什麼關係？沒有智慧的人不作這個事，心裡去想別的了。修行修行，這就是修心，最大的修行哪！沒有修行能超過十大願王的。

《華嚴經》有三譯，第一譯是《晉譯華嚴》，六十卷。第二譯《唐譯華嚴》，八十卷，就是現在我們講的經文。第三譯也是《唐譯華嚴》，專門一品，〈普賢行願品〉，四十卷。那裡頭，十大願王都包括了。修淨土也好，修智慧禪定也好，般若門我們講了十般若，十開十就是一百，一百再開十就是一千，重重無盡的，智慧是重重無盡的，這就是修行。這個行就是修你的心，把你的心跟普賢菩薩相契合了。

若有眾生見此菩薩。當知亦復無空過者。以必當成阿耨多羅三藐三菩提故。若聞名。若供養。若同住。若憶念。若隨出家。若聞說法。若隨喜善根。若遙生欽敬。乃至稱揚讚歎名字。皆當得阿耨多羅三藐三菩提。佛子。譬如有藥名為善見。眾生見者眾毒悉除。菩薩如是成就此法。眾生若見。諸煩惱毒皆得除滅。善法增長。

一定能成佛！必定能成佛！這段文字很清楚的，佛與菩薩就是利益眾生，你聞到名字，聞到法會，乃至聞到無量的十方諸佛，法慧佛，絕不空過。現在你聞到了，聞到得益了，種子種下去了，就如是修。

佛子。菩薩摩訶薩。住此法中勤加修習。以智慧明。滅諸癡闇。以慈悲力。摧伏魔軍。以大智慧。及福德力。制諸外道。以金剛定。滅除一切心垢煩惱。以精進力。集諸善根。以淨佛土諸善根力。遠離一切惡道諸難。以無所著力。淨智境界。

法慧菩薩囑咐我們，住在這法裡勤修，住在智慧裡勤修智慧還不開智慧嗎？「以智慧明」，把我們那些黑暗、煩惱、習氣都消滅掉。

「以慈悲力，摧伏魔軍。」冤敵，就是那些對我們不高興的人，每個人都有。你相好的也不少，不相好的，你看不上的，對你有意見的，任何人都有，都叫冤敵。以你慈悲的心，慈悲的力量，慈悲的言語，慈悲的行爲，念念把無量劫來的冤敵都變成法眷屬，讓他們都信佛，冤敵不就沒有了嗎？以智慧來滅黑暗，以慈悲來摧伏魔軍。

「以無所著力，淨智境界。」有智慧就不執著了，沒智慧才執著，我們作一切事，要方便善巧慧，你有智慧，一切事都能成就。你打的主意，起的心念，因爲有智慧都能圓滿成就，沒有智慧，那就糟糕了，那就解脫不了。不但解脫不了，還把自己束縛起來了，什麼環境、什麼境界相都清淨了。

以方便智慧力。出生一切菩薩諸地。諸波羅蜜。及諸三昧。六通三明。四無所畏。悉令清淨。以一切善法力。成滿一切諸佛淨土。無邊相好。身語及心。具足莊嚴。以智自在觀察力。知一切如來力無所畏。不共佛法。悉皆平等。以廣大智慧力。了知一切智智境界。以往昔誓願力。隨所應化。現佛國土。轉大法輪。度脫無量無邊眾生。

佛子。菩薩摩訶薩勤修此法。次第成就諸菩薩行。乃至得與諸佛平等。於無邊世界中為大法師。護持正法。一切諸佛之所護念。守護受持廣大法藏。獲無礙辯。深入法門。

「佛子，菩薩摩訶薩勤修此法，次第成就諸菩薩行。」修因修圓滿的時候，因成就果了，就與佛平等。「次第成就諸菩薩行」呢？這是十住法門，十住滿了下面就該說十行了。

「乃至得與諸佛平等，於無邊世界中爲大法師。」因爲上來修因的德成就了，成就什麼呢？「護持正法」，使正法常住。守護如來的法藏開演如來所教授的法，這樣子就爲一切諸佛護念，護念發大心弘法的大法師，守護受持廣大法藏。因爲你弘法才能使得法藏常住，才能守護，也才能得到無礙的辯才，「一切諸佛之所護念，守護受持廣大法藏，獲無礙辯，深入法門。」

於無邊世界大眾之中。隨類不同。普現其身色相具足。最勝無比。以無礙辯。巧說深法。其音圓滿。善巧分布故。能令聞者入於無盡智慧之門。知諸眾生心行煩惱而為說法。所出言音具足清淨故。一音演暢。能令一切皆生歡喜。

護持正法應該在一切的眾生當中，現眾生各類之身。「以無礙辯，巧說深法。」「說深法」，這樣甚深，一切眾生不容易領受。要善巧方便隨時開演，隨各類眾生的不同，說法要善巧。善巧的目的，讓聽法者、聞法者能入無盡智慧之法門。「巧說深法」就是巧妙之音，把眾生煩惱習氣，知眾生心的煩惱給他說法，煩惱消失了，就化爲清涼了，所出的言聲就清淨故。在說法的時候，讓世間相都轉成清淨相。但是眾生心的煩惱，知機說法，能夠對治眾生的煩惱，煩惱除了，他就清淨了。

「其音圓滿，善巧分布故。能令聞者入於無盡智慧之門。知諸眾生心行煩惱而爲說法，所出言音具足清淨故。一音演暢，能令一切皆生歡喜。」一音演說法，眾生隨類各得解，這菩薩相似於佛，演暢諸法的時候，能使眾生明白，能夠斷除煩惱、不要生煩惱，多生歡喜心。

其身端正有大威力故。處於眾會無能過者。

這位菩薩修到身端正，「身端正」是以法爲身，這樣端正的。父母所生身，具足內德，不是說外頭長的很莊嚴、相貌堂堂。有些法師不是這樣子，像我這樣子，我的相就不莊嚴！有的法師身形就小，音聲又小，像臺灣的廣欽老和尚，他是我們泉州人，他個很小。大家看清定法師，個也很小，看著很矮。身心端正，相貌得莊嚴，一般的法師端正就好了。身莊嚴是指內德，人家見著他就生歡喜，這是德攝，不是相貌攝。

語音，這得要修！音聲各有不同。像我走了很多地方，東北老家的話十幾歲離開了還改不了，後來又到四川，夾雜很多的四川話，現在四川話差不多丟掉了。「一音演說法」，很不容易，人家聽著你的聲音生歡喜心，或者聽到你的聲音生煩惱心，這就不好了。身有大威力，處於眾會，無能過者，這是法師相。

諸位法師不但修這個身，還要修你的口才，你給他說法，讓人家聽到你的音聲生歡喜心，至於這些大菩薩，這叫有威德力，有修行力。因爲在佛所加護當中，佛護持此法師，讓他說法度眾生，得佛的加持力。

善知眾心故。能普現身。善巧說法故。音聲無礙。得心自在故。巧說大法。無能沮壞。得無所畏故。心無怯弱。於法自在故。無能過者。於智自在故。無能勝者。般若波羅蜜自在故。所說法相不相違背。辯才自在故。隨樂說法相續不斷。陀羅尼自在故。決定開示諸法實相。辯才自在故。隨所演說。能開種種譬喻之門。大悲自在故。勤誨眾生心無懈息。大慈自在故。放光明網悅可眾心。

在佛的加持力當中，對哪一類眾生，就現哪一類身，「善巧說法故，音聲無礙。」常時說法，在佛的護念當中，說法的音聲無有障礙，使人家能懂。「得心自在故，巧說大法，無能沮壞。」若有人破壞他辦不到，心自在，法就自在了。在說法無礙的時候，或者用比喻，巧說就多加比喻，在他熟悉的事項當中來理會法的意義，這就叫「巧說大法」，心自在才能巧說大法。

另外一種，要作法師的、想護持正法的、弘揚正法的，自己必須得修。不管哪一法，你只修一法都可以，讀誦禮拜、讀誦大乘、修觀想。說法之前要修觀想，陞座之後要求加持，沒有諸佛加持，自己沒有那麼大力量，處於幾千人幾萬人，這裡也有外道，也有聖僧都有，沒有佛的加持力你的威德是不行的。作法師得修幾種觀想，想破壞你的說法，無能沮壞，破壞不了。

「得無所畏故，心無怯弱。」說法有幾種過錯，一陞上這個座，心生怯弱，有德者感覺怯弱，自己心不自在，很多道理說不出來了。

說法的時候要善知，你不能善知眾生心，你可以照佛教導說，一般的眾生心裡想什麼，這樣你現身說法必須是同類的。善巧說呢？這道理很深，「善巧說法故，音聲無礙。」道理很深的時候，你直接講甚深法，大家沒法懂，多看《賢愚因緣經》，講因緣講譬喻，這叫「善巧說法故」。得無畏呢？心裡無所畏懼，爲什麼一陞座先要求加持？佛加持你、諸大菩薩加持你。在五臺山，一定要觀想文殊師利菩薩永遠在你頭上，文殊菩薩用你的身用你的口，是文殊菩薩說的，你這樣觀想，等你說法的時候才能無障礙，心裡無有恐懼，沒有膽怯，沒有怯弱的思想；不然你會有恐怖感。

「於法自在故，無能過者。」若這樣觀想，這樣的法師沒有能過者，「於智自在故，無能勝者。」在智慧他得了自在，沒有能超勝他的。「般若波羅蜜自在故」，般若波羅蜜就是光明照耀的智慧、到彼岸的智慧，所說的法相不相違背。顯心、顯身、顯口的時候，三業無乖錯，不顛倒說法，這叫不相違背。「所說法相不相違背，辯才自在故。」「辯才」單屬一種智慧，爭論顯一個義理的時候，應當善順、不應當辯論。在佛教，辯才非常重要，特別對外道，你爲顯如來的正義法門必須得有辯才。「辯才」就是口才的意思，這個口才是從智慧之中來的，能夠自在。隨眾生歡樂之心，他喜歡什麼就給他說什麼法，沒有斷絕的時候，面對外道或者讓反對佛教、滅佛法的問難，你必須得有辯才。

「隨樂說法相續不斷，陀羅尼自在故。」「陀羅尼」是總持，總一切法，持無量義，含的義理很多，一法含著無量義。「決定開示諸法實相」，目的是顯眞，撥妄顯眞。諸法實相就是一切眾生的本體，我們學〈大乘起信論〉是讓你在實相上起信心，相信自己本具足實相，相信自己決定能成佛，相信自己與佛無二無別的實相理體。

「辯才自在故，隨所演說，能開種種譬喻之門，大悲自在故。」是利益眾生。「勤誨眾生心無懈息」，這必須得住在自己的眞心上，登了住位的菩薩，隨時的心裡有懈怠，懈怠心不是說你有意的，怎麼樣說不精進的懈怠，總想往後退不向前進。法師有沒有懈怠心呢？有，隨時都有。今天我就不想講，這是懈怠心。我想打電話說，今天下這麼大雪，怕大家感冒，去太原的弟子也感冒了，自己也不大舒服，第一次穿棉襖，穿上了毛焦火辣的，不習慣，今天想休息一下子。第二個心哪！「不可以的！生懈怠心是不可以的。」懈怠心經常有的，你能夠第一念起懈怠心，第二念把它改變了，要常時想佛之教誨。假使說今天不講，我得懺悔很久，不能產生退悔懈怠，這有傷慈悲。

「大慈自在故，放光明網悅可眾心。」這是說菩薩住位滿的，住位滿的菩薩，說法利益眾生，增長清淨法，消滅染汙法，前面講的是十種自在。十住滿了的菩薩有十種自在，說法的自在力。

菩薩如是處於高廣師子之座。演說大法。唯除如來及勝願智諸大菩薩。其餘眾生無能勝者。無見頂者。無映奪者。欲以難問令其退屈。無有是處。

佛子。菩薩摩訶薩得如是自在力已。假使有不可說世界量廣大道場。滿中眾生。一一眾生威德色相。皆如三千大千世界主。菩薩於此纔現其身。悉能映蔽如是大眾。以大慈悲安其怯弱。以深智慧察其欲樂。以無畏辯為其說法。能令一切皆生歡喜。

「問難」，想把這位法師問住，這樣是不可能的。法會當中，「滿中眾生」，道場裡頭一切聞法者，「一一眾生威德色相，皆如三千大千世界主。」聞法的人都是大梵天王，三千大千世界主。「菩薩於此纔現其身」，說法的法師現其身。「悉能映蔽如是大眾」，他的內德能夠把大眾給淹沒了，沒有怯弱。「以大慈悲安其怯弱」，以大慈大悲心觀想，「以深智慧察其欲樂」，察言觀色，看看他們心裡喜歡什麼，給他們說什麼法。「以無畏辯爲其說法，能令一切皆生歡喜。」能令一切眾生聞法者生歡喜心。這一段都是到了法師位，凡是第九住、第九行、第九迴向、第九地，全是法師位，專門說法利益眾生。

何以故。佛子。菩薩摩訶薩成就無量智慧輪故。成就無量巧分別故。成就廣大正念力故。成就無盡善巧慧故。成就決了諸法實相陀羅尼故。成就無邊際菩提心故。成就無錯謬妙辯才故。成就得一切佛加持深信解故。成就普入三世諸佛眾會道場智慧力故。成就知三世諸佛同一體性清淨心故。成就三世一切如來智。一切菩薩大願智。能作大法師。開闡諸佛正法藏。及護持故。

「輪」是形容詞，「法輪常轉」，就是摧滅眾生的煩惱，消滅眾生的習氣。說法的時候要有無量的善巧方便，你要具足廣大正念。了知一切法、持無量義的時候，那就有正念力。念什麼？直心正念眞如。從理而開悟起的一切事，這樣子在事上是千變萬化的，必須得無盡的善巧方便慧，才能夠以慧成就入位，成就諸法實相。「陀羅尼」，「陀羅尼」翻「總持」，又翻「定」，諸法實相義。

「成就無邊際菩提心故」，菩提心只有一個，無邊際的菩提心，凡是你所用心的，所說的法，每一個句、每一字都是菩提的覺悟心。菩提者覺也，就是覺悟的智慧，那就成就了，「成就無錯謬妙辯才故，成就得一切佛加持深信解故，成就普入三世諸佛眾會道場智慧力故。」大菩薩入一切道場的時候，生起智慧力。「成就知三世諸佛同一體性清淨心故。」知道過去現在未來三世諸佛一體，不但知道諸佛知道一切眾生都是同一體。這樣成就三世諸佛，一切如來智，也就是成就一切如來智慧。「成就三世一切如來智，一切菩薩大願智。」這樣子才「能作大法師，開闡諸佛正法藏，及護持故。」這就是護持正法。

爾時法慧菩薩。欲重宣其義。承佛神力。而說頌言。

這是法慧菩薩為會主。〈明法品〉這品經，暢演到這裡，法慧菩薩承佛的神力而說偈頌。

心住菩提集眾福　常不放逸植堅慧
正念其意恆不忘　十方諸佛皆歡喜
念欲堅固自勤勵　於世無依無退怯

以無諍行入深法　十方諸佛皆歡喜

菩提是覺悟，覺悟是智，福智都具足了，「常不放逸植堅慧」，堅定的慧力，「正念其意恆不忘，十方諸佛皆歡喜。」這樣的法師十方諸佛加持他，十方諸佛生歡喜心。「念欲堅固自勤勵」，他的思念，欲望是什麼呢？利益眾生，他沒有另外欲念，慈悲喜捨，念念不捨眾生，念念求證菩提，都是正念，其念不會忘失，十方諸佛才能歡喜。他的念欲堅固了，自己勤策自己，勤行精進切莫放逸，對於世間的一切法，無依無求無貪無退怯，絕不怯弱，對於世間法沒有顧慮的意思。

「於世無依無退怯，以無諍行入深法。」於世無諍，因爲這樣，「十方諸佛皆歡喜」。剛才我們講辯論，辯論就是諍，這個諍是無諍。我常說永嘉大師的〈證道歌〉，「圓頓教無人情，有疑不決直須諍」，你有疑惑不能解決問題要諍論要辯，但是這是圓頓教，「非是山僧諍人我，修行恐落斷常坑」，若不諍，不是落於斷見，就是落於常見，一諍就是斷也不可以、常也不可以，圓融自在無礙了。

佛歡喜已堅精進　修行福智助道法
入於諸地淨眾行　滿足如來所說願

修行福、修行慧，還有善巧方便助道法，四加行、四無量心、四攝，這都是助道法，幫助你成道的。像七覺支、八正道，這叫助道法。「入於諸地淨眾行，滿足如來所說願。」如來教授我們的諸大願，得一地一地的滿足。我們從初發心、十信，初住，初住有十位，就是一地一地的，如來所有教授我們的願望都把它滿足。

如是而修獲妙法　既得法已施羣生
隨其心樂及根性　悉順其宜為開演

自己求法得到了，要把法布施給眾生。「隨其心樂及根性，悉順其宜爲開演。」應以何法得度者就以何法給他說，應法說示。

菩薩為他演說法　不捨自己諸度行
波羅蜜道既已成　常於有海濟羣生

要度人家，自己也得修行，十波羅蜜都要修，不是給人家說的，自己得要去作，作才能成，作就是行。「常於有海濟羣生」，上念佛道是想成佛，下念眾生，利益一切眾生都得度，眾生都在有海當中，有生死有煩惱。

晝夜勤修無懈倦　令三寶種不斷絕

晝夜勤修，不要懈怠，這樣才使三寶種子不斷。

所行一切白淨法　悉以迴向如來地

我所修的善行清淨無染，把功德迴向如來地，上迴諸佛下施眾生，這都是講不空的。

菩薩所修眾善行　普為成就諸羣生
令其破闇滅煩惱　降伏魔軍成正覺

菩薩爲什麼要修白淨法呢？爲了成就一切眾生，讓一切眾生都清淨。令他們破闇滅煩惱，利益眾生，破除黑暗、滅除煩惱。「令其破闇滅煩惱，降伏魔軍成正覺。」讓一切眾生都成佛。

如是修行得佛智　深入如來正法藏
為大法師演妙法　譬如甘露悉霑灑
慈悲哀愍徧一切　眾生心行靡不知
如其所樂為開闡　無量無邊諸佛法

要給眾生說法，得知道眾生心想什麼？一般的說，一切眾生都想滅煩惱證菩提，這是普徧的！滅煩惱消除業障，每個四眾弟子都是這樣想的。十住滿心的菩薩，慈悲心願就大了，他徧一切，度一切眾生，隨他們所喜歡的就給他們說無量無邊諸佛法，佛法是無量無邊的。

進止安徐如象王　勇猛無畏猶師子
不動如山智如海　亦如大雨除眾熱

拿象王、拿獅子來作比喻，獅子勇猛的，摧伏一切禽獸。菩薩行菩薩道的時候，要摧滅一切眾生的煩惱，摧滅一切魔軍。

「不動如山智如海，亦如大雨除眾熱。」夏天很熱的時候下一場大雨，天下就清涼了。菩薩在行道的時候像山一樣的不動，智慧像海一樣的。自己的身體威儀像山一樣，安住不動，安住在什麼上呢？諦！諦是理，安住法身理上。威德勇猛，顯菩薩無畏的辯才，無畏的智慧。心常定，度眾生的時候，說法也好、勸眾生行也好，自己的心不動，心常在定！那就沒有怯弱，因爲你定、眾生也定，他就沒有怯弱之感，甚深智慧就像海一樣的。

◎結說分

時法慧菩薩說此頌已。如來歡喜。大眾奉行。

法慧菩薩演了六品經文，到此圓滿了。他說的法，大家都歡喜，「如來歡喜」。為什麼？對眾生機，又合乎佛所教授的理，諸佛歡喜。十住位的經文講完了，下面換個法會、換個法主說十行位，處所也變化了。

明法品　竟

國家圖書館出版品預行編目資料

梵行品 第十六.初發心功德品 第十七.明法品 第十八
／夢參老和尚主講；方廣編輯部整理.
— 初版. — 臺北市：方廣文化，2019.04
面； 公分. —（大方廣佛華嚴經.八十華嚴講述;11）
ISBN 978-986-7078-93-3（精裝）
1.華嚴部
221.2　　　108004546

大方廣佛華嚴經《八十華嚴講述》

梵行品 第十六・初發心功德品 第十七・明法品 第十八

主　　講：夢參老和尚
編輯整理：方廣編輯部
封面攝影：仁智
設　　計：鎏坊
出　　版：方廣文化事業有限公司
住　　址：台北市大安區和平東路
◎地址變更：2024年已搬遷
通訊地址改爲106-907
台北青田郵局第120號信箱
(方廣文化)
電　　話：886-2-2392-0003
傳　　真：886-2-2391-9603
劃撥帳號：17623463　方廣文化事業有限公司
網　　址：http://www.fangoan.com.tw
電子信箱：fangoan@ms37.hinet.net
裝　　訂：精益裝訂股份有限公司
出版日期：公元2019年4月 初版一刷
定　　價：新台幣420元(軟精裝)
經 銷 商：飛鴻國際行銷有限公司
電　　話：886-2- 8218-6688
傳　　真：886-2- 8218-6458
行政院新聞局出版登記證：局版臺業字第六〇九〇號
ISBN：978-986-7078-93-3
No.H302　　Printed in Taiwan

◎本書經夢參老和尚授權方廣文化編輯整理出版發行

對本書編輯內容如有疑義歡迎不吝指正。
裝訂如有缺頁、破損、倒裝，請電：(02)2392-0003